高校思想政治理论课实践教学系列教材

# 思想道德修养与法律基础实践教程

主　审◎李霓虹

主　编◎彭国平

副主编◎王栗鹃　段浩伟　王　萍　徐严华　高　嫄　黄寒微

参　编◎蒋国琴　熊　雯　李旭冉　袁小轶　赵　燕　李佳先
敖凌航　沈　娟　李小波　李　艳　王　晶

華中科技大学出版社
http://www.hustp.com
中国·武汉

## 内容简介

本书以《思想道德修养与法律基础(2018年版)》的教学内容为依据，精心设计了各章的实践教学环节。本书每章的内容都分为四个部分，即教学分析、理论教学探讨、实践教学、课后延伸。本书采用这样的编写方式，旨在拓宽学生的阅读视野，对学生的学习进行有效的检测，使其学习不仅仅停留在单纯的“知”的层面和环节上，更力争通过实践来实现大学生在思想道德修养与法律修养方面的“知”与“行”的统一。

**图书在版编目(CIP)数据**

思想道德修养与法律基础实践教程/彭国平主编.—武汉:华中科技大学出版社,2018.10(2019.8重印)
ISBN 978-7-5680-4643-5

Ⅰ.①思… Ⅱ.①彭… Ⅲ.①思想修养-高等学校-教材 ②法律-中国-高等学校-教材
Ⅳ.①G641.6 ②D920.4

中国版本图书馆 CIP 数据核字(2018)第229913号

**思想道德修养与法律基础实践教程** 彭国平 主编
Sixiang Daode Xiuyang yu Falü Jichu Shijian Jiaocheng

策划编辑：张 毅
责任编辑：刘 静
封面设计：杨玉凡
责任监印：朱 玢
出版发行：华中科技大学出版社(中国·武汉) 电话：(027)81321913
武汉市东湖新技术开发区华工科技园 邮编：430223
录 排：华中科技大学惠友文印中心
印 刷：武汉科源印刷设计有限公司
开 本：710mm×1000mm 1/16
印 张：13
字 数：250千字
版 次：2019年8月第1版第3次印刷
定 价：30.00元

华中出版

本书若有印装质量问题，请向出版社营销中心调换
全国免费服务热线：400-6679-118 竭诚为您服务

# 前　　言

《思想道德修养与法律基础(2018年版)》以习近平新时代中国特色社会主义思想为指导,以引导大学生努力成长为能够担当民族复兴大任的时代新人为着眼点,从新时代对青年大学生的新要求切入,以人生选择—理想信念—精神状态—价值理念—道德觉悟—法治素养为基本线索、逐次展开担当民族复兴大任对大学生思想道德素质和法治素养要求的分析探讨,教育和激励大学生有理想、有本领、有担当,勇做时代的弄潮儿,在实现中国梦的实践中放飞青春梦想,在为人民利益的不懈奋斗中书写人生华章。

教育部陈宝生部长在如何用好讲好新修订的高校思政课教材的讲话中指出,要实现理论体系向教材体系的转化、教材体系向教学体系的转化、知识体系向价值体系的转化。"三进"符合思想发展、理论发展和教育发展规律,其中进教材是基础、进课堂是核心、进头脑是目的,通过教材搞建设、课堂讲学理、头脑起风暴,用统编教材教育武装青年一代,培养能够担当民族复兴大任的时代新人。

为进一步做好《思想道德修养与法律基础(2018年版)》的教材体系向教学体系的转化工作,我们特意编写了这本《思想道德修养与法律基础实践教程》。本书力求将思想道德修养与法律基础的理论教学体系和实践教学体系相结合,以《思想道德修养与法律基础(2018年版)》的教学内容为依据,精心设计了各章的实践教学环节。本书每章的内容都分为四个部分:第一部分为教学分析,包括教学目标、教学重点、教学难点、教学逻辑,可以使教师吃透教材;第二部分为理论教学探讨,主要梳理本章的教学重难点并说明突破的方法,解读理论热点问题,使教师驾驭教学;第三部分为实践教学,核心是用实践教学活动加深学生对理论的进一步了解,实践教学主要通过课堂讨论、问卷调查、主题演讲、电影赏析、情景剧、诗朗诵、小品、我思我拍我摄我写、辩论等形式来展开;第四部分为课后延伸,包括延伸阅读和课后习题。本书采用这种编写方式,旨在拓宽学生的阅读视野,对学生的学习进行有效的检测,使其学习不仅仅停留在单纯的"知"的层面和环节上,更力争通过实践来实现大学生在思想道德修养与法律修养方面的"知"与"行"的统一。

本书为2017年湖北省高等学校省级教学研究项目"思想政治理论课实践教

学体系建构的研究"(编号 2017591)阶段性成果，由彭国平担任主编，王栗鹃、段浩伟、王萍、徐严华、高嫄、黄寒微担任副主编，蒋国琴、熊雯、李旭冉、袁小轶、赵燕、李佳先、敖凌航、沈娟、李小波、李艳和王晶参与了本书编写工作，李霓虹负责全书主审工作。全书由彭国平统稿。具体编写分工如下：绪论部分由彭国平和王晶编写，第一章由徐严华和蒋国琴编写，第二章由高嫄和熊雯编写，第三章由段浩伟和李旭冉编写，第四章由黄寒微、袁小轶、赵燕编写，第五章由王萍、段浩伟和李佳先编写，第六章由王栗鹃、敖凌航、沈娟、李小波、李艳编写。

由于编者水平有限，本书肯定会有不足和疏漏的地方，恳请读者批评指正。

编　者

2018 年 8 月

# 目　录

# 绪论

## 教学目标

（1）知识目标：了解中国特色社会主义进入新时代这一历史方位，新时代为大学生成长成才、勤学报国提供了广阔的舞台和无限的机遇。

（2）能力目标：能够领悟时代新人要以民族复兴为己任，以有理想、有本领、有担当为根本要求，通过提升自身思想道德素质与法治素养，成为中国特色社会主义事业的合格建设者和可靠接班人，成为走在时代前列的奋进者、开拓者、奉献者。

（3）素质目标：让学生在探讨、研究、评价具体实际问题的过程中，坚定理想信念，明辨是非善恶，自觉砥砺品行，不断完善自我。

## 教学重点

（1）中国特色社会主义进入新时代。

（2）如何做有理想、有本领、有担当的时代新人？

（3）明确学习“基础”课的重要意义。

## 教学难点

（1）如何做有理想、有本领、有担当的时代新人？

（2）认识思想道德素质与法治素养对大学生成长成才的重要性。

## 教学逻辑

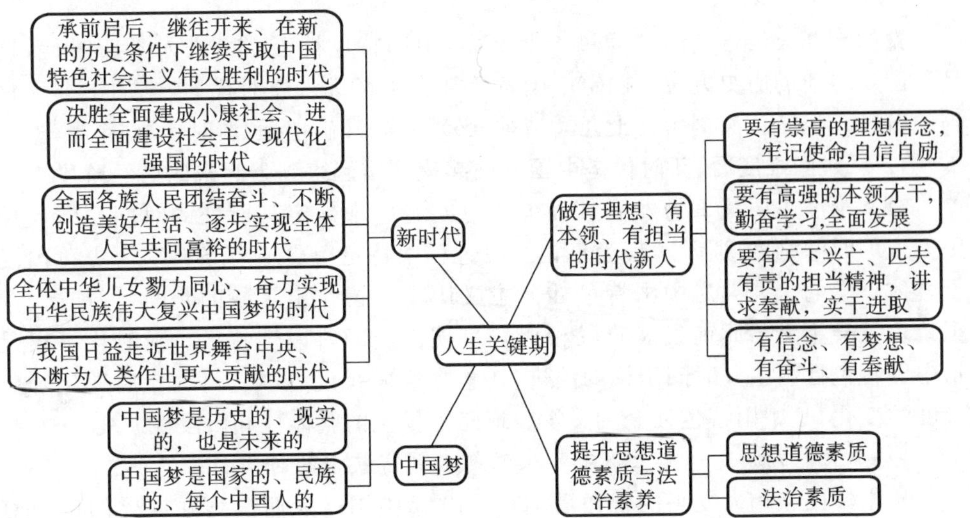

## 第一节　理论教学探讨

绪论部分主要包括两个部分，即“我们处在中国特色社会主义新时代”和“时代新人要以民族复兴为己任”。第一部分教学应重点介绍新时代的特征，说明新时代为大学生成长成才、勤学报国提供了广阔的舞台和无限的机遇，当代大学生是民族伟大复兴的见证者和参与者，也是社会主义事业的生力军。第二部分主要围绕党的十九大提出的“培养担当民族复兴大任的时代新人”战略要求，告诫大学生应珍惜历史机遇，胸怀实现中华民族伟大复兴的中国梦，肩负接续奋斗的光荣使命，坚定理想，增强本领，勇于担当，提升思想道德素质和法治素养，为新时代贡献青春力量。

### 一、理论要点

时间之河川流不息，每一代青年都要面对和回答时代的问卷。我们所处的新时代，是中国特色社会主义新时代，也是大学生成长成才、成就事业、不容辜负的好时代。当代大学生应明确大学阶段对于人生的重要性，建立自觉勤奋的学习观；应正确理解和认识中国特色社会主义进入新时代，树立中华民族伟大复兴的中国梦；应珍惜历史机遇，胸怀实现中华民族伟大复兴的中国梦，肩负接续奋斗的光荣使命，坚定理想，增强本领，勇于担当，提升思想道德素质和法治素养，立志为新时代贡献青春力量。

（一）准确把握“新时代”

党的十九大报告指出：“经过长期努力，中国特色社会主义进入了新时代，这是我国发展新的历史方位。”确定中国特色社会主义进入新时代，是党的十九大报告的“逻辑起点”。深刻领会十九大精神，必须首先准确把握“新时代”这个概念。

**1. 从时间维度看，新时代是中国从站起来到富起来到强起来的必经阶段**

时间维度主要从事物发展过程中的时间坐标来确定其所处的时间位置。历史方位的时间维度，通常表现为事物发展过程中特定历史节点与特定历史阶段的复合体。党的十九大对中国特色社会主义历史方位作出了新的判断。新时代中国特色社会主义与此前发展阶段相比较呈现出新的阶段性特征。新时代不仅是指中国特色社会主义时间坐标的演进，还包括空间维度、发展阶段、矛盾变化等新维度的变化，是中国特色社会主义发展道路上发生的整体性和阶段性质变。

1）在中华民族复兴史上出现了从强起来到富起来的时间新坐标

从中华民族伟大复兴的视角看，自 1840 年中国遭受西方列强欺辱的历史衰败点，到1949年中华民族站起来的历史转折点，再到2020年即将全面建成小康社会富起来的关键节点，中华民族经历了从遭受欺辱、站起来的历史坐标，到富起来的历史坐标，进而向强起来的奋斗目标迈进。

“中国特色社会主义进入新时代，意味着近代以来久经磨难的中华民族迎来了从站起来、富起来到强起来的伟大飞跃，迎来了实现中华民族伟大复兴的光明前景。”在中华民族伟大复兴的历史坐标上，我们在1949年经历了站起来的时间坐标后，经过近70年的奋斗，已经进入富起来的历史坐标，离中华民族伟大复兴的目标愈来愈近，这就是新时代历史方位的时间坐标新维度。

2）新时代中国特色社会主义迎来了“两个一百 年”交汇期

从现代化和中国特色社会主义发展的时间坐标看，中国特色社会主义迎来了“两个一百年”交汇期。1978年改革开放后，我国现代化发展战略的顶层设计就是“三步走”的发展战略，“三步走”发展战略是衡量我国现代化所处方位的重要时间坐标。1990年实现温饱社会发展战略后，到2020年全面建成小康社会，将实现中国现代化第二步的重大任务，实现第一个百年奋斗目标，同时，还要规划第二个百年奋斗目标。“两个一百年”交汇期的时间坐标是中国现代化建设和中国特色社会主义新的历史方位。

**2. 从空间维度看，新时代是中国特色社会主义向世界展示社会主义制度优越性的必经阶段**

空间维度从事物发展区域空间的外部联系来界定其位置，即某事物在区域发展中所处的位置。具体到一个国家而言，是某一国家在同世界各国发展比较中所处的梯队和位置。从现代化的视角看，在世界话语体系的现代化理论框架下，中国在世界现代化的体系中属于后发外源性的发展中国家，中国作为世界上最大的发展中国家，在开辟世界现代化多元道路中发挥了重要作用。

1）中国特色社会主义拓宽了发展中国家走向现代化的多元路径

从现代化发展的空间维度看，新时代历史方位的世界意义表现为中国拓宽了发展中国家走向现代化的途径，逐步开辟了世界现代化发展道路和发展模式的多元化。党的十九大报告指出，中国特色社会主义进入新时代，“意味着中国特色社会主义道路、理论、制度、文化不断发展，拓展了发展中国家走向现代化的途径，给世界上那些既希望加快发展又希望保持自身独立性的国家和民族提供了全新选择，为解决人类问题贡献了中国智慧和中国方案”。

2）中国特色社会主义产生科学社会主义的外溢、示范效应

从世界社会主义运动的空间新维度分析，中国特色社会主义在世界不同社会制度的较量中逐步展示出制度优越性，产生强大的外溢、示范效应。20世纪80年代末和90年代初东欧剧变后，社会主义在与资本主义的较量中处于低谷状态，“历史终结论”“意识形态终结论”甚嚣尘上。随着美国金融危机的爆发，资本主义

弊端再度显现，而中国特色社会主义成就巨大。两种制度的一升一降，标志着世界社会主义运动走出了低谷，同时也增强了社会主义国家人民的制度自信，增强了社会主义制度对发展中国家的吸引力，社会主义制度的外溢、示范效应日益凸显。中国特色社会主义进入新时代。

3）中国对世界的影响从“韬光养晦”逐步走近世界舞台中央

随着中国综合国力的增强，我国对世界的影响日益增大，在国际上的话语权和影响力也日益增强，为世界和平、发展和全球治理提供了中国智慧和中国方案。从“一带一路”倡议到人类命运共同体的构建，再到构建新型合作共赢的国际关系，我国深度参与全球治理，得到了国际社会的广泛支持和认同。“中国的国际战略正在由‘韬光养晦’变成‘有所作为’，在国际舞台上扮演更为关键的角色。”时至今日，中国不再是处于世界体系边缘的旁观者，也不再是国际秩序被动的接受者，而是积极的参与者和建设者。

**3. 从发展阶段维度看，新时代是从“量”变转变为阶段性“质”变的必经阶段**

党的十八大以来，习近平总书记既强调社会主义初级阶段基本国情没有变，又提出要深化对社会主义初级阶段新特征的判断。习近平反复强调：“全党要牢牢把握社会主义初级阶段这个最大国情，牢牢立足社会主义初级阶段这个最大实际，更准确地把握我国社会主义初级阶段不断变化的特点。”新时代就是党的十九大对社会主义初级阶段基本国情呈现新特征的概括。与此前我国现代化建设的阶段性特征相比较，这种变化的特征是：成就是全方位的、开创性的，变革是深层次的、根本性的，反映出新时代社会主义初级阶段基本国情从以前的阶段性“量”变开始转化为阶段性“质”变。具体表现为：我国生产力水平总体上显著提升，社会生产能力进入世界前列，人民生活水平即将达到全面建成小康社会水平，经济基础和上层建筑愈加完善，综合国力显著提升。我国社会主义初级阶段基本国情从 1978 年以来经过长期量“变”积累，开始出现阶段性“质”变，进而为 2050 年整体性“质”变奠定基础。

**4. 中国特色社会主义进入新时代的意义**

十九大报告用“三个意味着”“四个发展史”和“五个是”，对新时代的意义和内涵进行了深刻的阐释。中国特色社会主义进入新时代，在中华人民共和国发展史上，就是进入决胜全面建成小康社会、进而全面建设社会主义现代化强国的时代，也就是进入实现“两个一百年”奋斗目标的时代。中国特色社会主义进入新时代，在中华民族发展史上，就是进入全国各族人民团结奋斗、不断创造美好生活、逐步实现全体人民共同富裕的时代，进入全体中华儿女勠力同心、奋力实现中华民族伟大复兴中国梦的时代。它意味着近代以来久经磨难的中华民族迎来了从站起来、富起来到强起来的伟大飞跃，迎来了实现中华民族伟大复兴的光明前景。中国特色社会主义进入新时代，在世界社会主义发展史上，就是进入在新的历史条件下继续夺取中国特色社会主义伟大胜利的时代。它意味着科学社会主义在21世纪的中国焕发出强大的生机活力,在世界上高高举起了中国特色社会主义伟大旗帜。中国特色社会主义进入新时代,在人类社会发展史上,就是进入我国日益走近世界舞台中央、不断为人类作出更大贡献的时代。它意味着中国特色社会主义道路、理论、制度、文化不断发展,拓展了发展中国家走向现代化的途径,给世界上那些既希望加快发展又希望保持自身独立性的国家和民族提供了全新选择,为解决人类问题贡献了中国智慧和中国方案。

## (二)新时代青年历史使命的承接与担当

### 1. 新时代青年历史使命的承接——在时代感召中自觉强化使命

时代向前发展,党的事业不断推进,使命也由一代又一代青年去完成。今天,历史的接力棒交到了当代青年的手里,作为实现中华民族伟大复兴的接续奋斗者,新时代青年就要立足新时代、认清新矛盾、强化新使命。

#### 1)新时代为青年践行使命提供际遇

党的十九大报告作出我国进入了中国特色社会主义新时代的重要论断。可以说,习近平总书记从历史发展脉络、国家现代化建设、人民对美好生活的追求、民族复兴以及人类发展进程五个方面指出了何谓“新时代”。这一新时代从历史发展脉络中表明中华民族实现了从站起来、富起来到强起来的伟大飞跃,从民族复兴、国家现代化建设、人民追求美好生活中表明科学社会主义在21世纪的中国焕发出了强大的活力,中国特色社会主义呈现出道路自信、理论自信、制度自信、文化自信,从人类发展进程中中国道路为世界提供了中国方案和中国智慧。可以说,无论从纵向发展来看还是从横向比较来看,这一历史方位为新时代青年提供了践行使命的伟大际遇,新时代是一个大有可为的时代。

聚焦到具体的时代环境来看,较之于过去,我国当前不仅仅是在经济领域取得了巨大的发展,而是在各个方面均取得了巨大的发展,为青年谋求自身发展提供了机遇。特别是在一些高精尖领域,都有青年工作者的身影,一线航天科研人员平均只有30多岁,年轻人挑大梁正成为中国前进的隐性利器。新时代在给广大青年勇担使命带来际遇的同时也带来了新的挑战。近年来,互联网的无限畅通已经成为新时代青年生活的重要“场域”,互联网成为获取信息的重要来源,同时也给西方主流价值的进入打开了闸门,新自由主义、历史虚无主义等各种错误思潮以各种娱乐化的隐蔽方式影响着青年价值观的形成和理想信念的确立。在错误价值观的误导下,青年不免离自己的使命越来越远,消极犯罪、心理脆弱甚至轻生等悲剧时有发生。因此,认清新时代出现的新情况,是有针对性地引导青年自觉实现使命的重要前提和时代背景。

2）新矛盾为青年强化使命提出要求

新时代表现出新矛盾，当前，“我国社会主要矛盾已经转化为人民日益增长的美好生活需要和不平衡不充分的发展之间的矛盾”。新时代青年是在改革开放已经取得巨大成就的环境下成长起来的，见证了我国经济等各个领域的飞速发展。当前，人们不再仅仅追求物质生产的快速增长，对民主、法治、公平、正义等的需求越来越多，对贫富差距、资源分配不公、城乡发展差距过大、生态环境恶化等一些不平衡、不充分的发展短板更加关注。人们不再仅仅追求速度的增长，而更加追求质量；不再单纯注重物质享受，对精神的追求也在提升。但是对新矛盾也要有正确的理解。一方面，人们虽然对民主、法治、公平、正义以及生态等提出了需求，但是对物质基础的追求仍然是必需的；另一方面，对物质的追求从量转向质，是一个逐渐转变的过程。

3）新使命为青年担当使命指明方向

新时代有新矛盾，新矛盾需要新使命。党的十九大报告专门在第二部分论述了新时代中国共产党的历史使命，从历史和现实说明党始终不忘初心，牢记使命。从历史角度来看，党自诞生之日起就将共产主义作为奋斗目标，致力于实现人的解放，致力于实现中华民族伟大复兴。到今天，经过九十多年的风云变幻，离这一目标越来越近。从现实角度来看，社会主义制度的优越性越来越得到彰显，吸引力与日俱增。中国共产党不仅在“数量上”成为世界性的大党，还在先进性和影响力方面逐渐走到世界舞台的中央。当前，党的历史使命就是要带领全国人民特别是广大青年实现中国梦。要实现这一目标，就要敢于吃苦、敢于奋斗。习近平指出，只有与党和国家的事业、人民的事业高度契合，青年个人事业的光谱才会更广，能量才会更强。在一定程度上十九大报告对党的使命的明确也为新时代青年自觉担当使命指明了方向。

**2. 新时代青年历史使命的担当——在艰苦奋斗中自觉完成使命**

党给自己列了时间表、画了路线图，青年人也应该给自己列个时间表、画个路线图。习近平总书记在讲话中多次勉励广大青年，幸福是奋斗出来的，当前美好生活的实现同样也需要广大青年牢记初心，在艰苦奋斗中勇担使命。

1）牢记初心是前提，以理想引领使命

用最新的理论成果引领青年。十八大以来，习近平总书记治国理政的理论和实践逐渐成熟，习近平新时代中国特色社会主义思想逐渐形成，从社会的各个方面对新时代的发展和美好生活的描绘提供了理论指导。习近平总书记多次提到对青年进行理想信念教育的重要作用，他强调，青年一代的理想信念、精神状态、综合素质，是一个国家发展活力的重要体现，也是一个国家核心竞争力的重要影响因素。青年要加强对习近平新时代中国特色社会主义思想理论成果的学习，牢记初心。

2）扎实本领是保障，以专业服务使命

教育青年学有所长。当前处于一个知识爆炸、信息充盈的大数据时代，知识的更新速度越来越快，越来越需要青年不断掌握自身领域的知识，不断更新、不断扩展和深化。2018 年 5 月 2 日习近平总书记在与北大青年座谈时勉励广大青年要立鸿鹄志，求真学问。青年是最具有创造性的群体，对于问题的发现和解决以及专业知识的掌握也是不断发现和更新自身的过程。这不仅是指在学生时代要勤学钻研，到了工作阶段青年仍需要时时给自己"充电"，不断强化专业本领。

3）知行合一是旨归，以奋斗践行使命

一方面，要给青年自觉实现使命提供广阔的平台。马克思、恩格斯鲜明地指出："人创造环境，同样环境也创造人。"青年的实践锻炼必然会受到社会环境的影响，青年的需求满足离不开社会的支持。无论是在《中长期青年发展规划（2016—2025 年）》中还是在习近平总书记系列讲话中，都可以看到，从青年教育到就业创业、住房医疗等促进青年发展的政策越来越多。特别是目前青年在校居多，学校要积极开展实践教学教育，为青年提供丰富多样的校园活动、社区志愿服务活动以及工厂实习等。社会要给广大青年创造更多的就业机会及其他多样化的实践平台。另一方面，教育青年艰苦奋斗，脚踏实地。据新华网 2018 年 3 月 21 日发布的数据分析显示，习近平在十九届全国人大一次会议发表的讲话中 10 次提到"奋斗"，幸福是奋斗出来的，奋斗的人生最幸福。

## 二、理论热点

### （一）中国特色社会主义新时代标示我国发展新的历史方位

一个国家、一个民族要振兴，就必须在历史前进的逻辑中前进、在时代发展的潮流中发展。习近平总书记指出，中国特色社会主义进入了新时代，这是我国发展新的历史方位。这一重大政治论断，赋予党的历史使命、理论遵循、目标任务新的时代内涵，为深刻把握当代中国发展变革的新特征，增强贯彻落实习近平新时代中国特色社会主义思想的自觉性、坚定性，提供了时代坐标和科学依据，具有重大现实意义和深远历史意义。

**【热点解读】**

**1. 对我国发展新的历史方位作出的重大政治论断**

顺应时代潮流，把握时代特点，回答时代课题，是中国共产党永葆旺盛生命力和坚强战斗力、不断从胜利走向胜利的一个重要原因。中国特色社会主义进入了新时代这一重大政治论断，是我们党在科学把握时代趋势和国际局势重大变化，科学把握世情国情党情深刻变化的基础上作出的，有着充分的时代依据、理论依据和实践依据。

这一重大政治论断，是根据中国特色社会主义进入新的发展阶段作出的。党的十八大以来，以习近平同志为核心的党中央科学把握国内外发展大势，顺应实践要求和人民愿望，推动党和国家事业发生历史性变革，领导人民取得改革开放和社会主义现代化建设的历史性成就。在新中国成立以来特别是改革开放以来我国发展取得的重大成就基础上，我国发展站到新的历史起点上，中国特色社会主义进入新的发展阶段。这个新的发展阶段，是改革开放 40 年来发展历程的必然接续，又有很多与时俱进的新特征，比如党的理论创新实现了新飞跃，党的执政方式和执政方略有重大创新，党推动发展的理念和方式有重大转变，我国发展的环境和条件有重大变化，对发展水平和质量的要求比以往更高，等等。需要从新的历史方位、新的时代坐标，科学认识和全面把握中国特色社会主义新的发展阶段。

这一重大政治论断，是根据我国社会主要矛盾发生新变化作出的。社会主要矛盾状况及其变化是社会发展阶段性划分的重要依据。党的十九大提出，我国社会主要矛盾已经由人民日益增长的物质文化需要同落后的社会生产之间的矛盾，转化为人民日益增长的美好生活需要和不平衡不充分的发展之间的矛盾。这个论断，反映了我国发展的实际状况，揭示了制约我国发展的症结所在，指明了解决当代中国发展主要问题的根本着力点。经过改革开放 40 年的努力，我国稳定解决了十几亿人的温饱问题，总体上实现了小康，不久将全面建成小康社会，人民美好生活需要日益广泛，不仅对物质文化生活提出了更高要求，而且在民主、法治、公平、正义、安全、环境等方面的要求日益增长。同时，我国社会生产力水平显著提高，社会生产能力在很多方面进入世界前列，更加突出的问题是发展不平衡和不充分，这已经成为满足人民美好生活需要的主要制约因素。我国社会主要矛盾发生变化，对我国发展全局产生广泛而深刻的影响。需要从新的历史方位、新的时代坐标，科学认识和全面把握我国社会主要矛盾的变化。

这一重大政治论断，是根据历史交汇期新的奋斗目标作出的。从党的十九大到党的二十大，是“两个一百年”奋斗目标的历史交汇期，我们既要全面建成小康社会、实现第一个百年奋斗目标，又要乘势而上开启全面建设社会主义现代化国家新征程，向第二个百年奋斗目标进军。党的十九大综合分析国际国内形势和我国发展条件，既对决胜全面建成小康社会提出明确要求，又将实现第二个百年奋斗目标分为两个阶段安排：从 2020 年到 2035 年，在全面建成小康社会基础上，再奋斗 15 年，基本实现社会主义现代化；在基本实现现代化的基础上再奋斗 15 年，到本世纪中叶把我国建成富强民主文明和谐美丽的社会主义现代化强国。这是新时代中国特色社会主义发展的战略安排，不仅使实现“两个一百年”奋斗目标的路线图、时间表更加清晰，而且意味着原定的我国基本实现现代化的目标将提前 15 年完成，第二个百年奋斗目标则充实提升为全面建成社会主义现代化强国。需要从新的历史方位、新的时代坐标，科学认识和全面把握这一鼓舞人心、切实可行的奋斗目标、宏伟蓝图。

这一重大政治论断，是根据我国国际环境发生新变化作出的。世界正处于大发展大变革大调整时期，我国发展仍处于重要战略机遇期和历史机遇期。当代中国已不再是国际秩序的被动接受者，而是积极的参与者、建设者、引领者。中国日益走近世界舞台中央，世界对中国的关注，从未像今天这样广泛、深切、聚焦；中国对世界的影响，也从未像今天这样全面、深刻、长远。同时也要看到，前景十分光明，挑战也十分严峻，我国正处在从大国走向强国的关键时期，“树大招风”效应日益显现，外部环境更加复杂，一些势力对我国的阻遏、忧惧、施压不断增大。需要从新的历史方位、新的时代坐标，科学认识和全面把握国际局势和周边环境的新变化。

历史车轮滚滚向前，只有与历史同步伐、与时代共命运，才能赢得光明的未来。作出中国特色社会主义进入了新时代的重大政治论断，彰显了中国共产党与时代共同进步的先进性本色，把握了历史规律和历史趋势的高度自觉和高度自信。作出这一重大政治论断，符合中国特色社会主义实际，是改革开放以来我国社会发展进步的必然结果，是我国社会主要矛盾运动的必然结果，也是我们党团结带领全国各族人民开创光明未来的必然要求。

**2. 新时代的丰富内涵**

中国特色社会主义进入了新时代，既不是凭空产生的，更不是一个简单的新概念表述，而是经济社会发展到一定阶段发生的必然历史飞跃，具有丰富厚重的思想内涵、实践内涵和历史内涵。

这个新时代，是承前启后、继往开来、在新的历史条件下继续夺取中国特色社会主义伟大胜利的时代。中国特色社会主义是党和人民 90 多年来奋斗、创造、积累的根本成就。改革开放以来特别是党的十八大以来，我们党带领人民走中国特色社会主义道路，极大激发了中国人民的创造力，极大解放和发展了社会生产力，极大增强了社会活力，极大提升了我国国际地位，社会主义在中国展现出强大生命力。中国特色社会主义是不断发展、不断前进的，需要一代又一代中国共产党人带领人民接续奋斗。习近平总书记反复强调，坚持和发展中国特色社会主义是一篇大文章，我们这一代共产党人的任务，就是继续把这篇大文章写下去。在中国特色社会主义新时代，我们党治国理政第一位的任务，就是紧紧围绕坚持和发展中国特色社会主义这个主题，团结带领人民奋力实现“两个一百年”奋斗目标，谱写中国特色社会主义新的伟大篇章，让社会主义在中国展现出更加强大的生命力。

这个新时代，是决胜全面建成小康社会、进而全面建设社会主义现代化强国的时代。党的十九大围绕实现“两个一百年”奋斗目标，对经济建设、政治建设、文化建设、社会建设、生态文明建设等作出战略部署，具有很强的战略性、前瞻性、针对性。到2020年如期全面建成小康社会，是我们党向人民、向历史作出的庄严承诺，实现这个目标，今后还有许多“雪山”、“草地”需要跨越，必须举全党全国之力不懈奋斗。全面建成社会主义现代化强国，是第二个百年奋斗目标，更有不少“娄山关”、“腊子口”需要征服。从世界发展史看，已经实现现代化的国家和地区，其现代化大多经历了产业革命以来近300年时间才逐步完成，而我国要用100年时间走完发达国家几百年走过的现代化路程，这种转变不但速度、规模超乎寻常，变化的广度、深度和难度也超乎寻常。因此，坚忍不拔、锲而不舍地为全面建成小康社会、全面建成社会主义现代化强国而奋斗，是中国特色社会主义新时代的必然要求和历史任务。

这个新时代，是全国各族人民团结奋斗、不断创造美好生活、逐步实现全体人民共同富裕的时代。人民对美好生活的向往，始终是我们党的奋斗目标。在中国特色社会主义新时代，我们党把不断创造美好生活、逐步实现全体人民共同富裕作为发展的目标和归宿，体现了以人民为中心的发展思想，体现了我们党全心全意为人民服务的根本宗旨，体现了中国特色社会主义的本质要求。我们党的重大任务，就是更加关注人民对美好生活新的多样化需求，更加关注社会公平正义，更加注重多谋民生之利、多解民生之忧，着力使全体人民在共建共享发展中有更多获得感、幸福感、安全感，着力使全体人民享有更加幸福安康的生活，着力在实现全体人民共同富裕上不断取得实实在在的新进展。

这个新时代，是全体中华儿女勠力同心、奋力实现中华民族伟大复兴中国梦的时代。实现中华民族伟大复兴，是近代以来中国人民最伟大的梦想，凝聚了几代中国人的夙愿。新中国的成立，为民族复兴奠定了坚实基础。改革开放新的伟大革命，为民族复兴注入了强大生机活力。在中国共产党领导下，中国这个世界上最大的发展中国家创造了人类社会发展史上惊天动地的发展奇迹。在中国特色社会主义新时代，中国比历史上任何时期都更接近、更有信心和能力实现中华民族伟大复兴的目标。凝聚起全体中华儿女同心共筑中国梦的磅礴力量，接续奋斗、砥砺前行，就一定能够到达民族复兴的光辉彼岸。

这个新时代，是我国日益走近世界舞台中央、不断为人类作出更大贡献的时代。当今世界，中国人民的梦想同各国人民的梦想息息相通，实现中国梦离不开和平的国际环境和稳定的国际秩序。在中国特色社会主义新时代，面对国际格局和国际关系的深度调整，面对局部冲突和动荡频发、人类需要应对许多共同挑战的外部环境，我们必须统筹国内国际两个大局，始终高举和平、发展、合作、共赢的旗帜，恪守维护世界和平、促进共同发展的外交政策宗旨，牢牢把握构建人类命运共同体的目标追求，始终不渝走和平发展道路、奉行互利共赢的开放战略，坚持正确义利观，树立共同、综合、合作、可持续的新安全观，谋求开放创新、包容互惠的发展前景,促进和而不同、兼收并蓄的文明交流,始终做世界和平的建设者、全球发展的贡献者、国际秩序的维护者。中国为人类文明作出过卓越贡献,在中国特色社会主义新时代,中国一定能为世界的和平与发展、人类的繁荣与进步作出新的更大贡献。

习近平总书记强调,新时代是中国特色社会主义新时代,而不是别的什么新时代。用新时代界定当前我国发展新的历史方位,有利于进一步统一思想、凝聚力量,在新的起点上把中国特色社会主义事业推向前进。

**3. 新时代的重大意义**

习近平总书记指出:"中国特色社会主义进入新时代,在中华人民共和国发展史上、中华民族发展史上具有重大意义,在世界社会主义发展史上、人类社会发展史上也具有重大意义。"党的十九大用"三个意味着",对中国特色社会主义进入新时代的重大意义作出高度概括。

中国特色社会主义进入新时代,意味着近代以来久经磨难的中华民族迎来了从站起来、富起来到强起来的伟大飞跃,迎来了实现中华民族伟大复兴的光明前景。实现中华民族伟大复兴是近代以来中华民族团结奋斗的最大公约数,是中国共产党与生俱来的历史使命。鸦片战争后,中国陷入黑暗境地,中国人民经历深重苦难。无数仁人志士不屈不挠、前仆后继,矢志不渝探索复兴之路。中国共产党在民族蒙受苦难、探求光明的逆境中应运而生,带领人民历经28年浴血奋战,建立新中国,使"占人类总数四分之一的中国人从此站立起来了"。新中国成立以来特别是改革开放40年来,我们党团结带领人民成功走出一条中国特色社会主义道路,稳定解决了十几亿人的温饱问题,总体上实现小康,不久将全面建成小康社会,中国人民逐步富裕起来。历经苦难与辉煌、曲折与胜利、付出与收获,中国特色社会主义进入了新时代,中华民族正在实现从富起来到强起来的伟大飞跃。到21世纪中叶,我国将全面建成富强民主文明和谐美丽的社会主义现代化强国,物质文明、政治文明、精神文明、社会文明、生态文明将全面跃升,成为综合国力和国际影响力领先的国家,中华民族将以更加昂扬的姿态屹立于世界民族之林。

中国特色社会主义进入新时代,意味着科学社会主义在21世纪的中国焕发出强大生机活力,在世界上高高举起了中国特色社会主义伟大旗帜。习近平总书记指出:"科学社会主义在中国的成功,对马克思主义、科学社会主义的意义,对世界社会主义的意义,是十分重大的。"20世纪80年代末90年代初,苏联解体、苏共垮台、东欧剧变,世界社会主义遭受严重曲折。"社会主义失败论"、"历史终结论"一度甚嚣尘上,"中国崩溃论"在西方也不绝于耳。然而,中国顶住了巨大压力和挑战,坚守和捍卫了社会主义。中国特色社会主义取得了巨大成功,创造出令人惊叹的"中国奇迹",谱写了社会主义发展的辉煌篇章,为历经磨难的社会主义注入强大生命力,在世界上重振了人们对社会主义的信心。邓小平同志曾经指出:

“最终说服不相信社会主义的人要靠我们的发展。如果我们本世纪内达到了小康水平，那就可以使他们清醒一点；到下世纪中叶我们建成中等发达水平的社会主义国家时，就会大进一步地说服他们。”进入新时代，中国特色社会主义这面旗帜在当今世界更加鲜艳夺目、更加令人神往，成为引领21世纪科学社会主义发展的伟大旗帜，中国特色社会主义成为振兴世界社会主义的中流砥柱。

中国特色社会主义进入新时代，意味着中国特色社会主义道路、理论、制度、文化不断发展，拓展了发展中国家走向现代化的途径，给世界上那些既希望加快发展又希望保持自身独立性的国家和民族提供了全新选择，为解决人类问题贡献了中国智慧和中国方案。目前世界上200多个国家和地区中，走资本主义道路的占绝大多数，但搞得比较像样的还是二三十个老牌资本主义国家。即使欧美几个主要资本主义国家，近年来也麻烦不断、衰象纷呈。广大发展中国家追随欧美资本主义国家的发展理念和发展道路，到头来并没有解决发展问题，有的甚至战乱不断、民不聊生。原社会主义阵营中，不少国家选择了走西方道路，结果大多数发展缓慢、困难重重。与之形成鲜明对比的是，在中国共产党领导下，改革开放40年来中国创造了世界历史上的发展奇迹，成功走出了一条独具特色的社会主义现代化道路，打破了发展中国家对西方国家现代化的“路径依赖”，为它们树立了发展榜样，提供了全新选择。我国的实践向世界说明了一个道理，世界上没有一种普遍适用的发展模式，推动一个国家实现现代化并不是只有西方制度模式这一条道，各国完全可以走出自己的路。

**4. 新时代要有新气象新作为**

新时代是奋斗者的时代。中国特色社会主义进入新时代，对党和国家工作提出了许多新要求。要有更高的境界、更强的本领、更优的作风、更好的精神状态，积极主动顺应、锐意开拓进取，创造无愧于新时代的新成就，不断把中国特色社会主义推向前进。

新时代要以新思想为科学指引。伟大的时代孕育伟大的思想，伟大的思想引领伟大的时代。习近平新时代中国特色社会主义思想，是马克思主义中国化最新成果，是中国特色社会主义理论体系的重要组成部分，是全党全国各族人民为实现中华民族伟大复兴而奋斗的行动指南，是引领中国特色社会主义新时代的旗帜和灵魂。党的十九大提出用习近平新时代中国特色社会主义思想武装全党的战略任务，作出在全党开展“不忘初心、牢记使命”主题教育的战略部署，其政治意义、理论意义和实践意义十分重大。要以高度的政治责任感和历史使命感，立足新时代中国特色社会主义伟大实践，深入学习习近平新时代中国特色社会主义思想，坚持不懈用习近平新时代中国特色社会主义思想武装全党。要深入领会这一思想的科学体系、精神实质、实践要求，全面掌握这一思想贯穿的马克思主义立场观点方法，大力弘扬理论联系实际的优良学风，全面增强执政本领，切实把党的科学理论转化为强大物质力量。

新时代要进行新的伟大实践。要在新时代统揽伟大斗争、伟大工程、伟大事业、伟大梦想。进行伟大斗争,要充分认识这场斗争的长期性、复杂性、艰巨性,发扬斗争精神,提高斗争本领,敢于斗争,善于斗争,不断夺取新胜利;推进伟大工程,要按照新时代党的建设总要求,勇于自我革命,不断增强党的政治领导力、思想引领力、群众组织力、社会号召力,确保我们党永葆旺盛生命力和强大战斗力;推进伟大事业,要更加自觉地增强"四个自信",一以贯之坚持和发展中国特色社会主义,把我们党领导人民进行的这场伟大社会革命继续推进下去,谱写中国特色社会主义新篇章;实现伟大梦想,要看到我们比历史上任何时期都更接近、更有信心和能力实现这个伟大梦想,要充分认识到伟大梦想绝不是轻轻松松、敲锣打鼓就能实现的,要付出更加艰巨、更为艰苦的努力。"四个伟大"紧密联系,相互贯通、相互作用,要切实发挥伟大工程的决定性作用,凝聚起全党全国各族人民团结奋斗的强大力量。

新时代要有新的理念举措。一方面,中国特色社会主义进入新时代,我国社会主要矛盾的变化,没有改变我们对我国社会主义所处历史阶段的判断,我国仍处于并将长期处于社会主义初级阶段的基本国情没有变,我国是世界最大发展中国家的国际地位没有变。发展仍然是我们党执政兴国的第一要务。必须牢牢把握社会主义初级阶段这个基本国情,牢牢立足社会主义初级阶段这个最大实际,牢牢坚持党的基本路线这个党和国家的生命线、人民的幸福线。另一方面,在中国特色社会主义新时代,随着我国社会主要矛盾的变化,发展的内涵和重点、理念和方式、环境和条件、水平和要求与过去有很大不同。这就必须更好地贯彻落实新发展理念,针对发展不平衡、不充分问题提出新的思路、新的战略、新的举措,努力实现更高质量、更有效率、更加公平、更可持续的发展。最根本的,是要全面坚持党在社会主义初级阶段的基本理论、基本路线、基本方略,不断增强工作的原则性、系统性、预见性、创造性,按照新时代要求在以新的理念举措不断推动发展的基础上,更好解决我国社会出现的各种问题,更好推动各项事业全面发展,更好坚持和发展中国特色社会主义。

新时代要有新的精神风貌。在中国特色社会主义新时代,我们党面临的"四大考验"和"四种危险"仍然是长期的、复杂的、尖锐的、严峻的,全面从严治党永远在路上。这就要求我们深入贯彻落实党的十九大部署,坚持和加强党的全面领导,以刀刃向内的自我革命精神,把党建设好、建设强,使党成为始终走在时代前列、人民衷心拥护、经得起各种风浪考验、朝气蓬勃的马克思主义执政党。要把党的政治建设摆在首位,突出政治建设在党的建设中的统领地位,把政治建设的要求落实到思想建设、组织建设、作风建设、纪律建设和反腐败斗争中,落实到严肃党内政治生活、完善民主集中制、发展积极健康的党内政治文化、营造风清气正的良好政治生态等具体实践中。党员干部要进一步树立政治意识、大局意识、核心意识、看齐意识，在政治立场、政治方向、政治原则、政治道路上始终同以习近平同志为核心的党中央保持高度一致，不断增强忠诚核心、拥戴核心、维护核心的思想自觉和行动自觉，确保党中央权威和集中统一领导，为新时代坚持和发展中国特色社会主义、实现“两个一百年”奋斗目标提供坚强的政治和组织保证。

（资料来源：中共中央宣传部：《习近平新时代中国特色社会主义思想三十讲》，学习出版社，2018）

思考题：

1. 新时代的丰富内涵表现在哪些方面？

2. 新时代的重要意义是什么？

3. 新时代的青年怎样做才能有所作为？

### （二）新时代召唤什么样的青年

习近平同志在党的十九大上的报告，作出了“中国特色社会主义进入新时代”的重大战略判断，提出了“培养担当民族复兴大任的时代新人”的重大战略命题，还十分突出地对一代代青年接力奋斗实现中国梦提出重大战略要求。这些掷地有声的重要论述，昭示着一个承载历史、贯穿当下、引领未来的深刻论断——伟大的新时代，召唤堪当大任的新青年。

**【热点解读】**

“中国特色社会主义进入新时代，意味着近代以来久经磨难的中华民族迎来了从站起来、富起来到强起来的伟大飞跃，迎来了实现中华民族伟大复兴的光明前景……”在飞跃的起点，习近平同志深情寄语年轻一代，“青年兴则国家兴，青年强则国家强。青年一代有理想、有本领、有担当，国家就有前途，民族就有希望。中国梦是历史的、现实的，也是未来的；是我们这一代的，更是青年一代的”。

青年是国家的未来、民族的希望。党的十八大以来，习近平总书记亲切关怀青年发展、高度重视青年工作，多次出席青年活动，与青年座谈交流，给青年回信演讲，提出了一系列关于青年工作的重要论述。一个强大兴盛的国家，必须依靠优秀的年轻人建功立业，他们身上有着光辉的品格和情怀；一个生生不息的民族，必须依靠朝气蓬勃的青年人奋斗，他们身上流淌着积极向上、敢于担当的血液。青年是个美好的阶段，更是值得倍加珍惜的人生节点，正如伟大领袖毛主席形容青年人“好像早晨八、九点钟的太阳”。在党的十九大开幕会上，习近平同志郑重宣示，“经过长期努力，中国特色社会主义进入了新时代，这是我国发展新的历史方位”，提出了“培养担当民族复兴大任的时代新人”的重大战略命题。

历史车轮滚滚向前，时代潮流浩浩荡荡。新时代召唤青年、塑造青年、成就青年，青年感知新时代、融入新时代、推动新时代。立足新起点、开启新时代，试问新时代召唤什么样的青年，才能让一代又一代青年在时代发展和历史进步的浑厚车辙中，镌刻上“新青年”的闪亮烙印？

新时代呼唤坚定信念的青年。习近平同志指出，没有理想信念，就会导致精神上“缺钙”。一个精神上“缺钙”的人，是不可能承担时代所赋予的历史重任的。理想指引人生方向，信念决定事业成败。一个人的理想志愿只有同国家的前途、民族的命运相结合才有价值，一个人的信念追求只有同社会的需要和人民的利益相一致才有意义。今天，我们要求年青一代坚定理想信念，就是要坚持和拓展中国特色社会主义道路的信念；就是要坚持和丰富中国特色社会主义理论体系的信念；就是要坚持和完善中国特色社会主义制度的信念。

新时代呼唤高尚品格的青年。《礼记·大学》中说：“君子先慎乎德。”墨子曰：“德为才之帅，才为德之资。”品德修养是立身处世之基。正如习近平同志所言：“道德之于个人、之于社会，都具有基础性意义，做人做事第一位的是崇德修身。”青年是引风气之先的社会力量，一个民族的文明素养很大程度上体现在青年一代的道德水准和精神风貌上。因此，广大青年一定要大力加强道德修养，注重道德实践，自觉弘扬爱国主义、集体主义、社会主义思想，积极倡导社会公德、职业道德、家庭美德和个人品德，带头倡导良好社会风气，以自己的实际行动促进社会道德进步。

新时代呼唤本领过硬的青年。陈独秀在《敬告青年》中写道：“青年如初春，如朝日，如百卉之萌动，如利刃之新发于硎，人生最可宝贵之时期也。”习近平同志也曾言：“青年有着大好机遇，关键是要迈稳步子、夯实根基、久久为功。心浮气躁，朝三暮四，学一门丢一门，干一行弃一行，无论为学还是创业，都是最忌讳的。”因此，广大青年要牢牢把握和利用好青年时期，努力提高能力本领。一要博学明辨，做到“腹有诗书气自华”；二要创新进取，敢于“潮头出海卷秋风”；三要笃行致远，坚持“天下大事作于细”。

新时代呼唤敢于担当的青年。担当精神难能可贵，一个敢于承担责任的人，是值得敬佩和信赖的人，年青一代要敢于迎接挑战，挑起大梁，做顶天立地的新青年。习近平同志指出：“要勤于学习、敏于求知，注重把所学知识内化于心，形成自己的见解，既要专攻博览，又要关心国家、关心人民、关心世界，学会担当社会责任……我相信，当代中国青年一定能够担当起党和人民赋予的历史重任，在激扬青春、开拓人生、奉献社会的进程中书写无愧于时代的壮丽篇章！”因此，广大青年要脚踏实地，切实把心思和精力用到学习和工作上，在学习中沉下身、静下心，多读书、多积累，厚积方能薄发；在工作中多干事、多锻炼、办实事、求实效。

“中华民族伟大复兴的中国梦终将在一代代青年的接力奋斗中变为现实。”一个政党，只有赢得青年，才可能赢得未来。引领新时代，全党要关注青年、关心青年、关爱青年，倾听青年心声，做青年朋友的知心人、青年工作的热心人、青年群众的引路人。作为青年一代，更要志存高远，“敢”立潮头；更要勤奋好学，“争”立潮头；更要事争一流，“能”立潮头。筑牢爱国之魂、创新之魂、奋斗之魂，在实现中国梦的生动实践中放飞青春梦想，在为人民利益的不懈奋斗中书写人生华章。

（资料来源：杨龙：《新时代召唤什么样的青年》，求是网，http://www.qstheory.cn/laigao/2017-10/24/c_1121851074.htm，有改动）

思考题：

1. 新时代召唤什么样的青年？

2. 新时代的青年如何做到志存高远永立潮头？

## 第二节　实践教学

### 实践教学一：怎样上好大学里的第一堂课

**【实践目的】**

通过对本案的讨论，让在校大学生明白，大学阶段是人生发展的重要时期，是世界观、人生观、价值观形成的关键时期；教育大学生站在新的历史起点一件事情接着一件事情办，一年接着一年干，在提升自己文化素质的同时，更应提高自己的道德素质，努力做有理想、有本领、有担当的青年，争当新时代的弄潮儿。

**【实践方案】**

（1）讨论应围绕“大学的意义是什么？”“社会价值观多元化的今天是否有必要读大学？”“大学生应具备何种素质？”等问题展开。

（2）采取学生主动发言与教师指定学生发言相结合的方式。教师对每位学生的发言情况如实记录，并要求学生积极参加课堂讨论。

（3）教师对每一位学生的发言进行引导性点评，对发言质量较高的学生当众给予表扬。

**【参考案例】**

**我第一节课必讲的三句话**

第一句：请前排就座。

座位绝不仅仅是座位的问题！它是你的学习态度乃至生活态度的表现，从你选择的座位可以大致看出你的大学生涯，甚至可以隐约看到你今后人生的走向！我们都知道，目前大学公共课，尤其是政治课通常都是合班上，少的五六十人，多的一百多人，尽管我们学校一直在压缩班额，目前绝对不存在5个自然班一起上课的情况，但是八九十人一起在大教室上课依旧是正常现象。那么问题来了：你进了教室，是坐前排还是后排？或者因为知道老师会让后排前移，于是就“明智”

地选择了中间地段？你是有意做出这个选择，还是已经形成了习惯？如果是我从来没有教过的学生，这个学期给他们上第一次课，而大多数学生进了教室直接后排就座，那就是学生的问题了——显然他们的学习态度，至少对这门课的态度是有问题的！

第二句：请准时到课。

不守时的人，第一是不尊重别人，第二是不尊重自己，第三是不尊重规则，这样的人不被人看不起就已经很不容易的了，还想要成功?！你长得美不美我不知道，想得是真美！因为是第一次给这些学生上课，他们之前养成的习惯或者说毛病通常会毫不保留地呈现在我们面前：上课铃停了之后，还有人稀稀拉拉进教室，而且毫不羞愧、满不在乎，有从前面进的，也有走后门的……我会停下来，要求他们出去，尤其是走后门的学生必须出去，有些学生立刻就明白了，回到门口喊“报告”，然后我们继续上课。如此多次之后，我就问大家烦不烦，怎么看这个现象。第二次课再有迟到的，我会毫不留情地请他在教室外面等一节课，课间休息的时候才能进来，如果他就此离开，那就是旷课咯！大学教育的目的是什么？除了高职高专，普通大学教育绝不能做成职业培训所！我非常喜欢叶圣陶先生的那句话：“教育就是养成习惯的过程。”对，教育要养成好的习惯，而其中最关键的一个习惯就是守时，因为这既是尊重自己和他人，也是遵守规则！说到习惯的养成，我想起了很久之前看过的一个小故事，说20世纪70年代，几十个诺贝尔获奖者聚集在一起，有一个记者采访某科学家，问他在哪所大学哪个实验室学到了最重要的东西，那位科学家说是幼儿园，记者很诧异地问幼儿园学到的什么，得到的回答是：“学到把自己的东西分一半给小伙伴；不是自己的东西不要拿；东西要放整齐；饭前便后要洗手；要诚实，不撒谎；打扰了别人要道歉；做错了事情要改正；大自然很美，要仔细观察大自然。我一直是按幼儿园老师教的去做的。”我特别喜欢最后一句话：“我一直是按幼儿园老师教的去做的。”事实上，就行为规范而言，都已经是大学生了，谁不知道？又有哪个不能就某些社会现象侃侃而谈？问题是，学习的会了吗？知道的都做到了吗？孔子在回答子贡什么是君子这个问题的时候，特别针对子贡能言善辩的特点讲了一句话：“先行其言而后从之。”这句话不管怎么断句，意思都是相近的：要做到，不要只是能说到！那么，怎么才能从语言的巨人变成行动的巨人呢？那就从准时到课开始吧！

第三句：请手机静音。

智能手机原本是一件非常好的工具，可惜一不留神我们每一个人都变成了它的奴隶！不要试图远离手机，我知道你做不到，不用尝试，你真的做不到！那么最好的办法就是物尽其用——把手机从玩具变成学具，让手机为我们的进步插上腾飞的翅膀！对于手机的危害，人们甚至发出了这样的惊叹：好不容易站起来，又躺下了。当然了，凡事都有两面性，手机并不是万恶之源，游戏不是不可以玩，关键就在一个度的把握上。20 世纪 70 年代有人针对电视占用人们太多的时间，提出每天关闭电视一小时，近些年也听到有人提出每天关闭电脑一小时等，说到底其实就是人们开始重新审视自己的生活，对那些声、光、色、电等各种外在的感官刺激逐渐从欢欣鼓舞到厌恶反感到自觉抵制，这是一个很好的现象，当然这种现象不见得带有普遍性。有效利用各种最新的设施，提高单位时间内的信息传递量，强化信息交换效率与效果，手机责无旁贷。我的手机上安装有蓝墨云班课、雨课堂、中国大学慕课、学堂在线等软件，上课时用得比较多的是前两种，学生的手机在老师的引领下，尤其是伴随着教学任务、教学目标一步一步达成的过程中，就逐步从玩具的位置摆脱出来，如果加上平时学外语、看新闻、拓展阅读等功能得到充分的利用，那就真的在向学具靠拢了。

（资料来源：丁建波：《我第一节课必讲的三句话》，有改动）

## 实践教学二：A4 纸上看人生，珍惜眼前时光

**【实践目的】**

通过游戏的方式让学生直观感受时间的可贵，自觉养成珍惜时间的习惯，为充实度过大学时光奠定牢靠的思想基础。

**【实践方案】**

（1）学生准备一张 A4 大小的纸张，并在这张纸上画一个 30×30 的表格。

（2）学生根据自己的想法在纸上涂上不同的颜色。

（3）学生分享自己所涂颜色背后的故事及感受。

**【参考资料】**

### A4 纸上看人生，珍惜眼前时光

时间，就像捧在手里的沙子，悄无声息地就这么溜走了……不经意，我们就有了自己的家庭，有了孩子，再稍不留神，孩子能跑了。人生不过短短的 900 个月。画一个 30×30 的表格，一张 A4 纸就足够了。如果每过一个月，在一个格子里涂掉，全部人生就在这张纸上……

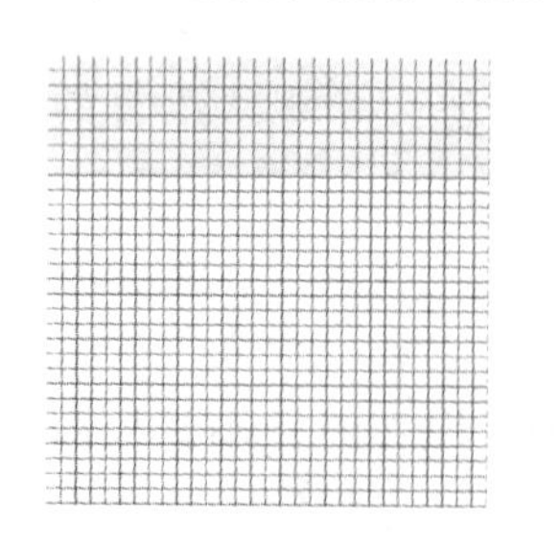

如果你今年20岁，那么已经走完的人生是这样的

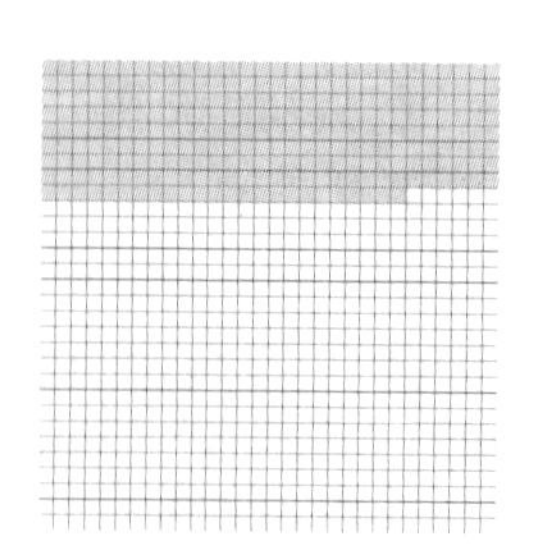

如果你读完大学，你的人生是这样的

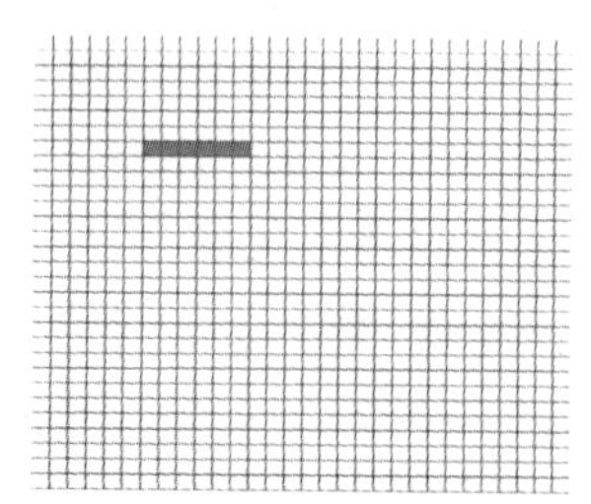

假设你和你的女朋友/男朋友谈了一场6个月的感情，它在这张纸上是这样的

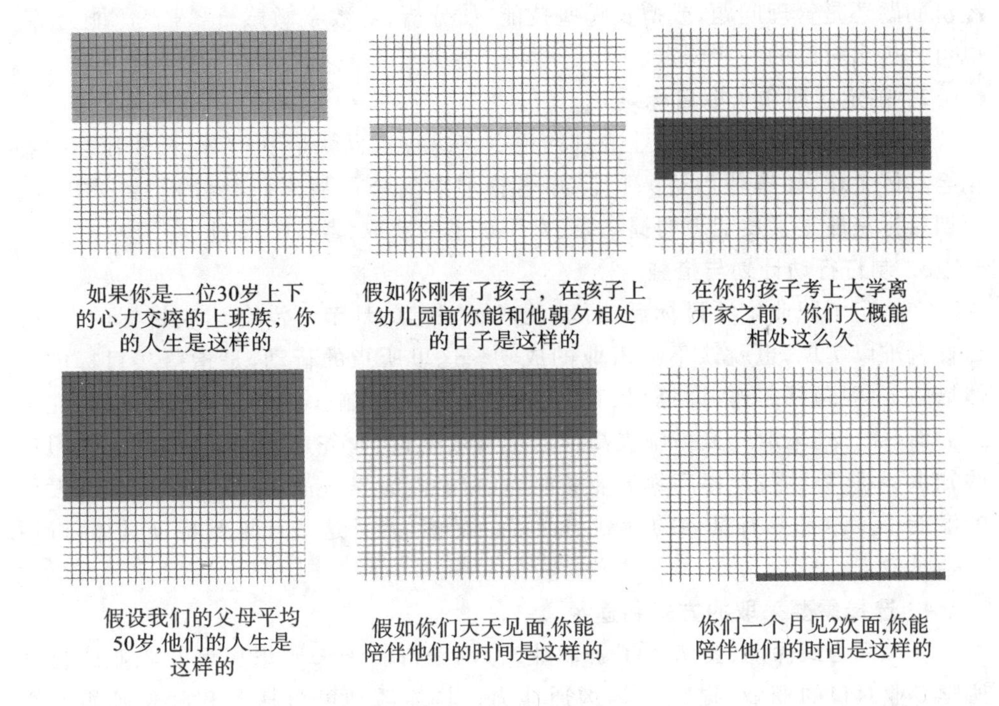


## 实践教学三:我的职业生涯规划

【实践目的】

让学生对自己的大学生活进行总结与反思,对所处的时代进行畅想,对个人进行 SWOT 分析,明确自己的目标,为自己制订一个实现奋斗目标的计划。

【实践方案】

(1) 要求每个学生总结自己大学入学以来的生活和学习情况,确立自己在大学期间所要达到的目标,并为实现自己的目标制订一份规划书。

(2) 上交规划书。

(3) 教师可以在课堂上安排学生就自己的发展规划进行演讲,并进行交流讨论。通过对本案的讨论,让在校大学生明白,大学阶段是人生发展的重要时期,是世界观、人生观、价值观形成的关键时期。同时,教育大学生在提升自己文化素质的同时,提高自己的道德素质。

【参考资料】

### 大学生职业生涯规划的步骤

**1. 自我评估**

根据家长、老师和同学们的评价,借助于职业兴趣测验和性格测验,发现自己是一个较为外向开朗的人还是一个内向稳重的人,并对哪些问题较为感兴趣,如经济问题还是管理问题，或擅长哪些技能，如分析、对数字敏感、语言表达能力等。也可分析出自己的一些弱点。

**2. 确定短期和长期目标**

长期目标一般是以后职业规划的顶点、较高点，也就是梦想，但长期目标要细化至具体工作，如毕业后进入国际知名管理顾问公司从事研究分析、咨询工作。短期目标一般是素质能力的提高，或有用证书的获取、考试的通过。

**3. 制订行动计划与措施**

在确定了职业生涯目标后，行动便成了关键的环节。没有达成目标的行动，目标就难以实现，也就谈不上事业的成功。这里所指的行动，是指落实目标的具体措施，主要包括工作、训练、教育、轮岗等方面的措施。例如，为达成目标，在工作方面，你计划采取什么措施提高你的工作效率；在业务素质方面，你计划学习哪些知识、掌握哪些技能提高你的业务能力；在潜能开发方面，采取什么措施开发你的潜能，等等，都要有具体的计划与明确的措施，并且这些计划要特别具体，以便于定时检查。

**4. 选择需要采取的方式和途径**

一年级为试探期：要初步了解职业，特别是自己未来所想从事的职业或自己所学专业对口的职业，提高人际沟通能力。具体活动可包括多和师哥师姐们交流，尤其是大四的毕业生，询问就业情况，大一学习任务不重，多参加学校活动，增加交流技巧，学习计算机知识，争取可以利用计算机和网络辅助自己的学习。

二年级为定向期：应考虑清楚未来的就业，了解相关的应有活动，并以提高自身的基本素质为主，通过参加学生会或社团等组织，锻炼自己的各种能力，同时检验自己的知识技能；可以开始尝试兼职、社会实践教学，要具有坚持性，最好能在课余时间后长时从事与自己未来职业或本专业有关的工作，提高自己的责任感、主动性，增强受挫能力。

三年级为冲刺期：因为临近毕业，所以目标应锁定在提高求职技能、收集公司信息并确定自己是否要考研上。在撰写专业学术文章时，可大胆提出自己的见解，锻炼自己独立解决问题的能力和创造性；参加和专业有关的暑期工作，和同学交流求职工作心得体会，学习写简历、求职信，了解收集工作信息的渠道，并积极尝试，加入校友网络，和已经毕业的校友谈话了解往年的求职情况。

## 延伸阅读

### 做新时代有温度的青年

党的十九大在举国人民的欢庆中胜利闭幕了。

当代人对当代史的感知向来是困难的——我们总会对身边悄然变化着的一

切习以为常。因此，作为十三亿多人民中的一员，能够亲身经历这一历史性时刻，我感到心潮澎湃。十九大宛如一声春雷，又如一阵细雨，让千千万万的人民都喜闻乐见地在朋友圈“刷屏”，寄语“我的十九大”。这火热的温度，使我不禁沉思：是什么力量，让人民都自发地拥戴党，自发地歌颂党？

五年以来，“人民”始终是党和领袖挂在心上的存在，是不变的初心。脱贫攻坚，用脚步去丈量土地；强军兴军，用肩膀去铸就长城；打虎拍蝇，用正气去驱逐奸恶；一带一路，用热情去融化陌生。这些专门利人的正能量，如同一股股暖流注入你我心田，让人民的信赖感、获得感、幸福感越来越强。在十九大报告织就的壮阔图景中，我更看到了把人民的梦想系于一身，波澜壮阔、掷地有声的路线图、任务书、时间表。这触摸得着的红色温度，如何不让你我热血沸腾？

校园是深植理想、激扬青春的地方；这满园的青春气息，既是年轻跳动的心灵音符，也是坚毅执着的向上眼神，更是深埋内心的理想种子。我们是被家庭、被社会、被祖国、被党寄予厚望的一代人，“两个一百年”的奋斗目标，我们千千万万青年将全程参与。投我以桃，报之以李，在有温度的新时代，我们应该做一个有温度的青年。

有温度就是要立长志。成就一番事业，立志都自青年始。青年毛泽东伫立湘江，“恰同学少年，风华正茂”；年轻时的习近平也曾窑洞苦读，在煤油灯中照见未来。领袖人物在物质匮乏、政治动荡的年代，尚且依靠乐观而坚韧的精神突破万难、建功立业，我们生活在物质丰富、社会稳定、机遇倍增的新时代，有什么理由不放飞青春理想？“中国梦是历史的、现实的，也是未来的”，担起新时代的新使命，勇做时代的弄潮儿，我们青年一代责无旁贷。

有温度就是要有担当。我们青年一代拥有的物质，接触的资讯，受到的教育，远远超过了我们的前辈。这是成才的必备基础，但也容易使得青年在和大众的差别中，滋生一种虚妄的优越感，从而在追求“生活格调”的道路上，离我们的人民越来越远。青年人的温度，就是中国这片大地的温度；我们应该弯下腰来，紧紧地贴近大地、贴近人民，让自己的心脏与人民一起跳动，承担更多的责任，装着更多的百姓，“但愿苍生俱饱暖，不辞辛苦出山林”！

有温度就是要跟党走。党教育我们学习，挂念我们成长，指引我们方向，鼓励我们奋斗，保障我们生活——在父母一般的关心、爱护、叮咛中，青年一代收拾行囊，整装待发。选择党是一生一次，跟党走是一生一世。跟有温度的党，做有温度的人，要让党放心地把历史的接力棒交到青年一代手上，让血液流淌的红色温度代代相传，“中华民族伟大复兴的中国梦终将在一代代青年的接力奋斗中变为现实”！

越是伟大的时代，越是有着激荡人心的际遇和富有质感的素材。我们生逢其时，一定能够写就最好的人生故事，成就最美的青春年华。北大校歌《燕园情》中有这样一句,"问少年心事,眼底未名水,胸中黄河月"。我想,不论是青丝加冠还是满头飞雪,这"少年心事"都是我们不能变、不能忘的初心。你我遇到了一个伟大的时代,正当与千万青年一道,参与其中;也必将与千万青年一道,用我们的青春热血,去见证这个伟大的时代。

我期待着,当满头白发之际,回望自己这一生,能够自豪地说,我的整个生命和全部精力,都已经献给最伟大的梦想——为中华民族伟大复兴的中国梦而奋斗!

(资料来源:任一丁:《做新时代有温度的青年》,中国教育报,2017 年 11 月 13 日第 02 版)

## 课后习题

一、单选题

1. 我国经济已由(　　)阶段转向(　　)阶段,正处在转变发展方式、优化经济结构、转换增长动力的攻关期,建设现代化经济体系是跨越关口的迫切要求和我国发展的战略目标。

A. 高速增长,高水平发展　　B. 高速发展,高水平发展

C. 高速增长,高质量发展　　D. 高速发展,高质量发展

2. 贯彻新发展理念,建设现代化经济体系,必须坚持质量第一、效益优先,以(　　)为主线。

A. 转变发展方式　　B. 优化经济结构

C. 供给侧结构性改革　　D. 转换增长动力

3. 建设现代化经济体系,必须把发展经济的着力点放在(　　)上,把提高供给体系质量作为主攻方向,显著增强我国经济质量优势。

A. 实体经济　　B. 共享经济　　C. 虚拟经济　　D. 国民经济

4. 五年来,我们统筹推进"(　　)"总体布局、协调推进"(　　)"战略布局,"十二五"规划胜利完成,"十三五"规划顺利实施,党和国家事业全面开创新局面。

A. 五位一体,四个全面　　B. 四位一体,五个全面

C. 五个全面,四位一体　　D. 四个全面,五位一体

5. 过去五年,经济保持中高速增长,在世界主要国家中名列前茅,国内生产总值从五十四万亿元增长到(　　)万亿元,稳居世界第二,对世界经济增长贡献率超过百分之三十。

A. 六十　　B. 七十　　C. 八十　　D. 九十

6. 脱贫攻坚战取得决定性进展,(　　)贫困人口稳定脱贫,贫困发生率从百分之十点二下降到百分之四以下。

A. 六千多万　　B. 七千多万　　C. 八千多万　　D. 九千多万

7. 实施共建“一带一路”倡议,发起创办亚洲基础设施投资银行,设立丝路基金,举办首届“一带一路”国际合作高峰论坛、亚太经合组织领导人非正式会议、二十国集团领导人(　　)峰会、金砖国家领导人(　　)会晤、亚信峰会。

A. 北京,南京　　B. 杭州,厦门　　C. 南京,北京　　D. 厦门,杭州

8. 坚持反腐败无禁区、全覆盖、零容忍,坚定不移“打虎”“拍蝇”“猎狐”,(　　)的目标初步实现,(　　)的笼子越扎越牢,(　　)的堤坝正在构筑,反腐败斗争压倒性态势已经形成并巩固发展。

A. 不敢腐,不能腐,不想腐　　B. 不能腐,不敢腐,不想腐

C. 不想腐,不敢腐,不能腐　　D. 不敢腐,不想腐,不能腐

9. 经过长期努力,中国特色社会主义进入了新时代,这是我国发展新的(　　)。

A. 未来方向　　B. 未来方位　　C. 历史方向　　D. 历史方位

10. 中国特色社会主义进入新时代,我国社会主要矛盾已经转化为人民日益增长的(　　)需要和(　　)的发展之间的矛盾。

A. 美好生活,不充分不平衡　　B. 幸福生活,不平衡不充分

C. 幸福生活,不充分不平衡　　D. 美好生活,不平衡不充分

11. 必须认识到,我国社会主要矛盾的变化,没有改变我们对我国社会主义所处历史阶段的判断,我国仍处于并将长期处于(　　)的基本国情没有变,我国是世界最大发展中国家的国际地位没有变。

A. 社会主义阶段　　B. 社会主义初级阶段

C. 社会主义中级阶段　　D. 社会主义高级阶段

12. (　　)是实现社会主义现代化、创造人民美好生活的必由之路。

A. 中国特色社会主义道路　　B. 中国特色社会主义理论体系

C. 中国特色社会主义制度　　D. 中国特色社会主义文化

13. (　　)是指导党和人民实现中华民族伟大复兴的正确理论。

A. 中国特色社会主义道路　　B. 中国特色社会主义理论体系

C. 中国特色社会主义制度　　D. 中国特色社会主义文化

14. (　　)是当代中国发展进步的根本制度保障。

A. 中国特色社会主义道路　　B. 中国特色社会主义理论体系

C. 中国特色社会主义制度　　D. 中国特色社会主义文化

15. (　　)是激励全党全国各族人民奋勇前进的强大精神力量。

A. 中国特色社会主义道路　　B. 中国特色社会主义理论体系

C. 中国特色社会主义制度　　D. 中国特色社会主义文化

16. 新时代中国特色社会主义思想,明确坚持和发展中国特色社会主义,总任

务是实现社会主义现代化和中华民族伟大复兴,在全面建成小康社会的基础上,分(　　)在21世纪中叶建成富强民主文明和谐美丽的社会主义现代化强国。

A. 两步走　　B. 三步走　　C. 四步走　　D. 五步走

17. 新时代中国特色社会主义思想,明确中国特色社会主义最本质的特征是(　　)。

A. "五位一体"总体布局　　B. 建设中国特色社会主义法治体系

C. 人民利益为根本出发点　　D. 中国共产党领导

18. 发展是解决我国一切问题的基础和关键,发展必须是科学发展,必须坚定不移贯彻(　　)的发展理念。

A. 创新、协调、绿色、开放、共享　　B. 创造、协调、生态、开放、共享

C. 创新、统筹、绿色、开放、共享　　D. 创造、统筹、生态、开放、共享

19. (　　)是中国特色社会主义的本质要求和重要保障。

A. 全面依法治国　　B. 全面从严治党

C. 全面发展经济　　D. 全面可持续发展

20. (　　)是一个国家、一个民族发展中更基本、更深沉、更持久的力量。

A. 道路自信　　B. 理论自信　　C. 制度自信　　D. 文化自信

21. 必须统筹国内国际两个大局,始终不渝走和平发展道路、奉行(　　)的开放战略。

A. 互利共赢　　B. 互相合作　　C. 包容互信　　D. 开放共赢

22. 从现在到二〇二〇年,是全面建成小康社会(　　)。

A. 决战期　　B. 决胜期　　C. 关键期　　D. 攻坚期

23. 从(　　)到(　　),是"两个一百年"奋斗目标的历史交汇期。

A. 二〇二〇年,二〇三五年　　B. 十九大,二十大

C. 二十大,二十一大　　D. 二〇三五年,21世纪中叶

24. 综合分析国际国内形势和我国发展条件,从二〇二〇年到21世纪中叶可以分两个阶段来安排。第一个阶段,从(　　)到(　　),在全面建成小康社会的基础上,再奋斗十五年,基本实现社会主义现代化。

A. 二〇二〇年,二〇三五年　　B. 二〇二五年,二〇四〇年

C. 二〇三〇年,二〇四五年　　D. 二〇三五年,21世纪中叶

25. 从全面建成小康社会到基本实现现代化,再到全面建成(　　),是新时代中国特色社会主义发展的战略安排。

A. 创新型国家　　B. 社会主义现代化强国

C. 社会主义现代化大国　　D. 世界一流强国

二、简答题

作为新时代的大学生,我们应当怎么学习?如何生活?确立什么样的学习目

标？制订什么样的学习计划？朝什么方向努力？培养哪些方面的能力？提高哪方面的素质？

参考答案

# 第一章

# 人生的青春之问

## 教学目标

（1）知识目标：掌握人的本质的相关理论；掌握人生观的主要内容；了解人生观与世界观的关系；理解个人与社会的辩证关系；掌握积极进取的人生态度的内容；掌握人生价值的评价标准及方法；了解人生价值的实现条件；掌握辩证对待人生矛盾的相关理论；掌握成就出彩人生的基本原则。

（2）能力目标：会正确处理人与社会的辩证关系；会运用评价人生价值的标准对人生价值进行正确评价；能自觉与各种错误的人生观作斗争，并树立起正确的幸福观、享乐观、得失观、顺逆观、生死观和荣辱观，能自觉投身服务人民、奉献社会的人生实践。

（3）素质目标：懂得人生观对个体成长的意义，了解个人与社会的辩证关系；帮助学生树立科学高尚的人生追求，形成积极进取的人生态度，为自己人生价值的实现创造良好的条件；让学生懂得只有做命运的主宰、做社会的主人、做实践的主体、做生活的强者、做国家民族和社会的奉献者，才能成就出彩人生。

## 教学重点

（1）人生和人生观。

（2）人生态度和人生价值。

（3）辩证对待人生矛盾。

## 教学难点

（1）人生观的理论知识。

（2）帮助学生将理论内容内化于心、外化于行，形成积极进取的人生态度。

（3）旗帜鲜明地反对错误的人生观。

## 教学逻辑

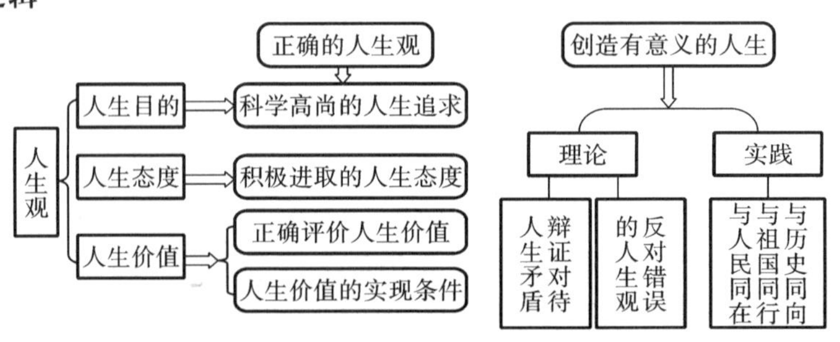

# 第一节　理论教学探讨

本章第一部分是第二部分和第三部分的逻辑起点和理论支撑。第一部分首先对“人是什么”和“人的本质是什么”等问题进行了阐述，使学生对“人的本质”有科学的认识；其次从理论层面阐述了人生观的主要内容，使学生明确人生观的三个主要方面；最后阐述人生观与世界观的密切关系，明确树立正确的人生观离不开马克思主义科学世界观的指导，使学生明确应把自己的人生追求同社会的发展进步紧密结合起来，在为社会作贡献的过程中实现自己的人生价值。第二部分具体阐述应确立怎样的人生追求（人生目的）、应保持怎样的人生态度、应掌握怎样的评价人生价值的方法，以及应如何把握人生价值的实现条件。第三部分第一目阐述大学生应辩证对待人生矛盾，树立正确的幸福观、得失观、苦乐观、顺逆观、生死观、荣辱观，是人生观的具体应用，同时将错误人生观的表现单独列出，通过正反两方面的对比得出“要成就出彩人生，必须与历史同向、与祖国同行、与人民同在，服务人民、奉献社会”这一结论。

## 一、理论要点

青年，是国家的未来和民族的希望，是社会上最富有朝气、最富有创造性、最富有生命力的群体。青春，是人生中最美的那一部分，是世界上任何一种语言中最动人的词汇之一。青年的价值取向决定了未来整个社会的价值取向，大学时期是世界观、人生观、价值观形成的关键时期。抓好这一时期的价值观养成十分重要，这就像穿衣服扣扣子一样，如果第一粒扣子扣错了，剩余的扣子都会扣错，人生的扣子从一开始就要扣好。

### （一）正确的人生观

大学生应该深入领会马克思主义关于人生问题的基本理论，准确把握面对和解决人生问题的科学方法，树立正确的人生观，明确人生目的，端正人生态度，认识人生价值，为创造有意义的人生奠定良好的基础。

**1. 科学高尚的人生追求**

“士不可以不弘毅，任重而道远。”国家的前途，民族的命运，人民的幸福，是当代中国青年必须和必将承担的重任。大学生必须把自己的人生目的与国家前途、民族命运、人民幸福联系在一起，自觉自愿地把自己的一生奉献于利国利民的事业。当代大学生要有所作为，就必须投身人民的伟大奋斗。同人民一起奋斗，青春才能亮丽；同人民一起前进，青春才能昂扬；同人民一起梦想，青春才能无悔。

“服务人民、奉献社会”代表了人类社会迄今最先进的人生追求。“服务人民”就是一切从人民的利益出发，为人民办事，为人民提供高质量的服务；“奉献社会”就是要求我们树立奉献社会的精神，并通过兢兢业业的工作，自觉为社会和他人作贡献。服务人民、奉献社会要求我们确立科学高尚的人生追求。确立科学高尚的人生追求既是唯物史观的基本要求，也是提升自我人生境界的需要。唯物史观认为，在社会历史发展过程中，人民群众起着决定性作用，人民群众是社会物质财富和精神财富的创造者，是社会变革的决定力量，因此毛泽东说：“人民，只有人民，才是创造世界历史的动力。”

习近平总书记在党的十九大报告中把坚持以人民为中心作为新时代坚持和发展中国特色社会主义的重要内容。习近平指出：“坚持人民主体地位，充分调动人民积极性，始终是我们党立于不败之地的强大根基。”人民群众作为中华民族的主体，是实现中国梦的根本力量。习近平强调：“实现中华民族伟大复兴的中国梦，必须紧紧依靠人民，充分调动最广大人民的积极性、主动性、创造性。”服务人民、奉献社会的人生追求指明了人在成长和发展过程中应该确立的人生目标和方向。

我们当代大学生要把为国家和人民的事业无私奉献作为自己人生的最高追求，在服务他人、奉献社会中收获人生的美好。

**2. 积极进取的人生态度**

人生之路“看似寻常最奇崛，成如容易却艰辛”，人生旅途，有平川也有高山，有缓流也有险滩，有丽日也有风雨，有喜悦也有哀伤。大学生只有正确认识、处理生活中各种各样的困难和问题，保持认真务实、乐观向上、积极进取的人生态度，才能走好人生路，创造无愧于时代的人生。

首先，让认真成为一种习惯。认真一词在《现代汉语词典(第 7 版)》中有两层意思：一是信以为真，当真；二是严肃对待，不马虎。它是一种专注、一种投入、一种坚韧，乃为可贵的精神品质，彰显对职守的忠诚、做事的严谨、追求的执着。播种认真，收获品格；播种品格，收获信念；播种信念，收获辉煌。正如一谚语所言：“认真是成功的秘诀，粗心是失败的伴侣。”大学生应该树立认真的人生态度，对自己负责，对亲人负责，对他人负责，对民族、国家和社会负责，做一个有担当的人。

其次，人生当务实，要坚持实事求是的思想方法和人生态度，不能好高骛远，眼高手低。务实的人生态度要求我们能够接受那些自己无法改变的人和事，而不怨天尤人；悦纳自己，接受父母，接受环境。有人说：“你不能决定生命的长度，但你可以扩展它的宽度；你不能改变天生的容貌，但你可以时时展现笑容；你不能期望控制他人，但你可以好好掌握自己；你不能全然预知明天，但你可以充分利用今天；你不能要求事事顺利，但你可以做到事事尽心。”务实必须首先实事求是地面对现实。务实的人生态度还要求我们踏实笃行，一步一个脚印，从小事做起，从身边的事做起，通过持之以恒的踏实奋斗实现自己的人生目标。每个人都有一个展翅高飞的梦想，却并非每个人都能收获梦想的果实。很多人在高谈阔论、碌碌无为中销蚀了激情，最终放逐了梦想。还有一些人却一直把梦想深埋在心，踏踏实实、一步一个脚印地为梦想而奋斗，他们坚定、执着、有条不紊、主动而充满激情，而正是这些人，最终摘得了梦想的橄榄枝。“九层之台，起于累土；千里之行，始于足下。”只有踏踏实实从点滴小事做起，才可能“至千里”“成江海”，“空谈误国，实干兴邦”，唯有撸起袖子加油干，才可能实现人生理想。

最后，人生要积极进取。有这样一个非常经典的故事：有一对孪生兄弟，他们的父亲是一个冷酷无情的人，嗜酒如命且毒瘾很大，一次在酒吧中看酒保不顺眼，犯下了杀人罪，被判终身监禁。哥哥同样毒瘾很大，靠偷窃和勒索为生，也因为杀人坐监。弟弟不但不喝酒、不吸毒，而且有美满的婚姻和几个孩子，还是一个大企业的经理。在一个访问中，问他们原因，两人都回答说：“有这样的父亲，我有什么办法呢？”同样的遗传基因，同样的人生际遇，哥哥和弟弟却拥有完全不一样的人生，为什么呢？因为哥哥和弟弟选择了完全不一样的人生态度。面对人生的困境，哥哥选择了随波逐流，消极颓废，因而重蹈了父亲的覆辙，而弟弟却逆流而上，选择了积极进取的人生态度，通过自身的不断努力，扼住了命运的咽喉，实现了人生的转运，成就了自己的精彩人生。“天行健，君子以自强不息”，我们一定要发扬自强不息、百折不挠的民族性格，坚韧不拔、锐意进取、奋发有为，在创新创造中谱写自己昂扬向上的青春诗篇。

**3. 人身价值的评价与实现**

对于人生价值及其相关问题的正确认识，是人们自觉朝着选定的目标努力，以全部的情感、意志、信念去创造有价值的人生的重要前提。

1）正确评价人生价值

评价人生价值的根本尺度是看一个人的人生活动是否符合社会发展的客观规律，是否通过实践促进了历史的进步。在今天，衡量人生价值最重要的标准就是是否用自己的聪明才智为国家和社会真诚奉献，为人民群众服务。正确评价人生价值除了要掌握科学的标准，还要掌握恰当的方法，坚持三个统一，即坚持能力有大小与贡献须尽力相统一，坚持物质贡献与精神贡献相统一，坚持完善自身与贡献社会相统一。

坚持能力有大小与贡献须尽力相统一。在我们党的发展史上，有一位普通的战士，他貌似没有做什么惊天动地的大事，但名垂青史，他就是张思德。张思德是一名普通的警卫战士，1944 年的夏天，为了解决中央机关和枣园的取暖问题，他被派到延安北部的安塞烧炭。1944 年 9 月 5 日，由于炭窑垮塌，张思德同志牺牲。毛泽东亲笔写下了“向为人民利益而牺牲的张思德同志致敬”的挽词，出席追悼会并做了著名的悼念讲话《为人民服务》。人的能力有大有小，地位有高有低，机遇各不相同，可能作出的贡献也不一样，但只要尽心尽力为社会做贡献，哪怕他作的具体贡献再“微小”，从社会的角度来看，都具有崇高的价值。正如毛泽东同志对张思德的评价：“张思德同志是为人民利益而死的，他的死是比泰山还要重的。”

考察一个人的人生价值，要把个人对社会的贡献同他的能力以及与发挥自己的能力相对应的社会条件联系起来。任何人只要在自己的工作岗位上尽职尽责，兢兢业业，尽了自己的力量和责任而工作，就应该对其人生价值给予积极、肯定的评价。一个人能力有大小，但只要有这点精神，就是一个高尚的人，一个纯粹的人，一个有道德的人，一个脱离了低级趣味的人，一个有益于人民的人。

坚持物质贡献与精神贡献相统一。人类社会的发展和进步是物质文明和精神文明共同发展和进步的结果，因而推动人类社会的发展既需要物质财富，也需要精神财富，物质贡献和精神贡献对人类社会的进步和发展都很重要，因此对人生价值的评价必须坚持物质贡献与精神贡献相统一。

坚持完善自身与贡献社会相统一。莎士比亚说：“仅仅一个人独善其身，那实在是一种浪费。上天生下我们，是要把我们当作火炬，不是照亮自己，而是普照世界；因为我们的德行倘不能推及他人，那就等于没有一样。”人生的社会价值是实现自我价值的基础，人的自我价值的实现是社会发展的根本目标，人的自我价值的实现有助于个体为社会创造更大的价值。

2）人生价值的实现条件

任何人都只能在一定的主客观条件下实现自己的人生价值，因而正确把握人生价值的实现条件至关重要。实现自己的人生价值要从社会的客观条件和自身条件出发，要不断增强实现人生价值的能力和本领。

首先，人生价值的实现需要从社会客观条件出发。一个人的人生价值只有在社会实践中才能放出光彩，人的创造力的形成、发展和发挥都要依赖于一定的社会客观条件。如果一个人的人生价值目标不符合社会的需要，纵然有满腹才华，也是英雄无用武之地。中国特色社会主义进入新时代为我们当代青年搭建了展示才华、施展本领的广阔舞台。“海阔凭鱼跃，天高任鸟飞”，我们当代青年要主动把握时代脉搏，珍惜难得的历史机遇，把自己的人生追求建立在正确把握当今中国社会发展实际的基础上，在全面建成小康社会和实现中华民族伟大复兴的生动实践中创造无愧于时代的新业绩，努力实现自己的人生价值。

其次，实现人生价值要从个体自身条件出发。罗素曾说过，人生在自己的手中。人的自身条件千差万别，每一个人都是独一无二的个体。每一个人的自身条件都有差异，能力有高低，确定目标必须从自己的实际出发，不可盲从赶潮流。个人目标只有与自己的兴趣、爱好、特长相符时才会产生强大的动力和持久的耐力；只有与自己的专业、能力、基础相关，才会具备坚实的基础和实现的可能。我们要根据自身的实际确立人生追求，完善知识体系，丰富社会实践，实事求是地确定自己的人生航向，走好自己的人生路。

最后，不断增强实现人生价值的能力和本领。个人的主观努力在相当大的程度上决定着人生价值的实现程度。勤奋学习是我们青春远航的动力，增长本领是我们搏击青春的能量。我们大学生正处于人生成长的黄金时期，没有工作的压力和世俗的烦扰，可以专心致志、心无旁骛地博览群书，潜心研究；我们大学生可塑性很强，可以通过各种途径，全面提升自身的素质和能力，为实现自己的人生价值奠定坚实的基础。

### （二）创造有意义的人生

**1. 直面人生——辩证对待人生矛盾**

要成就精彩的人生，首先要直面人生问题，辩证对待人生矛盾，树立正确的幸福观、得失观、苦乐观、顺逆观、生死观和荣辱观。人生要追求幸福，但要牢记"幸福都是奋斗得来的，都要靠实践创造"，不能"等靠要"；人生要追求快乐，但要切记，"真正的快乐只能由奋斗的艰苦转化而来"，不经历风雨怎能见彩虹？在追求人生快乐和幸福的过程中，要直面生死这个生命历程，正确对待和处理顺境和逆境这两种不同的境遇，既要在顺境中前行，又要在逆境中奋斗；要正确处理人生得与失的关系，切记"不要拘泥于个人利益的得失"，"不要满足于一时的得"，"不要惧怕一时的失"；要树立正确的荣辱观，"知耻而后勇"。要学会直面生命历程，故有"生死观""顺逆观"，在生命历程中，要学会处理得与失、荣与辱，故有"得失观""荣辱观"，从而达成人生的终极追求——幸福、快乐，故有"幸福观""苦乐观"。

**2. 直面现实——反对错误人生观**

在追求人生的终极目标幸福、快乐的进程中，受各种错误思潮和腐朽思想影响，现实生活中出现了各种各样的错误人生观，如崇拜金钱的拜金主义、崇尚感官刺激的享乐主义和夸大个人利益的极端个人主义等。

拜金主义人生观是一种认为金钱可以主宰一切，把追求金钱作为人生至高目的的人生观。拜金主义人生观将金钱神秘化、神圣化，以追逐和获取金钱作为人生目的和意义的全部，金钱成为衡量人生价值的唯一标准，人与人之间完全是一种赤裸裸的金钱关系。

"享乐"一词来自古希腊，包括物质追求和精神满足两个方面。快乐主义的代表人物伊壁鸠鲁就认为幸福是"肉体无痛苦，灵魂无纷扰"。在古希腊时期，快乐主义将对快乐生活的追求和崇尚看作人生的目的，但快乐包括两个方面，而精神快乐是更为持久深刻的快乐。享乐主义人生观从人的自然本性出发，把人生看成纯粹的生理需要，认为人生的目的和意义就是追求物质生活享受。享乐主义人生观主张无限制的消费，追求纸醉金迷、奢侈浪费、挥霍无度。

个人主义就是一切以个人为中心的人生观，主要包括三个方面的内容：其一，个人主义是与财产制度有关的思想，强调个人私有财产神圣不可侵犯，个人维护自己的私人利益是基本人权；其二，作为政治思想，个人主义强调个人的自由、民主、平等，反对国家对个人自由的任何形式和意义上的干涉和侵犯；其三，作为一种社会价值观念，它主张个人本身就是目的，具有最高价值。个人主义尊奉“人不为己，天诛地灭”信条。从19世纪开始，一些资产阶级思想家就已经意识到个人主义具有销蚀社会的一面。20世纪以来，西方思想家对个人主义的批判更是不绝于耳。极端个人主义是个人主义的一种主要表现形式，它突出强调以个人为中心，将社会和他人看作手段，否认社会和他人的价值。

个人主义过分强调个人的自由、平等、价值、利益和权利，将个人利益置于他人利益和社会利益之上，甚至不惜采用损人利己的方式来追求自己的人生目标。因此，个人主义常常导致道德状况败坏、社会人际关系恶化、社会秩序混乱等。

以上三种人生观，对人的需要的理解都是片面的，都没有正确把握个人与社会的关系，都忽视或否认了社会性是人的存在和活动的本质属性。三者你中有我，我中有你，共同点是求名图利，寻欢作乐，追逐权势和金钱，纵情享乐。现实生活中的人，有享乐的欲望，又能把握好“度”，应属正常；如果放纵，成为金钱和欲望的奴隶，就值得警惕——极易以各种不正当手段获得享乐资源。

那么，我们应该如何认识金钱、享乐和个人利益呢？关于金钱，大学生首先应该认识到它只是人创造出来为自己服务的工具，如果对它顶礼膜拜，人就会由金钱的主人沦为金钱的奴隶；如果把它作为人生追求的目标甚至一切，人就会偏离正确的方向而失去应有的快乐。关于享乐，应该这样来理解，必要的感官享受是人生的应有之味，但若把它作为人生追求的目的甚至一切，人就会背离其社会本性而变得与动物无异。人本质上是社会人，超越金钱获得和感官刺激的精神追求能带给人更多的精神愉悦和精神享受。关于个人利益，人的本质上的社会性决定了个人利益对社会利益具有依赖性。我们主张国家和社会保障正当的个人利益，但在处理个人利益与他人利益和社会利益的关系时又不能以牺牲他人利益和社会利益的方式来实现个人利益，更反对极端利己主义和狭隘功利主义。

**3. 服务人民、奉献社会的实践——成就出彩人生**

实践出真知，实践出真彩，天上不会掉馅饼，人生精彩等不来。社会实践是科学理论、创新思维的源泉，是检验真理的试金石，也是青年锻炼成长的有效途径。美好的人生目标要靠社会实践才能转化为现实。在当今中国，最重要的社会实践，就是全面建成小康社会，加快推进社会主义现代化强国，实现中华民族伟大复兴的实践。为此，大学生应与历史同向、与祖国同行、与人民同在，坚持理论联系实际，积极投身社会实践，服务人民、奉献社会，以实现最大的人生价值，创造无悔的青春。

马克思在《青年在选择职业时的考虑》一文中写道：“如果我们选择了最能为

人类而工作的职业，那么，重担就不能把我们压倒，因为这是为大家作出的牺牲；那时我们所享受的就不是可怜的、有限的、自私的乐趣，我们的幸福将属于千百万人，我们的事业将悄然无声地存在下去，但是它将永远发挥作用，而面对我们的骨灰，高尚的人们将洒下热泪。”

## 二、理论热点

### （一）从“我”走向“我们”

有人曾问志愿者：“你们做公益，得到了什么?”一位志愿者的回答令人深思：“得到了‘我们’。”

83 岁的老演员牛犇，遵从内心庄严入党。“从今天起，我是你们的同志了。”老人说。90 多岁的老党员张道干，历经七十载终于恢复党员身份：“我找党不图金、不图银、不图钱。”加入集体、融入集体，在集体的熔炉中淬炼，在集体的温暖中前行，一个人才能一步步放下小我、走向大我，真正创造属于“我们”的辉煌。

**【热点解读】**

“我们”，既是一种身份，也是一种理念。个人的智慧，犹如草尖露珠；集体的心力，汇成大江大海。办大事、成大事，关键在于唤起众人拾柴的心劲儿，凝聚众智、集聚众力。“团结就是力量”是朴素哲理，但在现实生活中，个人主义、利己主义还是有着深厚土壤，甚至一有机会就在人们的头脑中占了上风。“我”字当头，“利”字当先，明哲保身，害怕吃亏，不顾集体和他人的权益，苦心孤诣追求个人利益最大化……类似表现，不仅有悖团队精神、合作理念，也影响风气、误人误己。

有人说，让人健康和幸福的秘诀，不是金钱或名利，而在于个体和他人的关系。在某种意义上，从“我”变成“我们”，何尝不是演绎、诠释类似关系的过程。关心他人、帮助他人，注重涵养开放包容的心态，一个人就容易得到来自社会的正向反馈，也不难收获真诚、爱心和友谊。在携手合作的过程中学会欣赏、团结、尊重、理解，也有助于培育共赢思维、共享精神、共同理想，进而赢得更多人生出彩的机遇。

环顾寰宇，共商、共建、共享已经日益成为发展的共识。世界大势，浩浩荡荡，独善其身前途暗淡，合作共赢才有未来。历史和现实证明，树立“和合”理念、促进务实合作，符合人类文明的进步潮流。东南亚朋友讲“水涨荷花高”，非洲朋友讲“独行快，众行远”，欧洲朋友讲“一棵树挡不住寒风”，中国人讲“大河有水小河满，小河有水大河满”。这些谚语揭示着同一个道理：集体的力量如钢铁，众人的智慧如日月。激发团结的力量、汲取众人的智慧，那么无论国家还是个人，都能走得更快、行得更远。

（资料来源：杨新军：《从“我”走向“我们”》，人民日报，2017 年 7 月 27 日第 04 版，有改动）

### （二）青春是用来奋斗的

2017 年夏天，某单位组织了一次慰问留守儿童的活动。当志愿者们把准备的书本和文具交到孩子们手中时，却意外收到了一张用稚嫩笔迹写下的纸条。纸条上写道："叔叔我不喜欢你们带来的东西，我想要一个可以打王者荣耀的手机。或者以后你们给我们钱，我自己买喜欢的东西，你们带来的书和文具，我们不喜欢，谢谢。"该事件也引起了科研工作者们的关注，中国科学院院士焦念志就是其中之一。他在接受采访时，表达了对网络游戏玩家日益低龄化的趋势的担忧。

**【热点解读】**

当下，游戏产业的快速发展一方面丰富了我们的生活，另一方面也带来一些新的问题。据中国青少年网络协会第三次网瘾调查研究报告显示，我国城市青少年网民中网瘾青少年约占 14.1%，人数约为 2404.2 万；在城市非网瘾青少年中，约有 12.7%的青少年有网瘾倾向，人数约为 1858.5 万。相关数据显示，2017 年中国游戏用户规模达到 5.83 亿人，过去 5 年，手游用户数从 9000 万增长至 5.54 亿，而青少年成为游戏主力用户之一。近年来，类似因成瘾性电子游戏导致青少年自杀、他杀、自残的案例屡见不鲜。

根据《中国教育报》2008 年 1 月 18 日第三版文章《区分两个世界 促进身心健康》的调查，有一半大学生参与了网络游戏，其中有 10%左右的大学生对网络游戏有沉迷倾向（玩通宵或者每次超过 11 小时，每周超过 4 次。玩游戏的花费超过自己日常生活费的 10%，经常有网络物品和账号交易）。50.9%的大学生认为网络游戏是一种目的性的活动，用来消磨时间和缓解现实压力等。学生们遇到问题时，如果身边无人帮忙或无人倾诉，往往寻找另外一种途径排解心中的郁闷，这时，网络游戏成了他们发泄情绪的方式之一。也有一些学生想在游戏中体验到成就感和找到自我，觉得在现实中有些不能达到的，在游戏中可以达到。有将近 1/4 的大学生认为网络游戏是和同学朋友交往的一种方式，有 15.9%的学生认为网游已经成为日常生活的一部分。

习近平总书记指出，学生在高校生活，正处在人生成长的关键时期，就好比小麦的灌浆期。在小麦灌浆期，阳光水分跟不上，就会耽误一季庄稼的收成。如果大学阶段我们把大把的时间浪费在网络游戏上，虚掷光阴，今天我们在网络中游戏人生，明天人生就会游戏我们。

人生价值实现的程度在很大程度上取决于个人的主观努力。在 2018 年 6 月 21 日召开的全国高等学校本科教育教学工作会议上教育部部长陈宝生告诫大学生，"大学生的成长成才不是轻轻松松、玩玩游戏就能实现的"，"青春是用来奋斗的"，陈部长的谆谆教诲对我们高职生同样适用。

马克思曾说，青春的光辉，理想的钥匙，生命的意义，乃至人类的生存、发展……全包含在这两个字之中……奋斗！只有奋斗，才能治愈过去的创伤；只有奋斗，才是我们民族的希望和光明所在。1939年5月30日，庆贺模范青年大会在延安召开。毛泽东同志在讲话时说："中国的青年运动有很好的革命传统，这个传统就是'永久奋斗'。我们共产党是继承这个传统的，现在传下来了，以后更要继续传下去。"

习近平总书记教导我们说："人的一生只有一次青春。现在，青春是用来奋斗的；将来，青春是用来回忆的。""青年人正处于学习的黄金时期，应该把学习作为首要任务，作为一种责任、一种精神追求、一种生活方式，树立梦想从学习开始、事业靠本领成就的观念，让勤奋学习成为青春远航的动力，让增长本领成为青春搏击的能量。"

大学生一定要珍惜韶华，勤奋学习，既要多读有字之书，也要多读无字之书，注重人生经验和社会知识的积累，还要注意将所学知识内化于心，形成自己独特的见解。通过各种方式和途径，全面提高自身的综合素质和能力，不断增强实现人生价值的能力和本领，增强青春搏击的能力，担当起新时代赋予我们大学生的责任和使命。

（根据《孩子沉迷网络？新时代的精神鸦片？堪比洪水猛兽》(http://www.sohu.com/a/236082964_100086914)改写）

思考题：大学生应该如何实现自己的人生价值？

### （三）抵制错误的人生观

某贪官在忏悔录中写道："剖析我自身蜕变的原因，首先是自己的世界观、人生观、价值观扭曲了。这'三观'是一名党员干部的'总开关'。总开关出了问题，对客观事物评判的标准就会出现偏差，对自己的行为就会迷失方向，对什么是美，什么是丑，什么事能做，什么事不能做等都变得模糊起来。把过去认为不正常的事认为是正常的事，认为随大流就是顺人意，独善其身则悖常理。这样一来，就使自己的行为脱离出党性原则的轨道。我在履职过程中，由原则性大于灵活性转变到由灵活性大于原则性，由拒收红包礼金到收受再到收受巨额贿赂，由不敢近'女色'到刻意追求，甚至想把失去的'青春'补回来，从而导致生活作风上的腐化，就是'三观'发生扭曲的结果。"

（资料来源：《湖南岳阳政法委原书记韩建国忏悔："三观"扭曲坠深渊》，中国共产党新闻网，http://fanfu.people.com.cn/n1/2016/0422/c64371-28297679.html，有改动）

**【热点解读】**

错误的人生观是人们在实践中形成的对于人生目的和意义的错误的根本看法，它决定着人们实践活动的错误目标、人生道路的错误方向，也决定着人们行为选择的错误价值取向和对待生活的错误态度。错误的人生观主要表现为：

**1. 极端个人主义人生观**

极端个人主义主要观点有：人不为己，天诛地灭；各人自扫门前雪，莫管他人瓦上霜；宁可我负天下人，不可天下人负我。持以上观点的在现实生活中大有人在。这三种观点虽然说法各异，但都是典型的极端个人主义人生观。极端个人主义是个人主义的表现形式之一。以自我为中心，以个人利益作为思想、行为的原则和道德评价的标准。从极端的个人目的出发，不择手段地追逐名利、地位和享受，历来是一切极端个人主义者的人生目的。高尔基说过："利己的人最先灭亡，他自己活着，并为自己而生活，如果他的这个'我'被损坏了，那他就无法生存了。他的面前一片黑暗，只有利己主义和注定的悲哀。"叔本华也说："年轻的时候，会觉得放纵是一种快乐，但真正的放纵过后带来的失落和空虚却是要用加倍的放纵也无法填补的。"

**2. 享乐主义人生观**

享乐主义是指脱离现实的可能和需要，大肆挥霍金钱，肆意浪费物质和时间，以追求物质上的享受为人生的唯一目的和乐趣。其实质是从人的自然本性出发，把人的生理本能需要的满足看作人生的最高追求，认为人活着就是要追求个人的物质生活享受。这种观点客观上势必导致物欲泛滥，把人引导到吃、喝、玩、乐的歧途上去，使人忽视精神、理想上的建树，对于人们确定科学的世界观极其有害。这种腐朽的人生观、价值观的滋生，必然导致以权谋私、贪赃枉法、挥霍浪费、腐化堕落等现象的蔓延。

大学生应该正确认识人的本质的社会属性，不要片面夸大和看重感官刺激和享受，把人生追求更多地定位于精神层面，只有这样，才会成为一个合格的社会人，也才能更好地成就自己的美好人生。有这样一个故事也告诉了我们人的精神追求和自我实现的重要性。心理学家付费给一些大学生，对他们的要求就是什么也不能做。他们的基本需要得以满足，但是禁止进行任何工作。在4～8小时后，这些大学生开始感到了沮丧，尽管参与研究的收入非常可观，但他们宁可放弃参与实验而选择那些压力大同时收入也没有这么多的工作。

**3. 拜金主义人生观**

拜金主义是一种认为金钱可以主宰一切，把追求金钱作为人生至高目的的思想观念。

我们应该牢记金钱不是万能的，金钱能买到房屋，但买不到家；金钱能买到药物，但买不到健康；金钱能买到美食，但买不到食欲；金钱能买到床，但买不到睡眠；金钱能买到珠宝，但买不到美；金钱能买到娱乐，但买不到愉快；金钱能买到书籍，但买不到智慧；金钱能买到谄媚，但买不到尊敬；金钱能买到伙伴，但买不到朋友；金钱能买到权势，但买不到威望。人生一世，还有比金钱更重要的东西需要我们去追求，比如个人的人格尊严和自我价值的实现，个人精神需要的满足和灵魂的净化等。

思考题：极端个人主义人生观、享乐主义人生观、拜金主义人生观的实质是什么？我们应该树立什么样的人生观？

## 第二节　实践教学

马克思在《黑格尔法哲学批判》导言中批出："批判的武器当然不能代替武器的批判，物质力量只能用物质力量来摧毁；但是理论一经掌握群众，也会变成物质力量。理论只要说服人，就能掌握群众。"马克思的这一精辟论断对当下大学生的思想政治教育，尤其是在理论与实践的关系层面具有基础性的指导意义。2004年中共中央国务院在《关于进一步加强和改进大学生思想政治教育的意见》中明确指出，"深入开展社会实践"，"高等学校要把社会实践纳入学校教育总体规划和教学大纲"。思想政治理论课实践教学是思想政治理论课教育教学的一个环节，是思想政治理论课教育教学的重要组成部分，对促进大学生了解社会、了解国情、增长才干、奉献社会、锻炼毅力、培养品格、增强社会责任感具有不可替代的作用。什么样的青春是有价值的青春？我们应该确立什么样的人生态度？什么样的人生是有意义的人生？"纸上得来终觉浅，绝知此事要躬行"，这些问号要化成圆满的句号，需要学生深入思考，积极投身于火热的实践活动中去。

### 实践教学一：网络游戏状况的调查

**【实践目的】**

（1）通过调查引导学生明白沉迷网络游戏的危害，从而使学生自觉理性支配自己的时间，努力学习，不断增强实现人生价值的能力和本领。

（2）通过小组调查培养学生实事求是的科学态度和团队协作精神以及与人沟通交流的能力，通过调查报告的撰写培养学生的写作能力。

**【实践方案】**

**1. 前期准备**

（1）确定主题，编制调查问卷，并印制调查问卷；

（2）完成学生活动的分组，要求学生做好分工；

（3）确定时间：第一章理论教学结束以后。

**2. 活动方式和流程**

（1）分发问卷（每组50份）；

（2）学生在学校范围内开展调查；

(3) 学生撰写调查报告;

(4) 学生进行调查结果的展示。

【教学评价】

(1) 对学生参与态度的评价;

(2) 对调查报告的评价;

(3) 对 PPT 展示的评价。

【评分标准】

| 档　　次 | 评分标准 |
|---|---|
| 90～100 分 | ①格式完整(首页有名称、小组成员姓名;有正文;有参考文献);<br>②内容观点正确,条理清晰,逻辑性强(有调查的对象、方式;有对调查统计的分类和分析,有结论;有结合教材理论提出的合理化建议);<br>③能结合材料谈自己的收获和存在的问题,并提出改进措施,字数在 1500 字以上 |
| 80～89 分 | ①格式完整(首页有名称、小组成员姓名;有正文);<br>②内容观点正确,条理清晰(有调查的对象、方式;有对调查统计的分类和分析;有结论);<br>③能结合材料谈自己的收获和存在的问题,字数在 1500 字以上 |
| 70～79 分 | ①格式比较完整(有正文,有小组成员姓名);<br>②内容观点正确(有调查分析和结论);<br>③字数在 1500 字以上 |
| 60～69 分 | 交了调查报告,观点正确,字数在 1000 字以上 |
| 0～59 分 | 观点有原则性错误、抄袭记 0 分 |

## 实践教学二:"领略青春风采　感悟人生真谛"经典阅读

【实践目的】

青年是标志时代的最灵敏的晴雨表,青年兴则国家兴,青年强则国家强,习总书记非常关心青年的成长,针对青年发表了一系列讲话。阅读 2014 年 5 月 4 日习近平在北京大学师生座谈会上的讲话、2018 年 5 月 2 日习近平在北京大学师生座谈会上的讲话等文章,或者阅读《习近平的七年知青岁月》,学习习总书记"选择奉献也就选择了高尚"的人生追求和认真、务实、乐观、进取的人生态度,从而树立正确的人生观,扣好人生的第一颗扣子。

【实践方案】

**1. 前期准备**

(1) 教师布置阅读作业;

(2) 教师提出作业要求(做读书笔记、写读后感,不少于 1500 字);
(3) 学生课下阅读。

**2. 流程**

(1) 学生阅读后完成读书笔记和读后感;
(2) 教师批改,选出优秀的作品;
(3) 安排课堂交流;
(4) 优秀作品在马克思主义学院公众号上展示。

**【教学评价】**

教师针对学生的作品给出评价,计入实践课成绩。

**【评分标准】**

| 档　次 | 评分标准 |
| --- | --- |
| 90～100 分 | ①格式完整(首页有名称,有学号和姓名;有正文;有参考文献);<br>②内容条理清晰,观点正确(有摘录,有分析);<br>③有自己独到的想法和观点,字数在 1500 字以上 |
| 80～89 分 | ①格式完整(首页有名称,有学号和姓名;有正文);<br>②内容条理清晰,观点正确(有摘录,有分析);<br>③字数在 1500 字以上 |
| 70～79 分 | ①格式比较完整;<br>②观点正确;<br>③字数 1500 字以上 |
| 60～69 分 | 交了读书心得,观点正确,字数在 1000 字以上 |
| 0～59 分 | 观点有原则性错误、抄袭记 0 分 |

## 实践教学三:不负青年风华时　同心共筑江城梦

**【实践目的】**

(1) 通过相声、舞蹈、演讲、朗诵、舞台剧等多种形式展示当代大学生应该如何不负青春韶华,创造有意义的人生,为实现江城梦而努力。

(2) 将思政课的内容和学生的专业技能相结合,用学生耳熟能详的方式诠释有意义的青春。

**【实践方案】**

**1. 前期准备**

教师布置作业,学生分组准备。

**2. 流程**

(1) 决定评委人选;

(2) 按自然班抽签决定出场顺序；

(3) 现场展示；

(4) 辅导员点评；

(5) 专业老师点评。

**【教学评价】**

根据评分标准，取评委的平均分计入各组实践成绩。

**【评分标准】**

(1) 观点正确，30 分；

(2) 展示过程完整，20 分；

(3) 小组全员参与，20 分；

(4) 使用普通话(除非剧情需要)，10 分；

(5) 有表现力、感染力，10 分；

(6) 形式新颖，有创新，10 分。

## 延伸阅读

广大青年一定要练就过硬本领。学习是成长进步的阶梯，实践是提高本领的途径。青年的素质和本领直接影响着实现中国梦的进程。古人说："学如弓弩，才如箭镞。"说的是学问的根基好比弓弩，才能好比箭头，只要依靠厚实的见识来引导，就可以让才能很好发挥作用。青年人正处于学习的黄金时期，应该把学习作为首要任务，作为一种责任、一种精神追求、一种生活方式，树立梦想从学习开始、事业靠本领成就的观念，让勤奋学习成为青春远航的动力，让增长本领成为青春搏击的能量。

广大青年要坚持面向现代化、面向世界、面向未来，增强知识更新的紧迫感，如饥似渴学习，既扎实打牢基础知识又及时更新知识，既刻苦钻研理论又积极掌握技能，不断提高与时代发展和事业要求相适应的素质和能力。要坚持学以致用，深入基层、深入群众，在改革开放和社会主义现代化建设的大熔炉中，在社会的大学校里，掌握真才实学，增益其所不能，努力成为可堪大用、能担重任的栋梁之材。

广大青年一定要勇于创新创造。创新是民族进步的灵魂，是一个国家兴旺发达的不竭源泉，也是中华民族最深沉的民族禀赋，正所谓"苟日新，日日新，又日新"。生活从不眷顾因循守旧、满足现状者，从不等待不思进取、坐享其成者，而是将更多机遇留给善于和勇于创新的人们。青年是社会上最富活力、最具创造性的群体，理应走在创新创造前列。

广大青年一定要矢志艰苦奋斗。"宝剑锋从磨砺出，梅花香自苦寒来。"人类的美好理想，都不可能唾手可得，都离不开筚路蓝缕、手胼足胝的艰苦奋斗。我们的国家，我们的民族，从积贫积弱一步一步走到今天的发展繁荣，靠的就是一代又一代人的顽强拼搏，靠的就是中华民族自强不息的奋斗精神。当前，我们既面临着重要发展机遇，也面临着前所未有的困难和挑战。梦在前方，路在脚下。自胜者强，自强者胜。实现我们的发展目标，需要广大青年锲而不舍、驰而不息的奋斗。

广大青年要牢记“空谈误国、实干兴邦”，立足本职、埋头苦干，从自身做起，从点滴做起，用勤劳的双手、一流的业绩成就属于自己的人生精彩。要不怕困难、攻坚克难，勇于到条件艰苦的基层、国家建设的一线、项目攻关的前沿，经受锻炼，增长才干。要勇于创业、敢闯敢干，努力在改革开放中闯新路、创新业，不断开辟事业发展新天地。

青年朋友们，人的一生只有一次青春。现在，青春是用来奋斗的；将来，青春是用来回忆的。人生之路，有坦途也有陡坡，有平川也有险滩，有直道也有弯路。青年面临的选择很多，关键是要以正确的世界观、人生观、价值观来指导自己的选择。无数人生成功的事实表明，青年时代，选择吃苦也就选择了收获，选择奉献也就选择了高尚。青年时期多经历一点摔打、挫折、考验，有利于走好一生的路。要历练宠辱不惊的心理素质，坚定百折不挠的进取意志，保持乐观向上的精神状态，变挫折为动力，用从挫折中吸取的教训启迪人生，使人生获得升华和超越。总之，只有进行了激情奋斗的青春，只有进行了顽强拼搏的青春，只有为人民作出了奉献的青春，才会留下充实、温暖、持久、无悔的青春回忆。

（资料来源：2013 年 5 月 4 日，习近平在同各界优秀青年代表座谈时的讲话（节选））

我为什么要对青年讲讲社会主义核心价值观这个问题？是因为青年的价值取向决定了未来整个社会的价值取向，而青年又处在价值观形成和确立的时期，抓好这一时期的价值观养成十分重要。这就像穿衣服扣扣子一样，如果第一粒扣子扣错了，剩余的扣子都会扣错。人生的扣子从一开始就要扣好。“凿井者，起于三寸之坎，以就万仞之深。”青年要从现在做起、从自己做起，使社会主义核心价值观成为自己的基本遵循，并身体力行大力将其推广到全社会去。

广大青年树立和培育社会主义核心价值观，要在以下几点上下功夫。

一是要勤学，下得苦功夫，求得真学问。知识是树立核心价值观的重要基础。古希腊哲学家说，知识即美德。我国古人说：“非学无以广才，非志无以成学。”大学的青春时光，人生只有一次，应该好好珍惜。为学之要贵在勤奋、贵在钻研、贵在有恒。鲁迅先生说过：“哪里有天才，我是把别人喝咖啡的工夫都用在工作上的。”大学阶段，“恰同学少年，风华正茂”，有老师指点，有同学切磋，有浩瀚的书籍引路，可以心无旁骛求知问学。此时不努力，更待何时？要勤于学习、敏于求知，注重把所学知识内化于心，形成自己的见解，既要专攻博览，又要关心国家、关心人民、关心世界，学会担当社会责任。

二是要修德，加强道德修养，注重道德实践。“德者，本也。”蔡元培先生说过：“若无德，则虽体魄智力发达，适足助其为恶。”道德之于个人、之于社会，都具有基础性意义，做人做事第一位的是崇德修身。这就是我们的用人标准为什么是德才兼备、以德为先，因为德是首要、是方向，一个人只有明大德、守公德、严私德，其才方能用得其所。修德，既要立意高远，又要立足平实。要立志报效祖国、服务人民，这是大德，养大德者方可成大业。同时，还得从做好小事、管好小节开始起步，“见善则迁，有过则改”，踏踏实实修好公德、私德，学会劳动、学会勤俭，学会感恩、学会助人，学会谦让、学会宽容，学会自省、学会自律。

三是要明辨，善于明辨是非，善于决断选择。“学而不思则罔，思而不学则殆。”是非明，方向清，路子正，人们付出的辛劳才能结出果实。面对世界的深刻复杂变化，面对信息时代各种思潮的相互激荡，面对纷繁多变、鱼龙混杂、泥沙俱下的社会现象，面对学业、情感、职业选择等多方面的考量，一时有些疑惑、彷徨、失落，是正常的人生经历。关键是要学会思考、善于分析、正确抉择，做到稳重自持、从容自信、坚定自励。要树立正确的世界观、人生观、价值观，掌握了这把总钥匙，再来看看社会万象、人生历程，一切是非、正误、主次，一切真假、善恶、美丑，自然就洞若观火、清澈明了，自然就能作出正确判断、作出正确选择。正所谓“千淘万漉虽辛苦，吹尽狂沙始到金”。

四是要笃实，扎扎实实干事，踏踏实实做人。道不可坐论，德不能空谈。于实处用力，从知行合一上下功夫，核心价值观才能内化为人们的精神追求，外化为人们的自觉行动。《礼记》中说：“博学之，审问之，慎思之，明辨之，笃行之。”有人说：“圣人是肯做工夫的庸人，庸人是不肯做工夫的圣人。”青年有着大好机遇，关键是要迈稳步子、夯实根基、久久为功。心浮气躁，朝三暮四，学一门丢一门，干一行弃一行，无论为学还是创业，都是最忌讳的。“天下难事，必作于易；天下大事，必作于细。”成功的背后，永远是艰辛努力。青年要把艰苦环境作为磨炼自己的机遇，把小事当作大事干，一步一个脚印往前走。滴水可以穿石。只要坚韧不拔、百折不挠，成功就一定在前方等你。

核心价值观的养成绝非一日之功，要坚持由易到难、由近及远，努力把核心价值观的要求变成日常的行为准则，进而形成自觉奉行的信念理念。不要顺利的时候，看山是山、看水是水，一遇挫折，就怀疑动摇，看山不是山、看水不是水了。无论什么时候，我们都要坚守在中国大地上形成和发展起来的社会主义核心价值观，在时代大潮中建功立业，成就自己的宝贵人生。

（资料来源：2014 年 5 月 4 日，习近平在北京大学师生座谈会上的讲话（节选））

广大青年应该在奋斗中释放青春激情、追逐青春理想，以青春之我、奋斗之我，为民族复兴铺路架桥，为祖国建设添砖加瓦。

当代青年是同新时代共同前进的一代。我们面临的新时代，既是近代以来中华民族发展的最好时代，也是实现中华民族伟大复兴的最关键时代。广大青年既拥有广阔发展空间，也承载着伟大时代使命。青年是国家的希望、民族的未来。我衷心希望每一个青年都成为社会主义建设者和接班人，不辱时代使命，不负人民期望。对广大青年来说，这是最大的人生际遇，也是最大的人生考验。

广大青年要培养奋斗精神，做到理想坚定，信念执着，不怕困难，勇于开拓，顽强拼搏，永不气馁。幸福都是奋斗出来的，奋斗本身就是一种幸福。1939 年 5 月，毛泽东同志在延安庆贺模范青年大会上说："中国的青年运动有很好的革命传统，这个传统就是'永久奋斗'。我们共产党是继承这个传统的，现在传下来了，以后更要继续传下去。"为实现中华民族伟大复兴的中国梦而奋斗，是我们人生难得的际遇。每个青年都应该珍惜这个伟大时代，做新时代的奋斗者。

要求真，求真学问，练真本领。"玉不琢，不成器；人不学，不知道。"知识是每个人成才的基石，在学习阶段一定要把基石打深、打牢。学习就必须求真学问，求真理、悟道理、明事理，不能满足于碎片化的信息、快餐化的知识。要通过学习知识，掌握事物发展规律，通晓天下道理，丰富学识，增长见识。人的潜力是无限的，只有在不断学习、不断实践中才能充分发掘出来。建设社会主义现代化强国，发展是第一要务，创新是第一动力，人才是第一资源。希望广大青年珍惜大好学习时光，求真学问，练真本领，更好为国争光、为民造福。

要力行，知行合一，做实干家。"纸上得来终觉浅，绝知此事要躬行。"学到的东西，不能停留在书本上，不能只装在脑袋里，而应该落实到行动上，做到知行合一、以知促行、以行求知，正所谓"知者行之始，行者知之成"。每一项事业，不论大小，都是靠脚踏实地、一点一滴干出来的。"道虽迩，不行不至；事虽小，不为不成。"这是永恒的道理。做人做事，最怕的就是只说不做，眼高手低。不论学习还是工作，都要面向实际、深入实践，实践出真知；都要严谨务实，一分耕耘一分收获，苦干实干。广大青年要努力成为有理想、有学问、有才干的实干家，在新时代干出一番事业。我在长期工作中最深切的体会就是：社会主义是干出来的。

（资料来源：2018 年 5 月 2 日，习近平在北京大学师生座谈会上的讲话（节选））

## 课后习题

一、单选题

1. 人生观的核心内容是（　　）。

A. 人生态度　　B. 人生价值　　C. 人生目的　　D. 人生选择

2. 人们通过生活实践形成的对人生问题的一种稳定的心理倾向和精神状态是指(　　)。

A. 人生价值　　B. 人生态度　　C. 人生目的　　D. 人生方向

3. 最根本的个人与社会的关系是(　　)。

A. 自我价值与社会价值的关系　　B. 个人利益与社会利益的关系

C. 当前利益与长远利益的关系　　D. 个人选择与社会机遇的关系

4. 高尚的人生目的总是与(　　)联系在一起的。

A. 追求仕途　　B. 奋斗奉献　　C. 追求金钱　　D. 金榜题名

5. 毛泽东同志说:“人民,只有人民,才是创造世界历史的动力。”这句话告诉我们,人类社会迄今最先进的人生追求应该是也只能是(　　)。

A. 服务人民,奉献社会　　B. 我为人人,人人为我

C. 人不为己,天诛地灭　　D. 主观为别人,客观为自己

6. 评价人生价值的根本尺度是(　　)。

A. 看一个人的人生活动是否符合社会发展的客观规律,是否通过实践促进了历史的进步

B. 看一个人的人生活动是否有利于自己和家庭幸福

C. 看一个人的人生活动是否有利于人际关系的和谐

D. 看一个人的人生活动是否有利人与自然的和谐

7. 评价人生价值的大小应主要看(　　)。

A. 一个人收入的高低　　B. 一个人能力的大小

C. 一个人受欢迎的程度　　D. 一个人对社会所作的贡献

8. “宝剑锋从磨砺出,梅花香自苦寒来”,说明真正的快乐只能由(　　)转化而来。

A. 及时的享受　　B. 奋斗的艰辛　　C. 需求的满足　　D. 人格的完善

9. “对自己负责,对亲人负责,对周围的人和更多的人负责,进而对民族、祖国、社会和人类负责,做一个有价值、负责人的人”,体现了(　　)的人生态度。

A. 认真　　B. 务实　　C. 乐观　　D. 进取

10. 孔子提出“知耻近乎勇”,孟子认为“无羞恶之心,非人也”,管仲提出“礼义廉耻,国之四维”。这些传世名言告诉我们应该树立的正确观念是(　　)。

A. 善恶观　　B. 是非观　　C. 荣辱观　　D. 美丑观

11. 习近平总书记指出,(　　)是标志时代的最灵敏的晴雨表。

A. 少年儿童　　B. 青年　　C. 老年　　D. 专家

二、多选题

1. 习近平同青年大学生座谈时提出明辨是非、正误、主次,真假、善恶、美丑的

总钥匙是(　　)。

A. 世界观　　B. 人生观　　C. 择业观　　D. 价值观

2. 人生观的内容包括(　　)。

A. 人生目的　　B. 人生规划　　C. 人生价值　　D. 人生态度

3. 下列关于人的本质的说法,正确的观点有(　　)。

A. 人在本质上是自然的人

B. 每一个人从来到人世的那天起,就从属于一定的社会群体,同周围的人发生各种各样的社会关系

C. 人在本质上是一切社会关系的总和

D. 人在本质上不是单个人所固有的抽象物

4. 积极进取的人生态度包括(　　)。

A. 人生须认真　　B. 人生须务实

C. 人生须进取　　D. 人生须乐观

5. 衡量人生价值的评价方法有(　　)。

A. 坚持能力有大小与贡献须尽力相统一

B. 坚持物质贡献与精神贡献相统一

C. 坚持完善自身与贡献社会相统一

D. 坚持知识的丰富程度与能力大小相统一

6. 人生价值的实现条件包括(　　)。

A. 实现人生价值要从社会客观条件出发

B. 实现人生价值要从个体自身条件出发

C. 实现人生价值要不断增强实现人生价值的能力和本领

D. 实现人生价值取决于家庭条件和家长的付出

7. 勇敢面对和正确处理各种人生矛盾要树立正确的观念有(　　)。

A. 幸福观和生死观　　B. 得失观和顺逆观

C. 苦乐观和荣辱观　　D. 金钱观和婚姻观

8. 什么是人生的真正幸福,追求什么样的幸福,通过什么样的方式实现幸福,是大学生应该认真思考的人生课题。下列有关幸福的观点,正确的有(　　)。

A. 幸福是一个总体性范畴

B. 幸福总是绝对的,是尽善尽美的,不同的人有相同的幸福标准

C. 实现幸福离不开一定的物质条件,但精神需要的满足、精神生活的充实也是幸福的重要方面

D. 我们不能把自己的幸福建立在损害社会整体和他人利益的基础上

9. 树立正确的得失观,就应该做到(　　)。

A. 在乎个人利益的得失　　B. “今朝有酒今朝醉”

C. 不要满足于一时的得　　　　　　D. 不要惧怕一时的失

10. 司马迁认为“人固有一死，或重于泰山，或轻于鸿毛”，这一千古名句说明(　　)。

A. 人的生命是有限的，而生命的价值是无限的

B. 我们能增加生命的长度，但不能追求生命应有的高度

C. 大学生应珍惜韶华，在服务人民、投身民族复兴伟大事业中开发出生命所蕴藏的巨大潜能，努力给有限的个体生命赋予更有价值的意义

D. 大学生应“把有限的生命投入到无限的为人民服务之中去”

11. 树立正确的人生观就应该反对(　　)。

A. 拜金主义　　　　　　B. 小团体主义

C. 享乐主义　　　　　　D. 极端个人主义

三、判断题(对的打√，错的打×)

1. 当一天和尚撞一天钟，这实际上是庸碌无为的人生观的表现。(　　)

2. 主观为自己、客观为别人是一种正确的人生观。(　　)

3. 人和人类社会是自然界长期发展的产物。(　　)

4. 人生的社会价值是个体生存和发展的必要条件。(　　)

5. 世界观决定人生观，有什么样的世界观，就会有什么样的人生观。(　　)

6. 社会是人的存在形式。(　　)

7. 个人利益和社会利益从根本上说是矛盾的。(　　)

8. 衡量人生价值应否认人的自我价值。(　　)

9. 在人类历史上，许多有抱负有才能的人之所以未能实现自己的人生价值追求，就是因为缺乏一定的主观条件。(　　)

10. 大学生可塑性强，可以通过各种方式和途径，全面提高自身的综合素质和能力，努力创造实现人生价值的良好条件。(　　)

11. 奋斗者是物质最为富足的人。(　　)

12. 我们应该主要根据个人利益的得失来衡量人生价值的大小。(　　)

13. 在人生旅途中没有永远的顺境，也没有永远的逆境。(　　)

14. 荣辱观是人们对荣辱问题的根本看法和态度，是一定社会思想道德原则和规范的体现和表达。(　　)

15. 金钱可以主宰一切。(　　)

16. 享乐尤其是感官的享乐是人生的唯一目的。(　　)

17. 个人本身就是目的，具有最高价值，社会和他人只是达到个人目的的手段。(　　)

18. 极端利己主义和狭隘功利主义都属于典型的极端个人主义。(　　)

19. 拜金主义、享乐主义、极端个人主义等错误人生观的出发点和落脚点都是

一己之私利。(　　)

20. 当代大学生成就出彩人生就应该与历史同向、与祖国同行、与人民同在。(　　)

四、简答题

1. 简述个人利益与社会利益的辩证关系。

2. 简述如何正确评价人生价值。

3. 说一说什么是正确的幸福观。

五、论述题

当代大学生如何成就出彩人生?

参考答案

# 第二章

# 坚定理想信念

## 教学目标

（1）知识目标：理解理想信念的内涵及特征，认识理想信念在成长成才中的重要意义；理解树立马克思主义信仰的必要性，理解中国特色社会主义共同理想的内涵，理解共产主义远大理想与中国特色社会主义共同理想之间的关系；辨证看待理想与现实、个人理想与社会理想之间的关系，了解当代青年如何助力实现中国梦。

（2）能力目标：能认识大学生自身的历史责任和使命，具有厘清中国特色社会主义发展脉络的能力和辩证看待问题的能力。

（3）素质目标：自觉树立科学的理想信念，培养良好的思想政治素质。

## 教学重点

（1）理想信念对于大学生成长成才的重要作用。

（2）中国特色社会主义共同理想。

（3）个人理想与社会理想的统一。

## 教学难点

（1）个人理想与社会理想的关系。

（2）为什么要信仰马克思主义？

（3）认清实现理想的长期性、艰巨性和曲折性。

## 教学逻辑

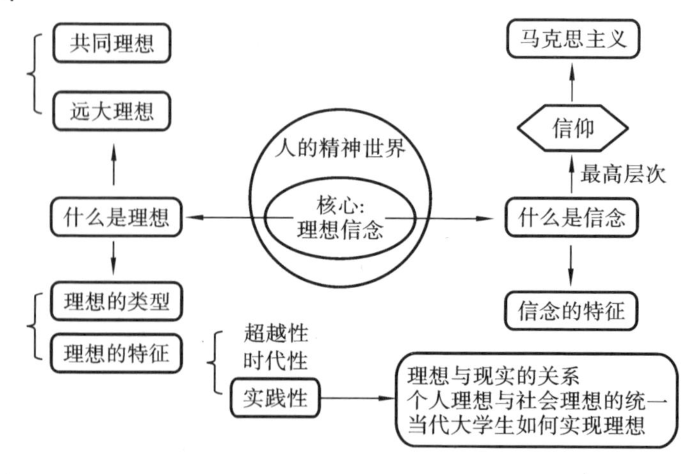

# 第一节　理论教学探讨

本章主要讲授的是新时代大学生应坚定理想信念，自觉把个人理想追求融入为实现中华民族伟大复兴中国梦的奋斗当中。本章的教学内容遵循了“从思想到行为”的逻辑结构：第一部分内容“理想信念的内涵及重要性”从理论上理清理想和信念的基本概念、特征及其对大学生成长成才的重要意义，提升大学生对理想信念的理论认识，是大学生树立科学理想的前提；第二部分内容“崇高的理想信念”帮助大学生树立马克思主义科学信仰、中国特色社会主义共同理想和共产主义远大理想，正确认识远大理想与共同理想的关系，不断增强“四个自信”，自觉做共产主义远大理想和中国特色社会主义共同理想的坚定信仰者、忠实实践者，走好新时代的长征路；第三部分内容“在实现中国梦的实践中放飞青春梦想”讲的是如何实现理想的问题，讨论理想与现实、个人理想与社会理想的关系，得出“青年一代有理想、有本领、有担当，国家就有前途，民族就有希望”的结论。

## 一、理论要点

习近平在党的十九大寄语青年：“青年兴则国家兴，青年强则国家强。青年一代有理想、有本领、有担当，国家就有前途，民族就有希望。中国梦是历史的、现实的，也是未来的；是我们这一代的，更是青年一代的。中华民族伟大复兴的中国梦终将在一代代青年的接力奋斗中变为现实。”大学生追求远大理想，坚定科学信仰，在为实现中国特色社会主义共同理想而奋斗的过程中实现个人理想，是自身成长成才的现实需要，也是国家和人民的殷切期盼。

### （一）什么是理想信念

**1. 理想的内涵与特征**

子曰：“三军可夺帅也，匹夫不可夺志也。”在中国古代，理想叫作“志”，即志向。在今天的理解中，理想是人们在实践中形成的、有实现可能性的、对未来社会和自身发展目标的向往与追求，是人们的世界观、人生观和价值观在奋斗目标上的集中体现。

突破点：怎样根据理想的定义，来理解理想的特征？从“理想是人们对未来的追求”来理解理想具有的超越性；从“理想可以通过实践来达成实现可能性”来理解理想具有的实践性；从“理想是对发展情形的未来设想”来理解理想具有的时代性。

**2. 信念的内涵与特征**

信念，是一种强大的内在的精神寄托，是托起人生大厦的支柱。信念也是一种复合体，它以认识为基础，以情感为关键，以意志为保证。信念是人们在一定的认识基础上确立的对某种思想或事物坚信不疑并身体力行的精神状态。信念中包含一定的认识，如果没有这些认识或观念，人们就没有所相信的对象，从而也就不会有信念。但信念不是冷冰冰的认识现象，它作为人们强烈认同的认识，是与人的感情紧密联系在一起的。坚定的信念往往伴随着炽热的情感。也正因为如此，信念总是在感情的驱使下引起相应的行动。信念不是仅仅深藏于人的内心的东西，它总要向外表现出来，表现为行为和实践意志。在信念的鼓舞下，人们的意志是坚强的，行为是坚决的，而且始终不渝。

1）信念具有执着性的科学内涵

执着性不是指信念本身的稳定性，而更多的是指具有坚定信念的人的精神状态和行为状态的稳定性。我们不能脱离拥有信念的人来考察信念的特点。当一个人抱有坚定的信念时，他就会全身心投入到信念所要求的事业中去，精神上高度集中，对自己相信和追求的事业全神贯注，态度上对自己的事业充满高度的热情，而且在行为上坚定不移、始终不渝。应该说，这正是对待事业和生活的应有态度。只有投身于生活的怀抱，生活才能接纳你。只有全力以赴地为事业而奋斗，成功才会向你走来。当然，信念的执着性并不意味着盲目地排外，并不意味着信仰的狂热和失去常规理智，而应该保持比较广泛的社会联系，倾听现实的声音，并保持判断是非的能力。另外，信念的执着是人们对人生大本大源、对社会事业的执着，而不是对个人名利的执着。事实上，当一个人执着于自己的人生信念和理想时，就会超脱个人名利，成为心胸宽阔、精神自由的人。

2）信念具有多样性的内涵

信念与理想是紧密相连的，因此，与理想是多种多样的一样，信念也是多样化的。不同的人由于成长环境和性格等方面的不同会形成不同的信念。即使是同一个人，也会形成关于社会生活不同方面的许多信念，比如在政治、经济、科学、道德、审美、事业、学业、生活等方面，都会形成一些信念。面对信念的多样性，一方面，我们要承认这是正常的现象，不强求信念的一致；另一方面又要看到，在一定的社会中，人们各自的信念有相同之处，从而形成共同的信念，而且同一个人的不同信念之间也往往有内在联系，从而形成信念的体系。如果一个人的许多信念相互矛盾，不能形成一个和谐的整体，那么他在行为选择时就会进退失据、无所适从。事实上，一个人所拥有的信念的大小和层次是不同的，有的处于最高的层次，有的处于中间层，还有的处于最低层。它们各安其位，形成有序的信念系统。其中，高层次的信念决定着低层次的信念，低层次的信念服从于高层次的信念。在这个信念系统中，正是由于最高层次的信念具有最大的统摄力，所以我们又往往把最高层次的信念称为信仰。需要说明的是，由于用词习惯的关系，我们很多情况下所讲的信念其实不是低层次的零星的信念，而是指人的基本信念或信念体系，亦即人的信仰。

### （二）理想信念是精神之“钙”

2013年5月4日，习近平同各界优秀青年代表座谈时强调，广大青年一定要坚定理想信念。“功崇惟志，业广惟勤。”理想指引人生方向，信念决定事业成败。没有理想信念，就会导致精神上“缺钙”。中国梦是全国各族人民的共同理想，也是青年一代应该牢固树立的远大理想。中国特色社会主义是我们党带领人民历经千辛万苦找到的实现中国梦的正确道路，也是广大青年应该牢固确立的人生信念。

当代青年必须坚定理想信念，因为理想信念昭示奋斗目标，是人生的“灯塔”；理想信念提供前进动力，是人生的“动力源”；理想信念提高精神境界，是人生的“涅槃石”。当代大学生身上肩负着特殊的历史使命和历史责任，是国家未来发展的重要力量，只有树立了崇高的理想信念，才能明确学习的目的和意义，激发起为国家富强、民族振兴和人民幸福而发奋学习的强烈责任感与使命感，努力掌握建设祖国、服务人民的本领。

### （三）为什么要信仰马克思主义

坚定的理想信念，必须建立在对马克思主义的深刻理解上，建立在对历史规律的深刻把握上。大学生只有确立马克思主义的科学信仰，才能真正确立崇高的理想信念，在错综复杂的社会现象中看清本质、明确方向，为服务人民、奉献社会作出更大的贡献。

因为马克思主义体现了科学性和革命性的统一、马克思主义具有鲜明的实践品格、马克思主义具有持久的生命力，所以当代青年必须坚定信仰马克思主义。

### （四）中国特色社会主义是我们的共同理想

有共同理想，才能有共同步调。在中国共产党的领导下，坚持和发展中国特色社会主义，实现中华民族伟大复兴，必须树立中国特色社会主义共同理想。大学生要牢固确立在中国共产党领导下走中国特色社会主义道路、为实现中华民族伟大复兴而奋斗的共同理想和坚定信念。中国特色社会主义是科学社会主义，历史和现实都告诉我们，只有社会主义才能救中国，只有中国特色社会主义才能发展中国。中国特色社会主义不是从天上掉下来的，而是中国共产党带领人民经历千辛万苦找到的实现中国梦的正确道路，而中国共产党的领导是中国特色社会主义最本质的特征。

突破点:为什么要发展中国特色社会主义?通过厘清中国近现代历史脉络以及理解中国为什么要发展社会主义,通过阐述改革开放以来我国发展的实际情况,理解为什么要发展中国特色社会主义。

作为当代大学生,要正确认识共产主义远大理想与中国特色社会主义共同理想之间的关系。实现共产主义是我们的远大理想,坚持和发展中国特色社会主义,就是向着远大理想所进行的实实在在的努力。心中有信仰,脚下有力量。走好新时代的长征路,大学生要不断增强中国特色社会主义道路自信、理论自信、制度自信、文化自信,自觉做共产主义远大理想和中国特色社会主义共同理想的坚定信仰者、忠实实践者,为崇高理想信念而矢志奋斗。

### (五)在实现中国梦的实践中放飞青春梦想

理想信念是一个思想认识问题,更是一个实践问题。理想不等于现实,理想的实现往往要通过一条并不平坦的曲折之路,有赖于脚踏实地、持之以恒的奋斗。实践,只有实践,才是通往理想彼岸的桥梁。

**1. 理想与现实的关系**

对于思想活跃的青年大学生来说,容易对理想与现实的矛盾产生困惑,这就需要正确认识理想与现实的关系,辩证看待理想与现实的矛盾,认识到实现理想的长期性、艰巨性和曲折性,认识到艰苦奋斗是实现理想的重要条件。

**2. 个人理想与社会理想的统一**

坚持个人奋斗目标与国家、民族的奋斗目标相统一,把个人理想融入社会理想之中,在为实现社会理想而奋斗的过程中实现个人理想,这是大学生成长成才的必由之路。

每一个青年的前途都离不开国家的前途,没有国家的前途也就没有青年的前途。大学生肩负实现中华民族伟大复兴中国梦的历史重任,只有把实现理想的道路建立在脚踏实地的奋斗上,才能放飞青春梦想,实现人生理想。当代青年只有立志高远、立志做大事、立志躬行,才能更好助力中国梦的实现。

## 二、理论热点

### (一)如何看待佛系青年

2017 年 12 月,互联网上“佛风”劲吹,佛系青年、佛系追星、佛系乘客、佛系学生、佛系购物、佛系恋爱……一大波“佛系”概念汹涌而来。佛教并非新鲜事物,也很少与时尚流行结缘,然而在互联网时代,与“90 后”这个自带流量光环的词语结合,竟然散发出说不出的“怪味”。其实“佛系”说法跟宗教没有任何关系,就是借这个符号,讲一种怎么都行、不大走心、看淡一切的活法。佛系青年常将“都行”

"可以""随他去""没关系"等挂在嘴边，遇事淡定，内心无甚波澜，云淡风轻。

【热点解读】

### 事事随大流 只能迷失掉自我

"油腻大叔"还没走远，"佛系青年"又刷屏了。您别误会，跟宗教没有任何关系，就是借这个符号，讲一种怎么都行、不大走心、看淡一切的活法。约车，司机到门口也行，自己走两步也行；"双 11"，抢着也行抢不到也行；饿了，有啥吃啥，凑合就行；干活，说我好也行，说不好也行……

无可无不可的"佛系"一夜风行，其实是击中了现代社会的一个痛点：累。生活节奏快、事业追求高、精神压力大成为常态，一看这文章，心里激灵一下。哪怕扭过头，扒拉两口饭又改文案去了，活不成这样，但也想给它点个赞，转发一下。

朋友圈中，有一个干媒体的哥们的转发打动了我：工作之外，真想这么干！——请注意，他也向往，但加了一个前提。

这让我想起了乔布斯。同款牛仔裤、T 恤衫，可能得有十几条不止。脏了随手一换就得，不在这方面花心思。可是，在工作上，一个细节不满意，能把自己和下属都折腾个半死。金庸笔下的张三丰也这样，一件青道袍污秽不堪，人称邋遢道人，但是大节大义不含糊。

云淡风轻、浑不着意好不好？太好了，但必须守住一条：总得有走心的地方。处处不坚持，事事随大流，那只能是淹没于人潮、迷失掉自我。

有所坚持之后的"佛系生活"，本质是断舍离，是极简主义，是聚焦，是心系做实验把怀表搁锅里煮，是撞上大树还道歉，不拘小节，不理细务，是所求者大，是把有限的精力集中到一点上，好求一针捅破天。

自然界中，也有"佛系动物"。比如老鹰和老虎，鹰立如睡，虎行似病，瞧着可随意了，可是一旦锁定目标，咔嚓一下，闪电一击，也不睡了，也不病了，往往一下毙命。本质上也是抓大放小。如果真是啥也不用心，那是肯定通不过自然选择的大剪刀的。脖子上挂饼不知道转，只能饿死嘛。

除了坚持与随意的辩证法，还有一层分寸感的道理。古人也好闲好从容，但讲究"偷闲"。不从容，人生太急；太从容，生命浪费，其要在度。终日碌碌不是美好生活，但光轻轻松松、敲锣打鼓，美好生活肯定也实现不了。

有人戏言，"佛系"也行，愿做一个"斗战胜佛系"青年。西行路上，那悟空会玩耍、敢担当、勇打拼，做下偌大事业，此真有志者言。

（资料来源：刘念：《也说"佛系青年"》，人民日报，2017 年 12 月 13 日第 13 版）

思考题：如何辨证看待"佛系"？"佛系"中有哪些是我们在生活中可取的？有哪些是我们要摒弃的？

## （二）如何坚定理想信念

《楚天都市报》2018 年 6 月 28 日讯，日前，中央纪委公开曝光 7 起落实管党治党主体责任和监督责任不力被问责的典型案例。其中，湖北省高级人民法院党组副书记、副院长覃文萍因分管单位和部门多次发生违反中央八项规定精神等问题被问责。

2013 年 8 月至 2014 年 11 月，覃文萍分管的湖北省法官进修学院、省法院基建办先后有 4 批次 22 人借公务考察之机公款旅游，覃文萍在相关人员请示考察事项时，没有要求提交考察方案，且在发生问题后未予纠正，仍签批同意报销有关费用。2016 年 4 月，省法院食堂发生违规同城接待问题，覃文萍在主持研究整改措施时，同意将同城接待单据更换为虚假的非同城接待单据，重新办理审批手续。此外，覃文萍分管的民一庭、机关服务中心等部门存在领导干部违规收受酒店消费卡、不如实报告个人有关事项等问题，其本人还有违规重复享受福利住房政策的问题。2017 年 9 月，因落实主体责任不力等问题，覃文萍受到党内严重警告处分。

**【热点解读】**

**补足精神之“钙”**

——如何坚定理想信念

一个人若身体缺钙，就容易骨质疏松，患上软骨病，立不起来。同样，一个人若精神没有支柱，就必然导致思想迷茫、萎靡颓废，甚至误入歧途、坠落深渊。

理想信念犹如精神之“钙”，共产党人的钢筋铁骨就是靠精神之“钙”铸就的。共产党人有了坚定的理想信念，就能经受血与火的考验，抵御名和利的诱惑，矢志不渝地朝着目标前进。今天，中国共产党人要完成国家富强、民族振兴、人民幸福的崇高事业，更要坚守马克思主义信仰，坚定共产主义远大理想，坚持中国特色社会主义共同理想，熔铸勇往直前的精神之魂。

**1. 革命理想高于天**

2016 年是红军长征胜利 80 周年。长征，这一气吞山河的革命壮举、感天动地的英雄史诗，引起了世人关注和探究。在历时两年、跨越二万五千里的漫漫征途上，红军战士衣不御寒、食不果腹，征服空气稀薄的冰山雪岭，穿越渺无人烟的沼泽草地，历经千辛万苦，击退追兵阻敌，创造了难以想象的人间奇迹。人们不禁要问，这是怎么做到的？红军坚若磐石的革命理想，不屈不挠的顽强意志，给出了令人信服的答案。长征是一次理想信念的伟大远征，筑起了一座不朽的精神丰碑。

理想信念，是一个政党的行动引领和精神支柱，标识着政党的奋斗目标、价值追求和精神动力，是党员政治觉悟、思想境界和道德情操的集中体现。崇高的理想信念，以其强大的目标吸引力、道德感召力和价值凝聚力，集聚了志同道合的人们为共同的事业不懈奋斗。只有始终高扬理想信念的旗帜，伟大事业才能获得不竭动力和强大支撑。

中国共产党是靠共同的革命理想凝聚起来的政治组织，理想信念是共产党人的政治灵魂和安身立命之本。90多年来，我们党虽历经各种挫折和磨难，但始终团结一心、风雨不动、坚若磐石，带领全国各族人民一道勇往直前，靠的就是理想信念的凝聚和感召。战争岁月，无数先烈为了理想和信仰舍生忘死、视死如归，挥写了“砍头不要紧，只要主义真”的热血诗篇。据不完全统计，从1921年到1949年，我们党领导的革命队伍中，有名可查的烈士就达370多万名。这在世界政党史上绝无仅有，没有哪个政党能像中国共产党这样为了守护自己的理想信念付出如此巨大的牺牲。社会主义建设时期，无数共产党员为了理想和目标殚精竭虑，不懈奋斗，献身新中国火热的建设事业，抒写了“敢教日月换新天”的壮志豪情。改革开放年代，广大共产党员为了理想和事业敢为人先、搏击潮头，谱写了“自信人生二百年”的恢宏乐章。

坚定理想信念，就能够从胜利走向胜利；动摇理想信念，就必然遭遇挫折失败。当前，绝大多数党员、干部理想信念是坚定的、政治上是可靠的，但也有一些人理想信念模糊，甚至滑坡。有的认为“理想很丰满，现实很骨感”，谈理想太远、谈信念太虚；有的不信马列信鬼神，热衷于算命看相、烧香拜佛；有的对中国道路和制度缺乏自信，总觉得西方的月亮比中国的圆，等等。理想信念动摇是最危险的动摇，理想信念滑坡是最危险的滑坡。理想信念的城池一旦失守，后果不堪设想。

为了解决好理想信念这个“总开关”问题，党的十八届六中全会通过的《关于新形势下党内政治生活的若干准则》，把坚定理想信念作为开展党内政治生活的首要任务，要求全党同志必须把对马克思主义的信仰、对社会主义和共产主义的信念作为毕生追求，坚定对中国特色社会主义的道路自信、理论自信、制度自信、文化自信，筑牢信仰之基，补足精神之钙，把稳思想之舵。这充分体现了我们党坚持不忘初心、继续前进的政治清醒，体现了我们党守护共产党人政治灵魂的高度自觉。

**2. 坚定马克思主义信仰**

2016年3月，一首名为《马克思是个90后》的歌曲，以说唱混搭的曲风、时尚前卫的唱词，在网络上迅速走红，受到许多大学生的追捧和传唱。“不为了权不为了钱，但是为了信仰我们一往无前……”马克思坚守理想和真理的高尚情操，感染了无数90后，引起了广泛共鸣。

诞生于19世纪中叶的马克思主义，其真理的光芒穿越100多年的风烟云雾，更加灿烂辉煌。马克思主义深刻揭示了自然界、人类社会和思维发展的普遍规律，是迄今为止最科学、最严密、最有生命力的理论体系，是人类文明史上的思想高峰。马克思主义学说推动了世界社会主义运动风起云涌，是对现实世界影响最广泛、最深刻的学说。没有哪一种理论能达到马克思主义的高度，没有哪一种学说能产生如此大的力量。尽管世界发生了很多变化，但历史发展的总趋势并没有超出马克思主义所揭示的基本规律。在21世纪来临的时候，马克思仍被西方思想界评为“千年第一思想家”。人们赞誉马克思主义的真理性，也为它的崇高道义、科学方法和深邃远见所折服。

中国共产党从成立之日起，就把马克思主义写在自己的旗帜上。近一个世纪以来，无论是处于顺境还是逆境，无论遇到什么样的冲击和干扰，受到什么样的否定和诋毁，我们党始终高举马克思主义的大旗，自觉把它作为行动指南，坚定不移、毫不动摇。

马克思主义代表了最广大劳动群众的根本利益。马克思、恩格斯都出身资产阶级家庭，但他们同情劳动群众，把自己的学说同工人阶级和劳动人民的命运紧密地联系在一起。马克思主义以实现全人类的解放为己任，一经产生，就“在世界的一切文明语言中都找到了拥护者”。诺贝尔文学奖获得者、德国著名作家海因里希·伯尔这样评价，如果没有马克思，没有工人运动，当今世界5/6的人口将依然生活在半奴隶制的阴郁状态之中。

马克思主义提供了认识世界和改造世界的“望远镜”和“显微镜”。马克思主义不满足于“解释世界”，更致力于“改变世界”，具有鲜明的实践品格。列宁曾说过，马克思“把伟大的认识工具给了人类，特别是给了工人阶级”。这个伟大的认识工具，就是辩证唯物主义和历史唯物主义。有了这样的“望远镜”和“显微镜”，人们就能看到事物的本质、内在联系及发展规律，掌握推动社会发展的科学方法。马克思主义从理论走向变革现实的实践，深刻改变了世界面貌，有力推动了世界历史进程。

马克思主义指明了人类社会的发展方向。人类社会向何处去，马克思主义作出了科学论证。马克思、恩格斯深入剖析资本主义社会生产力和生产关系、经济基础和上层建筑的基本矛盾，深刻揭露了资本主义社会的内在弊病，指出了人类走向共产主义的历史必然，描绘了没有剥削、没有压迫、人人平等的理想社会，获得了最广泛的社会认同。

马克思主义并没有穷尽真理，而是开辟了通往真理的道路。坚定马克思主义信仰，既要不忘老祖宗，又要说新话。在新的伟大实践中，既要坚持马克思主义基本原理，掌握贯穿其中的立场、观点、方法，又要发展马克思主义，赋予其更加丰富的时代内涵，谱写21世纪马克思主义、当代中国马克思主义的新篇章，让马克思主义放射出更加灿烂的真理光芒。

**3. 共产主义是人类最崇高的社会理想**

"一个幽灵,共产主义的幽灵,在欧洲游荡……"《共产党宣言》用1万多字,深刻指出了共产主义的神圣使命。这个"幽灵",成为一切旧势力的掘墓人,敲响了资本主义的丧钟,奏出了一曲曲迈向未来理想社会的奋进凯歌。

自古以来,人类对理想社会的追求从来没有停止过。无论是柏拉图的"理想国"还是儒学经典《礼记》中的"大同"社会,无论是康帕内拉的"太阳城"还是莫尔的"乌托邦",无论是傅立叶的"法郎吉"还是欧文的"新和谐公社",都是对未来社会的美好想象,但由于缺乏实践基础和科学理论支撑,最后都成为空想。马克思、恩格斯提出科学社会主义和共产主义的学说,犹如一次壮丽日出,照亮了人类通向理想社会的康庄大道。100多年过去了,共产主义运动有过高潮也有过低谷,蹚过激流也涉过险滩,但它不仅没有"山穷水尽",反而"青山遮不住,毕竟东流去"。

在世界发展的滚滚洪流中,资本主义出现了很多新变化,共产主义运动遇到了许多新情况。于是,一些人对共产主义产生了怀疑,对共产主义信仰发生了动摇。要澄清认识、消除怀疑、坚定信仰,需要在理论上作出科学解答。

共产主义到底是什么样的社会?马克思、恩格斯作出了总体描绘:生产力高度发展,物质极大丰富,人们的精神觉悟极大提高;社会成员共同占有全部生产资料,各尽所能、按需分配,彻底消灭剥削、消除两极分化;国家、阶级消亡;从必然王国走向自由王国,实现人的全面而自由的发展。这些设想,涵盖了物质和精神、个人和社会、生产力和生产关系、经济基础和上层建筑等各个方面,是对理想社会状态的科学预测,寄托了人类关于美好未来的全部情愫和渴望。

共产主义是可望而不可即的吗?马克思主义经典作家设想的共产主义,不是"空中楼阁""海市蜃楼",而是有具体路径、有现实支撑的。在马克思、恩格斯看来,共产主义取代资本主义不是一蹴而就的,而是分阶段实现的,是在社会生产力不断发展的基础上由低级向高级不断发展的过程。社会主义是共产主义的第一阶段,中国又处在社会主义的初级阶段。我们坚持和发展中国特色社会主义,不断完善各方面的制度,就是在社会现实中不断增加共产主义的因素,向人类最崇高的社会理想不断靠近。

共产主义最终能取代资本主义吗?马克思在《〈政治经济学批判〉序言》中深刻指出,无论哪一个社会形态,在它所能容纳的全部生产力发挥出来以前,是决不会灭亡的;而新的更高的生产关系,在它的物质存在条件在旧社会的胎胞里成熟以前,是决不会出现的。资本主义世界虽然发生了几次大的经济危机,但仍然具有很强的修复能力。近年来,西方主要资本主义国家增加国家干预、提高工人福利、重视科技创新,使它的生产力发展获得了一定的空间和回旋余地。但必须看到,资本主义生产资料私有制和社会化大生产的基本矛盾没有变,它的固有弊端无法根除,西方国家所作的政策调适,只是局部的修修补补,无济于事,不能从根本上治愈资本主义的绝症，资本主义必然灭亡，社会主义必然胜利，资产阶级的灭亡和无产阶级的胜利是同样不可避免的。

人间正道是沧桑。“罗马不是一天建成的”，共产主义也不是轻而易举就能实现的，需要一代又一代共产党人坚定信仰，脚踏实地，接续奋斗。

**4. “四个自信”的底气**

2016 年金秋，全世界的目光聚焦杭州，二十国集团领导人齐聚西子湖畔，共商世界经济发展大计。“创新、活力、联动、包容”的发展理念、传统与现代完美融合的城市形象、匠心独运的会议组织、精彩绝伦的文艺演出……令人惊叹、引人回味，给世界留下了深刻印象。杭州峰会的精彩呈现，展示了当代中国的生机活力，提供了世界经济发展的“中国方案”，体现了中国特色社会主义道路自信、理论自信、制度自信、文化自信。

社会主义从最初提出到现在，已有约 500 年的时间。它从空想到科学、从理论到现实、从一国到多国，在世界范围内不断“生根发芽”“开花结果”。60 多年前，当五星红旗在天安门广场冉冉升起时，人们为新中国而欢呼，为即将到来的社会主义新时代而祝福。中国人民历经艰辛曲折，创造了中国特色社会主义的辉煌成就，使古老中国焕发出勃勃生机。抚今追昔，中国人民对中国特色社会主义道路、理论、制度、文化充满着自信。那么，自信的理由和底气从何而来？

从艰辛探索中来。“艰难困苦，玉汝于成。”我们党历经千辛万苦，付出巨大代价，取得新民主主义革命的胜利，建立了新中国，走上了社会主义道路。60 多年来，经历了社会主义探索的艰辛坎坷，总结正反两方面经验教训，对“什么是社会主义、怎样建设社会主义”的认识不断提高，对社会主义建设规律的把握不断深化，开创和发展了中国特色社会主义。事实证明：只有社会主义才能救中国，只有中国特色社会主义才能发展中国。我们党带领人民走过的路，饱含着探索的艰辛，更充满着成功的喜悦。我们党成功开辟了中国特色社会主义新路，这是我们自己探索出来的正确道路，具有鲜明的独创性和优越性。

从实践效果中来。事实最有说服力。改革开放 40 年来，“中国道路”交出了一份骄人的成绩单：我国经济实力、综合国力大幅跃升，国内生产总值年均增速近 10%，已经成为世界第二大经济体；人民生活水平不断改善，实现了从温饱到即将全面建成小康社会的跨越；民主法治建设不断加强，社会文明程度大幅提升，人们的精神面貌发生深刻变化；中国国际地位日益上升，世界各国更加看重中国、倚重中国。中国大地从未像今天这样欣欣向荣、蒸蒸日上，人民群众从未像今天这样意气风发、精神振奋，中华民族从未像今天这样扬眉吐气地屹立东方。

从国际比较中来。比较是最好的“教科书”。近年来，一些国家深陷金融危机、经济复苏乏力，政治动荡、社会混乱、人心分离。与此形成鲜明对照，中国特色社会主义一枝独秀，彰显出巨大优越性和强大生命力，经济社会发展持续稳定向好，正可谓“风景这边独好”。

带着胜利的豪情回望过去，要更加充满自信；站在新的起点上展望未来，也要清醒冷静。今天，中国特色社会主义又是一次新的长征，前方还有很长的路要走。全党同志要始终坚定“四个自信”，不为任何风险所惧，不为任何干扰所惑，在追求崇高理想的征程上创造更加非凡的“中国奇迹”，书写更加精彩的“中国故事”。

**5. 依靠学习熔铸精神之魂**

党的十八大以来，“学习大国”“学习小组”“学习大军”“学习进行时”等一批微信公众号、网上专栏和电视节目，如雨后春笋般竞相涌现，运用现代媒体传播手段，以通俗易懂、形象生动的方式普及理论、析事明理、解疑释惑，引起了广大干部群众的强烈关注。

“问渠那得清如许，为有源头活水来。”学习是成长进步的阶梯，也是通往信念之巅的通途。学以启智，学以增信。理论上加强学习，思想上才能坚信不疑，意志上才可坚忍不拔，行动上才会坚定不移。党的十八届六中全会对加强学习进行了专门强调，对学习的内容、方式等提出了明确要求。党的各级组织必须持之以恒抓好理想信念教育，强化理论武装，广大党员、干部要把学习摆在第一位，以时不我待的精神抓紧学习，不断提高思想觉悟和知识水平。

上好必修课。马克思主义是我们做好一切工作的指导思想，也是党员领导干部必须普遍掌握的看家本领。毛泽东同志曾经指出：“如果我们党有一百个至二百个系统地而不是零碎地、实际地而不是空洞地学会了马克思列宁主义的同志，就会大大地提高我们党的战斗力量。”这个任务，今天依然很现实地摆在我们党面前。必须认真学习马克思列宁主义、毛泽东思想、邓小平理论、“三个代表”重要思想、科学发展观，认真学习习近平总书记系列重要讲话精神和治国理政新理念新思想新战略，认真学习党章党规。通过学习理论，系统掌握马克思主义基本原理，学会用马克思主义立场、观点、方法观察问题、分析问题、解决问题，特别是要聚焦现实问题，不断深化对共产党执政规律、社会主义建设规律、人类社会发展规律的认识。只有掌握了马克思主义，才能心明眼亮，始终坚定理想信念，才能在纷繁复杂的形势下坚持正确前进方向，才能带领人民走对路、走得通、走得好。

学好新知识。坚定理想信念离不开各方面知识的支撑和涵养。当今世界正处于信息时代，各种知识更新很快、层出不穷。领导干部要结合工作需要来学习新知识，努力使自己真正成为行家里手、内行领导。适应时代进步和事业发展要求，要广泛学习经济、政治、文化、社会、生态文明以及哲学、历史、法律、科技、国防等各方面知识，提高战略思维、历史思维、辩证思维、创新思维、底线思维、法治思维能力，提高领导能力专业化水平。

当好实干家。离开现实谈学习、谈理想信念，最终只会让学习和理想信念沦为空谈。“空谈误国，实干兴邦”，说的就是反对学习和工作中的“空对空”。战国赵括“纸上谈兵”、两晋学士“虚谈废务”的历史教训，要引为鉴戒。学习的目的全在于运用。读书是学习，使用也是学习，而且是更重要的学习。领导干部要发扬理论联系实际的马克思主义学风，带着问题学，拜人民为师，做到干中学、学中干，学以致用、用以促学、学用相长，通过扎扎实实的实际行动，为实现崇高理想集聚无穷力量。

理想照亮前方，信念指引未来。中国共产党人依靠理想信念走到今天，也必将胸怀崇高理想迎来明天。在新的伟大征程中，理想信念就像一座灯塔，指引全党同志扬起自信的风帆，劈波斩浪、一路向前，驶向胜利的彼岸。

（资料来源：人民日报，2017 年 4 月 24 日第 09 版）

思考题：对于党内部分领导干部屡次违反党纪党规的情况，应该如何推进理想信念教育常态化？

## 第二节　实践教学

### 实践教学一：马克思主义经典著作诵读

国家的繁荣富强、民族的伟大复兴、人民的美好生活，都离不开崇高的理想信念的有力支撑。坚定的理想信念，必须建立在对马克思主义的深刻理解上，建立在对历史规律的深刻把握上。马克思主义深刻揭示了自然界、人类社会、人类思维发展的普遍规律，为人类社会发展进步指明了方向。大学生只有确立马克思主义的科学信仰，才能真正确立崇高的理想信念，在错综复杂的社会现象中看清本质、明确方向，为服务人民、奉献社会作出更大的贡献。

**【实践目的】**

学生通过诵读马克思主义经典著作，增强对马克思的了解，更深刻地体会马克思的人格魅力，从而提升对于马克思主义经典著作的阅读兴趣，自觉阅读马克思主义相关著作。

**【实践方案】**

（1）学习委员做好预备工作，收集马克思主义经典著作。

（2）根据教师指定阅读书目，给每一位参加者指定合理的诵读篇目。

（3）学习委员配合教师完成任务发放。

（4）课堂上阐述活动时间以及活动要求。

（5）按照时间节点完成诵读任务。

（6）将学生诵读推送至学院网站，通过投票形式选出“最佳诵读者”。

（7）颁奖（课堂上）。

【参考资料】

(1)《列宁全集》。

(2)《马克思恩格斯全集》。

(3)《马克思恩格斯党的学说书信选编》。

(4) 马克思恩格斯 1843—1895 年著作。

(5)《资本论》。

(6)《共产党宣言》。

(7)《反杜林论》。

(8)《自然辩证法》。

【评分标准】

**1. 普通话(50 分)**

(1) 发音(30 分):语音准确 30 分,较准确 24 分,基本准确 18 分,最低 12 分。

(2) 语速(10 分):语速恰当、声音洪亮,表达自然流畅 10 分,因不熟练,每停顿 1 次扣 1 分。

(3) 节奏(10 分):节奏优美,富有感情 10 分;节奏鲜明,基本有感情 8 分。

**2. 表达(30 分)**

(1) 感情(20 分):处理得当 20 分,处理一般 10 分。

(2) 感召力(10 分):富有创意,引人入胜 10 分;有创意,有一定感召力 8 分。

**3. 形式(20 分)**

有无配乐等创新形式,酌情加分。

## 实践教学二:个人理想更重要还是社会理想更重要

【实践目的】

为了让党的十九大精神真正入耳、入脑、入心,积极创新办法,力求让学生理论联系实际,做到真学、真懂、真信、真用,展现青年学子明确使命,坚定信念,用理念感染人,用理想鼓舞人,用理论武装人,始终奋进在时代前列,善于思考,敢于发声的良好风貌,决定聚焦社会热点,联系大学生学习生活实际,以辩会友、以辩促学,在班级内举办本次辩论赛活动。

【实践方案】

(1) 各班级组建辩论赛代表队。

(2) 辩论赛队伍进行准备,并进行抽签,决定辩论赛的正反双方。

(3) 举行辩论赛。

【实践要求】

**1. 立论环节**

正方一辩立论,阐述本方观点,时间为 3 分钟。提示时间。

反方一辩立论，阐述本方观点，时间为3分钟。提示时间。

**2. 驳论环节**

反方二辩针对正方立论观点进行反驳，时间为2分钟。提示时间。

正方二辩针对反方立论观点进行反驳，时间为2分钟。提示时间。

**3. 攻辩环节**

攻辩环节提问方只能问，回答方只能回答，不得反问。

正方三辩提问反方一、二、四辩各一个问题，反方辩手分别应答。每次提问时间不得超过15秒，三个问题累计回答时间为1分30秒。

反方三辩提问正方一、二、四辩各一个问题，正方辩手分别应答。每次提问时间不得超过15秒，三个问题累计回答时间为1分30秒。

攻辩小结：正方一辩进行小结，时间为1分30秒；反方一辩进行小结，时间为1分30秒。

**4. 自由辩论环节**

每方4分钟，首先由正方先开始，双方交叉应答。

**5. 结辩环节**

反方陈词，时间为3分钟。提示时间。

正方陈词，时间为3分钟。提示时间。

## 实践教学三："我眼中的站起来富起来强起来"PPT演讲

为了让学生更好地理解走中国特色社会主义道路的必要性，厘清马克思主义中国化的过程，了解中国近现代历史的发展脉络，增强学生的课外实践能力，培养人文思维和理性思维相结合的综合性大学生，全面锻炼和提升广大学生的综合素质，同时为学生提供展现创新意识的平台，举办"我眼中的站起来富起来强起来"PPT演讲实践教学活动。

**【实践目的】**

(1) 使学生把握走中国特色社会主义道路的必要性，了解马克思主义中国化的过程，厘清中国近现代历史的发展脉络。

(2) 提升学生运用多媒体计算机的能力。

(3) 提升学生使用办公软件的能力。

(4) 锻炼学生的演讲能力、临场发挥能力。

**【实践方案】**

**1. 比赛准备**

各位同学提前准备PPT作品，班委成员提前收集PPT作品，安排同学准备相机并负责拍照记录。

**2. 比赛阶段**

(1) 此次比赛随机分配小组,并以小组为单位,每个小组完成一个 PPT 作品,在比赛时候进行展示,并派代表在比赛时候进行解说,提前准备讲稿。

(2) 要求:主题突出,思路清晰,具有特色;作品播放流畅,运行稳定且无故障。

(3) 由老师、辅导员等评委进行评选,收集评委评分,最后按平均分算出名次。

**3. 比赛后续**

结合最终成绩进行颁奖。

**【实践要求】**

(1) 参赛作品里应注明题目、参赛选手信息。

(2) 参赛作品要求健康、积极向上、主题明确、内容丰富、定位有独到之处,并能体现当代大学生的青春气息,感染力强。

(3) 参赛作品由文本、图像、声音、视频等信息组成,同时欢迎学生在 PPT 中添加原创 flash、电子相册、拍摄的 DV 作品等。

(4) 参赛作品幻灯片数量要求在 15 张以上,并尽可能多地运用 PPT 的附加功能。

(5) 参赛作品必须为个人的原创作品,不得抄袭。

(6) 参赛作品的演讲时间最好控制在 5 分钟左右。

**【评分标准】**

参赛人员按照排序依次展示自己的作品,评委看完作品后当场匿名打分,将所得分数去掉一个最高分、一个最低分,最后取平均分作为作品最终成绩。

**1. 演讲水平(30 分)**

(1) 形象风度:要求衣着整洁、仪态大方、举止自然得体,呈现出朝气蓬勃的精神面貌,上下场致意,共 10 分。

(2) 要求声音洪亮,口齿清晰,普通话标准,语速适当,表达流畅,讲究演讲技巧,动作恰当,共 10 分。

(3) 综合形象:由评委根据选手的临场表现作出综合演讲素质的评价,共 10 分。

**2. PPT 制作要求(70 分)**

| 组成部分 | 分值 | 评分要素 |
| --- | --- | --- |
| 内容 | 30 分 | 主题突出、内容完整:作品内容能够清晰、准确地表达并再现素材的精要,整部作品已覆盖素材的主要内容 |
| | | 结构合理、逻辑顺畅:幻灯片之间具有层次性和连贯性;逻辑顺畅,过渡恰当;整体风格统一流畅、协调 |
| | | 紧扣主题:模板、版式、作品的表现方式能够恰当地表现主题内容 |

续表

| 组成部分 | 分值 | 评分要素 |
| --- | --- | --- |
| 技术 | 20分 | 作品中使用了文本、表格、图形、动画、音频、视频等表现工具;路径等特效运用得当,作品中可使用超链接或动作功能,但不是必选项,不使用不扣分,使用以上工具可以酌情给分 |
| | | 作品中使用的上述功能经过优化处理,载入迅速 |
| | | 整部作品的播放流畅,运行稳定、无故障 |
| 艺术 | 10分 | 整体界面美观,布局合理,层次分明,模板及版式设计生动活泼,富有新意,总体视觉效果好,有较强的表现力和感染力 |
| | | 作品中色彩搭配合理协调,表现风格引人入胜;文字清晰,字体设计恰当 |
| 创意 | 10分 | 整体布局风格(包括模板设计、版式安排、色彩搭配等)立意新颖,构思独特,设计巧妙,具有想象力和表现力 |
| | | 作品原创成分高,具有鲜明的个性 |

## 实践教学四:"铭记历史,不忘初心,青年自强,国之担当"主题演讲(或征文)活动

**【实践目的】**

"铭记历史,不忘初心,青年自强,国之担当"主题演讲(或征文)活动,旨在以"有为青年"为主题,积极引导当代青年回顾历史、了解不同时代(革命战争年代、社会主义革命与建设年代、改革开放年代、新时代)的青年如何扛起时代的使命重任,坚定自己的理想信念,前仆后继地为中国特色社会主义事业贡献一己之力,关注社会、善于思考、学习楷模、传递正能量,扛起新时代青年人的社会之责。

**【实践要求】**

(1) 演讲内容健康向上,能够紧紧围绕主题。

(2) 具体演讲题目自拟。

(3) 每人演讲时间为3~5分钟,且使用普通话。

(4) 参赛选手按顺序上台,演讲原则上要求脱稿。

**【评分细则】**

比赛采用10分制,评委现场打分,去掉一个最高分和一个最低分,取平均分,并保留到小数点后两位。

(1) 演讲内容(4.5分):紧扣主题、充实生动(2分);语言流畅自然,有感召力(2分);演讲时间不少于3分钟、不超过5分钟(0.5分)。

(2) 演讲能力(4分):普通话流利,发音标准,语调准确,表达流畅(2分);脱稿

演讲(1分);节奏优美,富有感情,肢体语言使用恰当(1分)。

(3) 综合印象(1.5分):上下场致意、答谢(0.5分);服装得体,自然大方,气质佳(0.5分);观众反映好(0.5分)。

备注:若改为征文活动,活动主题不变,可将现场演讲形式改成现场优秀征文朗读形式。

## 实践教学五:"长征"故事汇

2018年是红军长征胜利82周年,从许多关于长征的文字,我们看到的是一群红军战士,在极端艰难困苦下,穿越黑暗与死亡,走向光明与胜利的故事。长征,其实是一场理想与信念的伟大胜利。是什么激励着红军前仆后继、百折不挠?是坚定不移的理想信念。张闻天在谈到长征时说过:"没有理想,红军连一千里都走不了。"天上有飞机侦察轰炸,地下有几十万大军围追堵截,路上有说不尽的艰难险阻,步步艰辛,时时危险,并且由于指挥失误,损兵折将,被迫转移,前途渺茫。做个逃兵偏安一隅,追求个人幸福成家立业,都是很现实的选择,但是他们没有那样做,是什么力量使他们不做逃兵,义无反顾地前行?是革命必胜的信念,是解放天下大众的伟大理想。革命必胜的信条和解放天下大众的伟大理想使他们把生死置之度外而阔步前行。长征路上的战斗是极其悲壮的:湘江水被鲜血染红,祁连山下尸首成堆,雪山草地吞噬了无数红军战士的生命……但每一个红军战士都把个人的命运与党的命运、军队的命运、民族的命运和国家的命运紧紧地联系在一起,义无反顾地肩负起了拯救红军、拯救中华民族于危难之中的历史重任,领导中国革命踏上胜利的征程。正是这种时刻把天下大义扛在自己肩头的理想与信念,才铸就了红军战士的革命乐观主义情怀。

**【实践目的】**

"长征"故事汇活动,旨在引导学生收集伟大长征路上的感人故事,讲述长征故事,了解长征的光辉历程和英雄壮举,让"长征精神"中坚定理想信念的故事感染新时代青年。

**【实践方案】**

(1) 组织学生听一场长征主题报告会,或阅读长征的著作,或观看长征相关题材电影,通过听报告会、阅读书籍或观看影片,引导学生深刻缅怀为民族独立、人民解放和国家富强、人民幸福矢志奋斗、英勇牺牲的革命烈士,感悟长征战士们坚定的理想信念。

(2) 在课堂上以故事为载体,内容以红军长征过程中的感人事迹为主,具体故事题目自拟,突出讲述为实现坚定理想信念而付出的艰难实践。

(3) 每人参赛时间为5分钟左右。

(4) 参赛选手按顺序上台,要求脱稿。

【评分细则】

比赛采用10分制，评委现场打分，去掉一个最高分和一个最低分，取平均分，并保留到小数点后两位。

(1) 故事内容(4.5分)：紧扣主题、充实生动(2分)；语言流畅自然，有感召力(2分)；讲述时间不少于3分钟、不超过5分钟(0.5分)。

(2) 讲述能力(4分)：普通话流利，发音标准，语调准确，表达流畅(2分)；脱稿演讲(1分)；节奏优美，富有感情，肢体语言使用恰当(1分)。

(3) 综合印象(1.5分)：上下场致意、答谢(0.5分)；服装得体，自然大方，气质佳(0.5分)；观众反映好(0.5分)。

### 阅读一：信仰的味道

1920年的春夜，浙江义乌分水塘村一间久未修葺的柴屋。两张长凳架起一块木板，既是床铺，又是书桌。桌前，有一个人在奋笔疾书。

母亲在屋外喊："红糖够不够，要不要我再给你添些？"儿子应声答道："够甜，够甜的了！"谁知，当母亲进来收拾碗筷时，却发现儿子的嘴里满是墨汁，红糖却一点儿也没动。原来，儿子竟然是蘸着墨汁吃掉粽子的！

他叫陈望道，他翻译的册子叫《共产党宣言》。

墨汁为什么那样甜？原来，信仰也是有味道的，甚至比红糖更甜。正因为这种无以言喻的精神之甘、信仰之甜，无数的革命先辈，才情愿吃百般苦、甘心受千般难。

信仰是朴素的。宋庆龄在写给美国同学的信中说："孙中山好几次告诉我说……他下了决心，认为中国农民的生活不该长此困苦下去。中国的儿童应该有鞋穿，有米饭吃。就为这个理想，他献出了他四十年的生命。"

信仰是无私的。1930年8月27日，临刑前的几分钟，共产党员裘古怀有感于"每一个同志在就义时都没有任何一点惧怕，他们差不多都是像完成工作一样跨出牢笼的"，匆匆写下《给中国共产党和同志们的遗书》，饱含深情地用"满意"和"遗憾"四个字诠释自己对信仰的理解："我满意为真理而死！遗憾的是自己过去的工作做得太少，想补救已经来不及了。"

历史证明，谁守住了这份朴素和无私，谁就能获得人民最可靠、最永久的支持。历史和人民为什么最终选择了中国共产党？那是因为"共产党、红军信仰它的主义，甚至于每一个兵，完全是一个思想"。

91年过去了，嘉兴南湖的红船依旧，而党的实力、中国的面貌早已发生了巨大的变化。那时，我们的党员不过几十人，如今则是拥有八千万党员的大党；那时，我们党哪有什么家当，连开会的路费都是想方设法筹来的。如今，单从经济总量来看，中国已经跃居世界第二。

“我们错了！”美国《时代》周刊这句迟来的道歉，也许可以看作对中国共产党执政业绩的生动旁注。1995 年香港回归前夕，其姊妹杂志《财富》曾作出“香港之死”的错误预判。然而，谁也不得不承认，香港不仅“舞照跳，马照跑”，而且“比殖民统治时更繁荣”。

从《财富》杂志的悲观断言，回溯到毛泽东当年带领党中央进京时的“赶考”之说，几十年来，我们党可谓大考不断，小考不停！面对一场场严峻的考试，中国共产党不仅没有被考倒，反而无数次考出了让世界惊叹和震撼的好成绩，让“中国崩溃论”一次次崩溃。世界看到的是一个更加繁荣富强的中国，一个更加充满生机活力的中国共产党。

若论今昔生活对比，相信许多党员同志都会由衷地说：“够甜，够甜的了！”然而，越是在日子够甜的时候，每一名共产党员越要自觉保持纯洁性和先进性，越要深味服务人民的精神之甘，复兴民族的信仰之甜。

恽代英在文中写道：“我们吃尽苦中苦，而我们的后一代则可享到福中福。为了我们崇高的理想，我们是舍得付出代价的。”

墨汁为什么那样甜？这种信仰的味道，只有真正的共产党人才能品味得到。

（资料来源：伍正华：人民日报，2012 年 11 月 27 日第 04 版，有改动）

## 阅读二：习近平品“信仰的味道”

**信仰的味道**

曾经，潜心翻译《共产党宣言》的陈望道，竟蘸着墨汁当成红糖吃掉而浑然不觉，甚至感觉墨比糖还蛮甜。这体现出精神之甘、信仰之甜。刘云山同志在《深入学习掌握习近平总书记系列重要讲话贯穿的马克思主义立场观点方法》一文中透露：习近平总书记“多次讲陈望道翻译《共产党宣言》的故事，讲信仰的味道、信仰的感召、信仰的力量”。

据解放军报评论员伍正华介绍，自己在 2012 年 11 月 27 日《人民日报》第四版发表《信仰的味道》短文。在 2016 年 2 月 19 日召开的党的新闻舆论工作座谈会上，习近平在听取代表发言时说，自己有剪报的习惯，看到《信仰的味道》这篇文章真不错，就剪下来了。据了解，党的十八大以来，习近平先后不下 5 次提及这篇《信仰的味道》。

**信仰的伟大**

2010 年 9 月 1 日，习近平在中央党校 2010 年秋季学期开学典礼上讲述了老一辈共产党人“伟大信仰”的故事。

他说：“革命战争年代，革命先烈在生死考验面前所以能够赴汤蹈火、视死如归，就是因为他们对崇高的理想信念坚贞不渝、矢志不移。毛主席一家为革命牺牲6位亲人，徐海东大将家族牺牲70多人，贺龙元帅的贺氏宗亲中有名有姓的烈士就有2050人。革命前辈们为什么能够无私无畏地英勇献身？就是为了实现崇高的革命理想，为了坚守崇高的政治信仰，为了在中国彻底推翻黑暗的旧制度，为了实现民族独立和人民解放。我多次读方志敏烈士在狱中写下的《清贫》。那里面表达了老一辈共产党人的爱和憎，回答了什么是真正的穷和富，什么是人生最大的快乐，什么是革命者的伟大信仰，人到底怎样活着才有价值，每次读都受到启示、受到教育、受到鼓舞。”

6位亲人、70多人、2050个烈士，这些沉重的数字，诠释着什么是崇高，展示着什么是信仰，诉说着什么才是共产党人的价值本色。

**“志不立，天下无可成之事。”**

2016年7月1日，习近平在庆祝中国共产党成立95周年大会上讲了“志不立，天下无可成之事”的故事。

他说：“‘志不立，天下无可成之事。’理想信念动摇是最危险的动摇，理想信念滑坡是最危险的滑坡。一个政党的衰落，往往从理想信念的丧失或缺失开始。”“95年来，共产主义远大理想激励了一代又一代共产党人英勇奋斗，成千上万的烈士为了这个理想献出了宝贵生命。‘砍头不要紧，只要主义真’（注：作者为夏明翰），‘敌人只能砍下我们的头颅，决不能动摇我们的信仰’（注：作者为方志敏），这些视死如归、大义凛然的誓言生动表达了共产党人对远大理想的坚贞。”

**心中有信仰，脚下有力量**

2016年10月21日，习近平在纪念红军长征胜利80周年大会上，讲了“心中有信仰，脚下有力量”的故事。

他说：“长征途中，英雄的红军，血战湘江，四渡赤水，巧渡金沙江，强渡大渡河，飞夺泸定桥，鏖战独树镇，勇克包座，转战乌蒙山，击退上百万穷凶极恶的追兵阻敌，征服空气稀薄的冰山雪岭，穿越渺无人烟的沼泽草地，纵横十余省，长驱二万五千里。”“在红一方面军二万五千里的征途上，平均每300米就有一名红军牺牲。长征这条红飘带，是无数红军的鲜血染成的。”“长征胜利启示我们：心中有信仰，脚下有力量；没有牢不可破的理想信念，没有崇高理想信念的有力支撑，要取得长征胜利是不可想象的。”

**革命理想高于天**

习近平总书记系列重要讲话，充满着对共产主义、社会主义的坚定信仰，充满着“革命理想高于天”的豪迈情怀。在十八届中央政治局第一次集体学习时，他就形象地指出：理想信念就是共产党人精神上的“钙”，没有理想信念，理想信念不坚定，精神上就会“缺钙”，就会得“软骨病”。

他还强调社会主义初级阶段与共产主义并不矛盾，我们党的最高理想还是实现共产主义，胸怀共产主义的崇高理想是共产党人的天经地义，矢志不移贯彻执行党在社会主义初级阶段的基本路线和基本纲领也是共产党人的天经地义，并旗帜鲜明批驳“共产主义渺茫论”、“共产主义过时论”，指出一切迷惘迟疑的观点，一切及时行乐的思想，一切贪图私利的行为，一切无所作为的作风，都与共产党人的政治信仰、革命理想、根本宗旨格格不入。

为什么习近平在事关党和国家前途命运的重大问题上有那么强的政治定力？就是因为有坚定的、钢铁般的信仰，这种信仰就是凝聚和团结8900万党员的强大力量。信仰的力量来自哪里？来自真理，来自对马克思主义的执着追求。

（资料来源：党建网，http://www.dangjian.cn/djw2016syyw/201706/t20170622_4307569.shtml）

**阅读三：习近平在纪念马克思诞辰200周年大会上的讲话（节选）**

今天，我们怀着十分崇敬的心情，在这里隆重集会，纪念马克思诞辰200周年，缅怀马克思的伟大人格和历史功绩，重温马克思的崇高精神和光辉思想。

马克思是全世界无产阶级和劳动人民的革命导师，是马克思主义的主要创始人，是马克思主义政党的缔造者和国际共产主义的开创者，是近代以来最伟大的思想家。两个世纪过去了，人类社会发生了巨大而深刻的变化，但马克思的名字依然在世界各地受到人们的尊敬，马克思的学说依然闪烁着耀眼的真理光芒！

马克思的一生，是胸怀崇高理想、为人类解放不懈奋斗的一生。1835年，17岁的马克思在他的高中毕业作文《青年在选择职业时的考虑》中这样写道：“如果我们选择了最能为人类而工作的职业，那么，重担就不能把我们压倒，因为这是为大家作出的牺牲；那时我们所享受的就不是可怜的、有限的、自私的乐趣，我们的幸福将属于千百万人，我们的事业将悄然无声地存在下去，但是它会永远发挥作用，而面对我们的骨灰，高尚的人们将洒下热泪。”马克思一生饱尝颠沛流离的艰辛、贫病交加的煎熬，但他初心不改、矢志不渝，为人类解放的崇高理想而不懈奋斗，成就了伟大人生。

马克思的一生，是不畏艰难险阻、为追求真理而勇攀思想高峰的一生。马克思曾经写道：“在科学上没有平坦的大道，只有不畏劳苦沿着陡峭山路攀登的人，才有希望达到光辉的顶点。”马克思为创立科学理论体系，付出了常人难以想象的艰辛，最终达到了光辉的顶点。他博览群书、广泛涉猎，不仅深入了解和研究哲学社会科学各个学科知识，而且深入了解和研究各种自然科学知识，努力从人类创造的一切文明成果中汲取养料。马克思毕生忘我工作，经常每天工作16个小时。马克思在给友人的信中谈到，为了《资本论》的写作，“我一直在坟墓的边缘徘徊。因此，我不得不利用我还能工作的每时每刻来完成我的著作”。即使在多病的晚年，马克思仍然不断迈向新的科学领域和目标，写下了数量庞大的历史学、人类学、数学等学科笔记。正如恩格斯所说：“马克思在他所研究的每一个领域，甚至在数学领域，都有独到的发现，这样的领域是很多的，而且其中任何一个领域他都不是浅尝辄止。”

马克思的一生，是为推翻旧世界、建立新世界而不息战斗的一生。恩格斯说，“马克思首先是一个革命家”，“斗争是他的生命要素。很少有人像他那样满腔热情、坚韧不拔和卓有成效地进行斗争”。马克思毕生的使命就是为人民解放而奋斗。为了改变人民受剥削、受压迫的命运，马克思义无反顾投身轰轰烈烈的工人运动，始终站在革命斗争最前沿。他领导创建了世界上第一个无产阶级政党——共产主义者同盟，领导了世界上第一个国际工人组织——国际工人协会，热情支持世界上第一次工人阶级夺取政权的革命——巴黎公社革命，满腔热情、百折不挠推动各国工人运动发展。

马克思是顶天立地的伟人，也是有血有肉的常人。他热爱生活，真诚朴实，重情重义。马克思、恩格斯的革命友谊长达 40 年。正如列宁所说：“古老传说中有各种非常动人的友谊故事”，但马克思、恩格斯的友谊“超过了古人关于人类友谊的一切最动人的传说”。马克思无私资助革命事业，即使在自己生活极度困难的情况下仍然尽最大努力帮助革命战友。马克思和妻子燕妮患难与共，谱写了理想和爱情的命运交响曲。

马克思给我们留下的最有价值、最具影响力的精神财富，就是以他名字命名的科学理论——马克思主义。这一理论犹如壮丽的日出，照亮了人类探索历史规律和寻求自身解放的道路。

马克思主义是科学的理论，创造性地揭示了人类社会发展规律。在马克思提出科学社会主义之前，空想社会主义者早已存在，他们怀着悲天悯人的情感，对理想社会有很多美好的设想，但由于没有揭示社会发展规律，没有找到实现理想的有效途径，因而也就难以真正对社会发展发生作用。马克思创建了唯物史观和剩余价值学说，揭示了人类社会发展的一般规律，揭示了资本主义运行的特殊规律，为人类指明了从必然王国向自由王国飞跃的途径，为人民指明了实现自由和解放的道路。

马克思主义是人民的理论，第一次创立了人民实现自身解放的思想体系。马克思主义博大精深，归根到底就是一句话，为人类求解放。在马克思之前，社会上占统治地位的理论都是为统治阶级服务的。马克思主义第一次站在人民的立场探求人类自由解放的道路，以科学的理论为最终建立一个没有压迫、没有剥削、人人平等、人人自由的理想社会指明了方向。马克思主义之所以具有跨越国度、跨越时代的影响力，就是因为它植根人民之中，指明了依靠人民推动历史前进的人间正道。

马克思主义是实践的理论，指引着人民改造世界的行动。马克思说，“全部社会生活在本质上是实践的”，“哲学家们只是用不同的方式解释世界，问题在于改变世界”。实践的观点、生活的观点是马克思主义认识论的基本观点，实践性是马克思主义理论区别于其他理论的显著特征。马克思主义不是书斋里的学问，而是为了改变人民历史命运而创立的，是在人民求解放的实践中形成的，也是在人民求解放的实践中丰富和发展的，为人民认识世界、改造世界提供了强大精神力量。

马克思主义是不断发展的开放的理论，始终站在时代前沿。马克思一再告诫人们，马克思主义理论不是教条，而是行动指南，必须随着实践的变化而发展。一部马克思主义发展史就是马克思、恩格斯以及他们的后继者们不断根据时代、实践、认识发展而发展的历史，是不断吸收人类历史上一切优秀思想文化成果丰富自己的历史。因此，马克思主义能够永葆其美妙之青春，不断探索时代发展提出的新课题、回应人类社会面临的新挑战。

恩格斯说过：“一个民族要想站在科学的最高峰，就一刻也不能没有理论思维。”中华民族要实现伟大复兴，也同样一刻不能没有理论思维。马克思主义始终是我们党和国家的指导思想，是我们认识世界、把握规律、追求真理、改造世界的强大思想武器。

马克思主义思想理论博大精深、常学常新。新时代，中国共产党人仍然要学习马克思，学习和实践马克思主义，不断从中汲取科学智慧和理论力量，在统筹推进“五位一体”总体布局、协调推进“四个全面”战略布局中，更有定力、更有自信、更有智慧地坚持和发展新时代中国特色社会主义，确保中华民族伟大复兴的巨轮始终沿着正确航向破浪前行。

学习马克思，就要学习和实践马克思主义关于人类社会发展规律的思想。马克思科学揭示了人类社会最终走向共产主义的必然趋势。马克思、恩格斯坚信，未来社会“将是这样一个联合体，在那里，每个人的自由发展是一切人的自由发展的条件”，“无产者在这个革命中失去的只是锁链。他们获得的将是整个世界”。马克思坚信历史潮流奔腾向前，只要人民成为自己的主人、社会的主人、人类社会发展的主人，共产主义理想就一定能够在不断改变现存状况的现实运动中一步一步实现。马克思主义奠定了共产党人坚定理想信念的理论基础。我们要全面掌握辩证唯物主义和历史唯物主义的世界观和方法论，深刻认识实现共产主义是由一个一个阶段性目标逐步达成的历史过程，把共产主义远大理想同中国特色社会主义共同理想统一起来、同我们正在做的事情统一起来，坚定中国特色社会主义道路自信、理论自信、制度自信、文化自信，坚守共产党人的理想信念，像马克思那样，为共产主义奋斗终生。

学习马克思，就要学习和实践马克思主义关于坚守人民立场的思想。人民性是马克思主义最鲜明的品格。马克思说，“历史活动是群众的活动”。让人民获得解放是马克思毕生的追求。我们要始终把人民立场作为根本立场，把为人民谋幸福作为根本使命，坚持全心全意为人民服务的根本宗旨，贯彻群众路线，尊重人民主体地位和首创精神，始终保持同人民群众的血肉联系，凝聚起众志成城的磅礴力量，团结带领人民共同创造历史伟业。这是尊重历史规律的必然选择，是共产党人不忘初心、牢记使命的自觉担当。

学习马克思，就要学习和实践马克思主义关于生产力和生产关系的思想。马克思主义认为，物质生产力是全部社会生活的物质前提，同生产力发展一定阶段相适应的生产关系的总和构成社会经济基础。生产力是推动社会进步最活跃、最革命的要素。“人们所达到的生产力的总和决定着社会状况。”生产力和生产关系、经济基础和上层建筑相互作用、相互制约，支配着整个社会发展进程。解放和发展社会生产力是社会主义的本质要求，是中国共产党人接力探索、着力解决的重大问题。新中国成立以来特别是改革开放以来，在不到70年的时间内，我们党带领人民坚定不移解放和发展社会生产力，走完了西方几百年的发展历程，推动我国快速成为世界第二大经济体。我们要勇于全面深化改革，自觉通过调整生产关系激发社会生产力发展活力，自觉通过完善上层建筑适应经济基础发展要求，让中国特色社会主义更加符合规律地向前发展。

学习马克思，就要学习和实践马克思主义关于人民民主的思想。马克思、恩格斯指出，“无产阶级的运动是绝大多数人的，为绝大多数人谋利益的独立的运动”，“工人阶级一旦取得统治权，就不能继续运用旧的国家机器来进行管理”，必须“以新的真正民主的国家政权来代替”。国家机关必须由社会主人变为社会公仆，接受人民监督。我们要坚定不移走中国特色社会主义政治发展道路，在坚持党的领导、人民当家作主、依法治国有机统一中推进社会主义民主政治建设，不断加强人民当家作主的制度保障，加快推进国家治理体系和治理能力现代化，充分调动人民的积极性、主动性、创造性，更加切实、更有成效地实施人民民主。

学习马克思，就要学习和实践马克思主义关于文化建设的思想。马克思认为，在不同的经济和社会环境中，人们生产不同的思想和文化，思想文化建设虽然决定于经济基础，但又对经济基础发生反作用。先进的思想文化一旦被群众掌握，就会转化为强大的物质力量；反之，落后的、错误的观念如果不破除，就会成为社会发展进步的桎梏。理论自觉、文化自信，是一个民族进步的力量；价值先进、思想解放，是一个社会活力的来源。国家之魂，文以化之，文以铸之。我们要立足中国，面向现代化、面向世界、面向未来，巩固马克思主义在意识形态领域的指导地位，发展社会主义先进文化，加强社会主义精神文明建设，把社会主义核心价值观融入社会发展各方面，推动中华优秀传统文化创造性转化、创新性发展，不断提高人民思想觉悟、道德水平、文明素养，不断铸就中华文化新辉煌。

学习马克思，就要学习和实践马克思主义关于社会建设的思想。马克思、恩格斯设想，在未来社会中，“生产将以所有的人富裕为目的”，“所有人共同享受大家创造出来的福利”。恩格斯结合马克思在《共产党宣言》、《哥达纲领批判》、《资本论》等著作中提出的一系列主张，阐明在社会主义条件下，社会应该"给所有的人提供健康而有益的工作，给所有的人提供充裕的物质生活和闲暇时间，给所有的人提供真正的充分的自由"。人民对美好生活的向往就是我们的奋斗目标。我们要坚持以人民为中心的发展思想，抓住人民最关心最直接最现实的利益问题，不断保障和改善民生，促进社会公平正义，在更高水平上实现幼有所育、学有所教、劳有所得、病有所医、老有所养、住有所居、弱有所扶，让发展成果更多更公平惠及全体人民，不断促进人的全面发展，朝着实现全体人民共同富裕不断迈进。

学习马克思，就要学习和实践马克思主义关于人与自然关系的思想。马克思认为，"人靠自然界生活"，自然不仅给人类提供了生活资料来源，如肥沃的土地、鱼产丰富的江河湖海等，而且给人类提供了生产资料来源。自然物构成人类生存的自然条件，人类在同自然的互动中生产、生活、发展，人类善待自然，自然也会馈赠人类，但"如果说人靠科学和创造性天才征服了自然力，那么自然力也对人进行报复"。自然是生命之母，人与自然是生命共同体，人类必须敬畏自然、尊重自然、顺应自然、保护自然。我们要坚持人与自然和谐共生，牢固树立和切实践行绿水青山就是金山银山的理念，动员全社会力量推进生态文明建设，共建美丽中国，让人民群众在绿水青山中共享自然之美、生命之美、生活之美，走出一条生产发展、生活富裕、生态良好的文明发展道路。

学习马克思，就要学习和实践马克思主义关于世界历史的思想。马克思、恩格斯说："各民族的原始封闭状态由于日益完善的生产方式、交往以及因交往而自然形成的不同民族之间的分工消灭得越是彻底，历史也就越是成为世界历史。"马克思、恩格斯当年的这个预言，现在已经成为现实，历史和现实日益证明这个预言的科学价值。今天，人类交往的世界性比过去任何时候都更深入、更广泛，各国相互联系和彼此依存比过去任何时候都更频繁、更紧密。一体化的世界就在那儿，谁拒绝这个世界，这个世界也会拒绝他。万物并育而不相害，道并行而不相悖。我们要站在世界历史的高度审视当今世界发展趋势和面临的重大问题，坚持和平发展道路，坚持独立自主的和平外交政策，坚持互利共赢的开放战略，不断拓展同世界各国的合作，积极参与全球治理，在更多领域、更高层面上实现合作共赢、共同发展，不依附别人、更不掠夺别人，同各国人民一道努力构建人类命运共同体，把世界建设得更加美好。

学习马克思，就要学习和实践马克思主义关于马克思主义政党建设的思想。马克思认为，"在无产阶级和资产阶级的斗争所经历的各个发展阶段上，共产党人始终代表整个运动的利益"，"他们没有任何同整个无产阶级的利益不同的利益"，而是要"为绝大多数人谋利益"，为建设共产主义社会而奋斗。共产党要"在全世界面前树立起可供人们用来衡量党的运动水平的里程碑"。始终同人民在一起，为人民利益而奋斗，是马克思主义政党同其他政党的根本区别。我们要统揽伟大斗争、伟大工程、伟大事业、伟大梦想，增强政治意识、大局意识、核心意识、看齐意识，持之以恒推进全面从严治党，坚持把党的政治建设摆在首位，坚持和加强党的全面领导，坚决维护党中央权威和集中统一领导，做到坚持真理、修正错误，永远保持共产党人政治本色，把党建设成为始终走在时代前列、人民衷心拥护、勇于自我革命、经得起各种风浪考验、朝气蓬勃的马克思主义执政党！

（资料来源：人民日报，2018 年 05 月 05 日第 02 版）

## 课后习题

一、填空题

1. 加强思想修养、提高精神境界，必须牢牢把握________这个核心。

2. 对__________的信仰，是共产党人的政治灵魂，是共产党人经受住任何考验的精神支柱。

3. 中国共产党自诞生之日起，就把____________________________________作为自己的初心和使命。

4. 个人理想以________为指引。

5. 大学生对自己未来生活的追求和向往，不能脱离当代中国的________。

6. 马克思主义具有鲜明的________和持久生命力。

7. 理想是人们的世界观、人生观和价值观在________上的集中体现。

8. 信念是人们在一定的认识基础上确立的对某种思想或事物____________________的精神状态。

9. __________来自人们对自然界和人类社会发展规律的正确认识。

二、单选题

1. 在当代中国，坚持（　　），就是真正坚持科学社会主义。

A. 中国特色社会主义理论体系　　B. 毛泽东思想

C. 马克思主义　　D. 中国特色社会主义

2. （　　）是当代中国发展进步的根本制度保障。

A. 中国特色社会主义制度　　B. 中国特色社会主义文化

C. 中国特色社会主义理论体系　　D. 中国特色社会主义道路

3. （　　）是中国特色社会主义最本质的特征。

A. 马列主义　　B. 中国共产党的领导

C. 人民当家作主　　D. 人民代表大会制度

4. （　　）是实现理想的重要条件。

A. 实事求是　　B. 艰苦奋斗　　C. 坚持不懈　　D. 勇于创新

5. 社会理想是指社会集体乃至社会全体成员的共同理想，即在全社会占主导地位的共同(　　)。

A. 利益指向　　B. 价值指向　　C. 奋斗目标　　D. 美好向往

6. 理想在(　　)中产生和发展。

A. 实践　　B. 现实　　C. 梦想　　D. 信念

7. (　　)是最高层次的信念。

A. 理想　　B. 科学的信念　　C. 幻想　　D. 信仰

三、多选题

1. 马克思主义体现了(　　)和(　　)的统一。

A. 科学性　　B. 主观性　　C. 革命性　　D. 原则性

2. 中国特色社会主义文化熔铸于党领导人民在(　　)、(　　)、(　　)中创造的革命文化和社会主义先进文化。

A. 革命　　B. 发展　　C. 建设　　D. 改革

3. 中国共产党是(　　)、(　　)、(　　)的先锋队。

A. 中国特色社会主义　　B. 中国工人阶级

C. 中国人民　　D. 中华民族

4. 理想的实现不是一帆风顺的,实现理想往往具有(　　)、(　　)、(　　)。

A. 长期性　　B. 艰巨性　　C. 快捷性　　D. 曲折性

5. 当代大学生,为实现中国梦注入青春能量就是要(　　)。

A. 立志当高远　　B. 立志做大事　　C. 立志需躬行　　D. 立志需谨慎

6. 以下对于个人理想与社会理想关系的描述,正确的有(　　)。

A. 个人理想是指处于一定历史条件和社会关系中的个体对于自己未来的物质生活、精神生活所产生的种种向往和追求

B. 社会理想是指社会集体乃至社会全体成员的共同理想,即在全社会占主导地位的共同奋斗目标

C. 两者相互联系、相互影响、相互制约

D. 社会理想是对个人理想的凝练和升华

7. (　　)和(　　),是大学生健康成长、成就事业、开创未来的精神支柱和前进动力。

A. 追求远大理想　　B. 创造有意义的人生

C. 坚定崇高信念　　D. 爱国

8. 理想具有(　　)。

A. 超越性　　B. 实践性　　C. 时代性　　D. 现实性

9. 信念是(　　)的有机统一体。

A. 认知　　B. 情感　　C. 理想　　D. 意志

10. 信念有(　　)和(　　)之分。

A. 错误　　　　B. 正确　　　　C. 盲目　　　　D. 科学

四、判断题(对的打√,错的打×)

1. 个人理想与社会理想的关系实质上是个人与社会关系在理想层面的反映。(　　)

2. 理想与现实是对立的,理想是丰满的,现实是骨感的。(　　)

3. 共产主义是现实运动和长远目标相统一的过程。(　　)

4. 中国梦是中华民族的振兴之梦,也是每一个大学生的成才之梦。(　　)

5. 党政军民学,东西南北中,党是领导一切的。(　　)

6. 新时代大学生应当确立马克思主义的科学信仰,树立共产主义的远大理想和中国特色社会主义共同理想。(　　)

7. 理想信念是人的精神世界的核心,是人精神上的“钙”。(　　)

8. 人只需要物质资料来满足生存的需要。(　　)

9. 理想信念是人类特有的精神现象。(　　)

10. 理想一定是人们在实践中形成的。(　　)

五、简答题

1. 中国特色社会主义共同理想是什么?

2. 简述理想与现实的关系。

3. 什么是理想? 理想的类型有哪些?

六、论述题

1. 结合自身实际,谈谈如何将个人理想与社会理想统一。

2. 结合自身实际,谈谈为什么理想信念是精神之“钙”。

参考答案

# 第三章

# 弘扬中国精神

## 教学目标

（1）知识目标：了解重精神是中华民族的优秀传统，掌握中国精神的主要内涵，把握民族精神的优良传统和爱国主义的科学内涵，理解创新创造是中华民族最深沉的民族禀赋，理解共产主义远大理想与中国特色社会主义共同理想之间的关系，掌握做新时代忠诚的爱国者及改革创新实践者的基本途径。

（2）能力目标：能深刻认识到实现中国梦必须弘扬中国精神，主动提升新时代爱国践行的动能，增强新时代创新创业的能力。

（3）素质目标：自觉做一名理性忠诚的爱国主义者，主动培养创新创业的人格素质，能够保持积极进取的精神状态。

## 教学重点

（1）中国精神的内涵与传承。

（2）新时代的爱国主义。

（3）改革创新的新时代要求。

## 教学难点

（1）实现中国梦必须弘扬中国精神。

（2）当代大学生怎样理性爱国？

（3）当代大学生如何做改革创新生力军？

## 教学逻辑

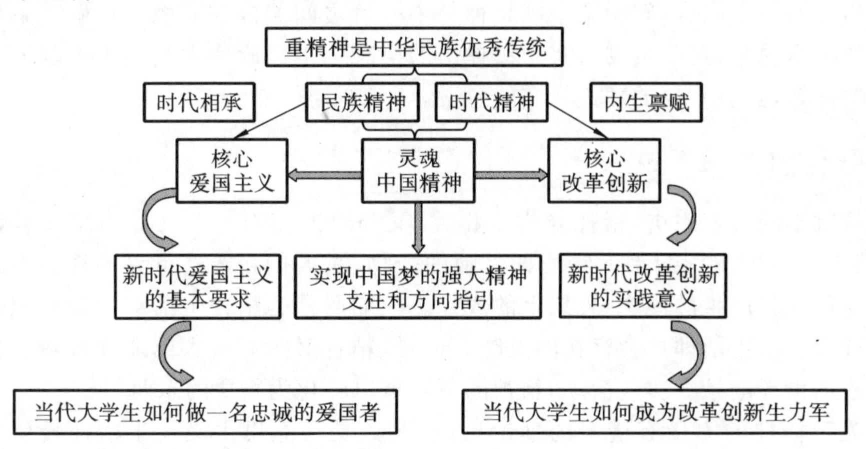

## 第一节 理论教学探讨

本章的内容聚焦于弘扬中国精神这一主线。本书第一章着眼于“人生意义”;第二章着眼于“人生目标”;第三章着眼于当代大学生应该具有的“精神状态”,重点突出弘扬新时代的爱国主义精神、培养改革创新品质,在阐述重精神是中华民族优秀传统的基础上,阐明了中国精神是民族精神与时代精神的有机统一,是实现中国梦的强大精神支柱和方向指引。本章内容共分三个部分:第一部分“中国精神是兴国强国之魂”主要回答中国精神是什么;第二部分“爱国主义及其时代要求”重点解释说明爱国主义何以成为民族精神的核心,阐释爱国主义的基本内涵,以及新时代的爱国主义的特征和基本要求;第三部分“让改革创新成为青春远航的动力”主要讲述时代精神的主要体现,解释说明改革创新何以成为时代精神的核心,阐释改革创新的重大时代意义,重点论及当代大学生如何培养改革精神和创新素质。

### 一、理论要点

党的十九大报告指出,必须坚持马克思主义,牢固树立共产主义远大理想和中国特色社会主义共同理想,培育和践行社会主义核心价值观,不断增强意识形态领域主导权和话语权,推动中华优秀传统文化创造性转化、创新性发展,继承革命文化,发展社会主义先进文化,不忘本来、吸收外来、面向未来,更好构筑中国精神、中国价值、中国力量,为人民提供精神指引。习近平同志指出:“实现中国梦必须弘扬中国精神。这就是以爱国主义为核心的民族精神,以改革创新为核心的时代精神。这种精神是凝心聚力的兴国之魂、强国之魂。”这一重要论述深刻揭示了中国精神的基本内容,阐明了中国精神与中国梦之间的内在联系。正确理解中国精神的基本内涵,对于贯彻落实中央提出的实现中华民族伟大复兴中国梦的一系列战略部署,具有重要的理论和实践意义。

#### (一)什么是精神

从哲学的角度来讲,精神与物质相关,又与物质相对。在马克思主义哲学看来,精神是高度组织起来的物质即人脑的产物,是人们在改造世界的社会实践活动中通过人脑产生的观念、思想上的成果。人们的社会精神生活即社会意识是人们的社会物质生活即社会存在的反映。但是,精神又具有极大的能动性,换言之,通过改造世界的社会实践活动,精神的东西可以转化为物质的东西。

关于精神的力量有诸多的理论论说,尤其是马克思主义关于精神转化的理论，集中彰显了精神的力量。马克思对精神转化为物质的思想作过经典的表述。他有一段名言：“批判的武器当然不能代替武器的批判，物质力量只能用物质力量来摧毁；但是理论一经掌握群众，也会变成物质力量。理论只要说服人，就能掌握群众；而理论只要彻底，就能说服人。所谓彻底，就是抓住事物的根本。”毛泽东指出：“人们的社会存在，决定人们的思想。而代表先进阶级的正确思想，一旦被群众掌握，就会变成改造社会、改造世界的物质力量。”他还说：“生产力有两项，一项是人，一项是工具。工具是人创造的。工具要革命，它会通过人来说讲话，通过劳动者来讲话。”他明确指出：“提高劳动生产率，一靠物质技术，二靠文化教育，三靠政治思想工作。后两者都是精神作用。”

## （二）什么是中国精神

### 1. 中国精神的内涵

实现中华民族伟大复兴的中国梦，必须弘扬中国精神。这就是以爱国主义为核心的民族精神和以改革创新为核心的时代精神。中国精神作为兴国强国之魂，是实现中华民族伟大复兴不可或缺的精神支撑和精神动力。中国精神贯穿于中华民族五千年历史，积蕴于近现代中华民族复兴历程，特别是在中国的快速崛起中迸发出来的具有很强的民族集聚、动员与感召效应的精神及其民族气象，是中国文化软实力的重要显示。

中国精神以马克思主义、毛泽东思想、邓小平理论、“三个代表”重要思想、科学发展观、习近平新时代中国特色社会主义思想为指导，是社会主义核心价值体系的精髓，它以社会主义核心价值观为核心内涵，体现了社会主义荣辱观。习近平总书记在第十二届全国人民代表大会第一次会议上指出，中国精神“是凝心聚力的兴国之魂、强国之魂。爱国主义始终是把中华民族坚强团结在一起的精神力量，改革创新始终是鞭策我们在改革开放中与时俱进的精神力量”。

### 2. 中国精神的历史发展

在家国一体、家国同构的秩序中，在家要尽孝，对国要尽忠，就成为统一的秩序要求。毛泽东曾总结说：“自从一八四〇年鸦片战争失败那时起，先进的中国人，经过千辛万苦，向西方国家寻找真理。洪秀全、康有为、严复和孙中山，代表了在中国共产党出世以前向西方寻找真理的一派人物。那时，求进步的中国人，只要是西方的新道理，什么书也看。”

五四运动前后，马克思主义理论的宣传以及俄国十月革命的胜利给予中国知识分子以启迪和希冀，坚持马克思主义理论指导，是中国爱国知识分子的自觉选择，同时也是刚刚走上历史舞台的中国共产党的必然选择。以毛泽东同志为主要代表的中国共产党人对中国的前进方向有着清楚的阐述：中国反帝反封建的资产阶级民主主义革命必须由无产阶级领导，中国革命的前途是社会主义和共产主义，中国精神在这一阶段体现为前赴后继、奉献牺牲、“敢教日月换新天”的革命奋斗精神。

### 3. 中国精神的升华和创新

新中国成立六十多年来，在一穷二白的基础上，党团结和依靠各族人民，艰苦奋斗，筚路蓝缕，硬是打下了健全的工业门类和经济基础，面对世界形势的时代性变革，党领导人民反思总结经验教训，力挽狂澜，破旧立新，开启了社会主义建设新时期，尤其是改革开放以来，中国发生了翻天覆地的变化，取得了举世瞩目的成就。在中国共产党和中华人民共和国所走过的每一个历史阶段，都形成了代表着时代精华的独特精神气质。

全面建设社会主义时期，继承革命年代精神培育了铁人精神、焦裕禄精神、雷锋精神、“两弹一星”精神。开创中国特色社会主义时期，面对困难、面对重大事件，培育了九八抗洪精神、抗击非典精神、抗震救灾精神、载人航天精神、北京奥运精神等。继往开来，中国精神依然是中华民族发展壮大的精神支柱，在新的历史条件下，中华民族立于不败之地的一个重要保障，就是继续高扬中国精神旗帜，最大限度地团结全国各族人民和港澳台及广大海外同胞，激发起爱我中华、建我中华、强我中华的爱国热情。

### 4. 如何充分理解中国精神

1）对质疑的回应

质疑：英国历史上第一位女首相撒切尔夫人认为中国不会成为超级大国，“因为中国没有那种可以用来推进自己的权力、从而削弱我们西方国家的具有国际传染性的学说。今天中国出口的是电视机而不是思想观念。”

回应：中国精神一直在。近代学者、翻译家辜鸿铭在《中国人的精神》一书中说：“我所说的‘中国人的精神’，并不仅仅是指中国人的性格或特征。关于中国人的特性，已经有许多人做过描述。但是诸位一定会同意我这样一个看法，即迄今为止尚没有人能够勾画出中国人的内在本质……我所指的中国人的精神，是那种中国人赖以生存之物，是该民族在心、性和情方面的独特之处。”中国精神在哪里？在无数先进的中国人身上，他们是民族的脊梁；也在无数勤劳善良的普通劳动者身上，他们是历史的创造者。中国精神在2016年里约热内卢奥运会中国女排的顽强拼搏、永不放弃、创造奇迹的故事里；在国产影片《战狼Ⅱ》《红海行动》等所讲述的中国军人形象之中，在其掀起的热泪盈眶、自豪奋起的民族情感共鸣里；在天眼落成饮誉世界，而鲜为人知的幕后无名英雄南仁东教授胼手胝足的默默奋斗之中……

中国精神在今天更闪耀世界。中国现象、中国速度、中国奇迹、中国模式、中国道路、中国力量，这其中无不贯穿着中国精神。中国精神是文化的核心和灵魂，它能给自己的国家发展和文明模式带来道义性、合法性和认同感。一个国家如果没有令人振奋的国家精神，就不可能凝聚力量，更谈不上屹立于世界民族之林。中国精神是凝心聚力的兴国之魂、强国之魂，是中华民族伟大复兴不可逆转、不可遏制的最深层的原动力。它是中华民族在长期的历史发展中逐步形成、巩固、丰富和发展的共同精神，是中华民族赖以生存和发展的精神支撑，是中华民族的优秀品格与时代特征相结合的产物。

2）中国精神的历史传承

中华民族崇尚精神的优秀传统，首先表现在对物质生活与精神生活相互关系的独到理解上。重视并崇尚精神生活，是中国古代思想家们的主流观点。诸子百家思想有异，重精神生活始终是各家思想价值共同点。

中华民族崇尚精神的优秀传统，也表现在中国古人对理想的不懈追求上。理想是激励个体的精神内驱力，是凝聚社会整体的精神力量。矢志不渝地坚守理想，是中国古人崇尚精神的典型体现。儒道法墨，无不有自己的价值目标和理想人格追求。

中华民族崇尚精神的优秀传统，亦表现在对道德修养和道德教化的重视上。古代思想家们不仅对道德修养和道德教化理论进行了系统论述，而且提出了修身养性的具体方法以及家箴家训、乡规民约等教化方式。这表明中华民族自古以来对人的精神世界高度关注。

中华民族崇尚精神的优秀传统，还表现为对理想人格的推崇上。出现在中国历史上的种种理想人格，虽时代不同、类型有别，但其共同点是关注人的精神品格，如儒家的“君子”人格、道家的“真人”理想和哲学家冯友兰先生提出人的“四重境界”等。

中国共产党是中华民族重精神优秀传统的忠实继承者和坚定弘扬者。在革命、建设、改革各个历史时期，中国共产党都强调要处理好物质和精神的关系，重视发挥人的精神的能动作用，重视优秀精神文化的自觉传承和创新，中华民族重精神的优秀传统，在中国共产党人这里得到进一步发扬光大。

习近平强调，民族复兴不仅表现为经济腾飞，更要有中国精神的振奋和彰显，只有物质文明建设和精神文明建设都搞好，国家物质力量和精神力量都增强，全国各族人民物质生活和精神生活都改善，中国特色社会主义事业才能顺利向前推进。

3）中国精神的内容构成及其内在辩证关系

中国精神，既包括民族国家在长期历史发展中所凝结而成的民族精神，也包括民族国家基于不同时代境遇和发展状况所形成的时代精神。前者是绵延不绝的文化血脉，后者是发展创新的时代反映，二者相互联系、相互作用，共同构成了中国精神的核心内容。中华民族在5000多年的历史发展中形成了具有中国风格、中国气派的中国精神，就是以爱国主义为核心的民族精神和以改革创新为核心的时代精神，这是中国人民在长期的社会实践中形成的，能够发出正能量的各种优秀品德、价值的总和。北京猿人钻木取火的智慧，神农氏遍尝百草的坚韧，尧舜禅让的谦和，文景之治的和谐，贞观长歌的励精图治，康乾盛世的雍容大度，戊戌变法的图强之志，驱逐列强的浩然正气，抗击日寇的同仇敌忾，创建新中国的浴血奋战，改革开放的勇气与胆魄……历史长河中的一首首浩然之歌，无不光耀着伟大的中国精神。中国精神是中国道路、中国模式的精神内涵，体现着社会主义核心价值观。有了中国精神，就有了国家和民族发展的凝结剂和推进器。中国精神是中华民族优秀传统与时代精神的有机结合，代表着中国各民族的形象，彰显着中国人的精神风貌。认定中国精神，就有了超越自我、走向辉煌的强大精神力量。

### （三）实现中国梦必须弘扬中国精神

一个人不能没有精神，一个民族不能没有信仰，一个国家不能没有梦想。实现中华民族伟大复兴，是中华民族近代以来最伟大的梦想。实现中国梦必须走中国道路，必须弘扬中国精神，必须凝聚中国力量。爱国主义始终是把中华民族坚强团结在一起的精神力量，改革创新始终是鞭策我们在改革开放中与时俱进的精神力量。全国各族人民一定要弘扬伟大的民族精神和时代精神，不断增强团结一心的精神纽带、自强不息的精神动力，永远朝气蓬勃迈向未来。

凝聚中国力量的精神纽带。推进民族复兴的时代伟业，我们必须有万众一心、众志成城的强大精神凝聚力。人民群众是历史发展和社会进步的主体力量。坚持和发展中国特色社会主义、实现中华民族伟大复兴，最根本的力量在人民，最强大的力量在团结凝聚起来的人民。弘扬中国精神，对维系中华民族的生存与发展、维护国家统一和民族团结发挥着重要的凝聚作用。

激发创新创造的精神动力。当前，我们正在从事的中国特色社会主义事业是一项前无古人的创造性事业，中国精神作为兴国之魂、强国之魂的价值和意义更为凸显。推进新时代的伟大事业，必须有创新创造、向上向前的强大精神奋发力，勇于变革、勇于创新，永不僵化、永不停滞，使全体人民始终保持昂扬向上的精神状态，为实现中国梦注入强大的精神力量。

推进复兴伟业的精神定力。只有自觉弘扬中国精神，增强民族自尊心和自信心，坚定不移地走自己的路，才能使全体人民在实现复兴伟业的征途中拥有坚如磐石的精神和信仰力量，不为困难所吓倒，不为诱惑所动，不为干扰所迷惑，保持战略定力，坚定不移地把我们的事业不断向前推进，直至达到光辉的彼岸。

鲁迅说过："惟有民魂是值得宝贵的，惟有他发扬起来，中国才有真进步。"在实现中国梦的新征程中，大力弘扬伟大的民族精神和时代精神，将凝心聚力的兴国之魂、强国之魂融入现代化进程，我们就一定能朝气蓬勃地迈向未来，不断开创中国特色社会主义新局面。

中国精神使中国跑出“加速度”。中国的高铁事业在过去10年间突飞猛进地发展，高铁建设频频刷新世界纪录，取得了举世瞩目的成就。中国高铁从无到有，从追赶到超越，从引进、消化、吸收、再创新到系统集成创新，再到完全自主创新，已经练就成世界铁路科技的集大成者。从东部走向西部，从“四纵四横”到“八纵八横”，从国内走向海外，中国高铁的大发展开启了人类交通史的新纪元。2017年9月21日，7对“复兴号”动车组列车在京沪高铁率先实现350公里时速运营，全程最快4时28分。2017年10月25日，时速250公里“复兴号”中国标准动车组研制工作正式启动，“复兴号”家族又增添新成员。中国高铁这些成就的取得，离不开每一个高铁人的默默奉献和付出，这些成绩里饱含了汗水和泪水。中国人依靠自身努力，依靠自主创新，在世界难题面前不低头，依靠伟大的中国精神，使得中国高铁在世界高铁发展史上留下浓墨重彩的一笔，为推动世界经济发展贡献了重要力量。

中国精神使中国制造奔向中国创造。中国曾经被戏称为“山寨国家”，直到现在依然没有彻底甩掉头上的这顶“山寨”帽子，但是不得不承认我们国家在某些方面通过学习其他国家先进的技术和经验，在“复制”中创新，在“复制”中总结经验，取得了举世瞩目的成绩。众所周知，在模仿中创新是得以快速发展的捷径。但是随着中国制造业的不断发展，中国已慢慢地从中国制造走向了中国创造。中国FAST望远镜是目前世界第一大单口径球面射电望远镜，FAST望远镜的使用，标志着我国在探索太空奥秘方面走在了世界前列。2017年11月5日，中国在西昌卫星发射中心用长征三号乙运载火箭，以“一箭双星”方式成功发射第24颗、第25颗北斗导航卫星，北斗卫星导航系统是中国自主建设的卫星导航定位系统，这也标志着北斗卫星导航系统将打破GPS垄断，还有出口英国的中国核电、禁止出口的造岛神器“天鲸号”“墨子号”量子通信卫星等，所有这些成就的取得，都离不开一代代科技人默默的付出，这些只是中国精神体现的一个缩影，在各行各业中仍然有数不清的人们在为了中国的不断强大发展而努力奋斗。

中国精神使人民获得更多的幸福感。国之运在民之心。2020年全面建成小康社会，是我们党向人民、向历史作出的庄严承诺，这个宏伟目标是“两个一百年”奋斗目标的第一个百年奋斗目标，是中华民族伟大复兴征程上的又一座重要里程碑。“全体人民共同富裕基本实现”“我国人民将享有更加幸福安康的生活”……不论是“两个一百年”奋斗目标还是阶段性目标，都彰显出我们坚持走共同富裕道路，追求造福人民的全面发展。目前，到了脱贫攻坚的冲刺阶段，这也是攻城拔寨的关键阶段，面对脱贫攻坚工作中的困难和问题，我们必须百倍用心，千倍用力，凝心聚力谋发展，勠力同心拓富路，下一番“绣花”功夫，确保脱贫攻坚不落下一人，坚决打赢脱贫攻坚战，让人民获得更多的幸福感。

（四）爱国主义

**1. 爱国主义的基本内涵**

任何个人的成长，任何民族的繁荣，任何国家的富强，都离不开爱国主义的巨大力量。爱国主义是一个民族、一个国家凝聚人民的重要精神纽带和鼓舞人们团结奋斗的光辉旗帜。爱国主义体现了人们对自己祖国的深厚感情，揭示了个人对祖国的依存关系，是人们对自己家园以及民族和文化的归属感、认同感、尊严感与荣誉感的统一。它是调节个人与祖国之间关系的道德要求、政治原则和法律规范，也是中华民族精神的核心。爱国主义本质上是荣誉感和责任感的统一。

1）爱祖国的大好河山

领土完整涉及国家的重大核心利益，每一个爱国者都会把“保我国土”、“爱我家乡”、维护祖国领土的完整和统一，作为自己的神圣使命和义不容辞的责任。

2）爱自己的骨肉同胞

爱自己的骨肉同胞就是爱人民群众。对人民群众感情的深浅程度，是检验一个人对祖国忠诚程度的试金石。爱自己的骨肉同胞，最主要的是培养对人民群众的深厚感情，坚持以人民为中心的立场，始终紧紧地同人民群众站在一起。

3）爱祖国的灿烂文化

爱祖国的灿烂文化，就是要认真学习和真正了解祖国的历史，在充分理解和尊重的基础上，积极推动祖国优良历史文化传统的传承和发展。

4）爱自己的国家

爱自己的国家，拥护国家的基本制度，遵守国家的宪法法律，维护国家安全和统一，捍卫国家的利益，为国家繁荣发展贡献自己的力量，是爱国主义的基本要求。

**2. 新时代的爱国主义的基本要求**

新时代的爱国主义，既承接了中华民族的爱国主义优良传统，又体现了鲜明的时代特征，内涵更加丰富。新时代的爱国主义基本要求是坚持爱国主义和社会主义相统一、维护祖国统一和民族团结、尊重和传承中华民族历史和文化、坚持立足民族又面向世界。

1）坚持爱国主义和社会主义相统一

爱国主义和社会主义相统一是中国历史发展的必然结果。社会主义制度的建立，为中国的繁荣发展提供了可靠的保障。中国的历史和现实充分证明，中国共产党是高举爱国主义旗帜并躬身实践的光辉典范，是中国特色社会主义事业的坚强领导核心。坚定拥护中国共产党的领导，是中华民族走向复兴、中国特色社会主义事业走向成功的必然要求，也是新时代爱国主义的必然要求。

2）维护祖国统一和民族团结

在新的时代条件下，弘扬爱国主义精神，必须把维护祖国统一和民族团结作为重要着力点和落脚点。维护和推进祖国统一，是中华民族走向伟大复兴的题中之义。要从中华民族整体利益的高度把握两岸关系大局，增进对两岸命运共同体的认知，不断拓宽两岸关系和平发展的道路；要自觉维护全国各族人民大团结的政治局面，筑牢国家统一、民族团结、社会稳定的铜墙铁壁。

3）尊重和传承中华民族历史和文化

对祖国悠久历史、深厚文化的理解和接受，是人们爱国主义情感培育和发展的重要条件。中华优秀传统文化是中华民族的精神命脉，其中蕴涵着中华民族世世代代形成和积累的思想营养和实践智慧，是中华民族得以延续的文化基因，也是我们在世界文化激荡中站稳脚跟的根基。我们必须尊重和传承中华民族历史和文化，以时代精神激活中华优秀传统文化的生命力，推进中华优秀传统文化创造性转化和创新性发展，在传承与创新中树立和坚持正确的历史观、民族观、国家观、文化观，增强做中国人的骨气和底气。

4）坚持立足民族又面向世界

坚持新时代的爱国主义，要求我们正确处理好立足民族与面向世界的辩证统一关系，把弘扬爱国主义精神与扩大对外开放结合进来。弘扬新时代的爱国主义，必须坚持立足民族，维护国家发展主体性。弘扬新时代的爱国主义，必须面向世界，构建人类命运共同体。

**3. 当代大学生做忠诚的爱国者的途径**

1）维护和推进祖国统一

第一，坚持一个中国原则。一个中国原则是两岸关系的政治基础。体现一个中国原则的“九二共识”明确界定了两岸关系的根本性质，是确保两岸关系和平发展的关键。第二，推进两岸交流合作。在两岸关系大局稳定的基础上，两岸各领域交流合作有着广阔空间。第三，促进两岸同胞团结奋斗。两岸双方应秉持“两岸一家亲”的理念，顺势而为、齐心协力，心心相印、守望相助，巩固和扩大两岸关系发展成果。第四，反对“台独”分裂图谋。“台独”分裂势力及其分裂活动仍然是对台海和平的现实威胁，必须继续反对和遏制任何形式的“台独”分裂主张和活动，不能有任何妥协。

2）促进民族团结

处理好民族问题、促进民族团结，是关系祖国统一和边疆巩固的大事，是关系民族团结和社会稳定的大事，是关系国家长治久安和中华民族繁荣昌盛的大事。大学生应深化对党的民族理论和民族政策的认识，认清各种分裂主义势力的险恶用心和反动本质，筑牢各族人民共同维护祖国统一、维护民族团结、维护社会稳定的钢铁长城。

3）增强国家安全意识

首先，确立总体国家安全观。国家安全是指一个国家不受内部和外部的威胁、破坏而保持稳定有序的状态。确立总体国家安全观，必须既重视外部安全，又重视内部安全；既重视国土安全，又重视国民安全；既重视传统安全，又重视非传统安全；既重视发展问题，又重视安全问题。其次，增强国防意识。强大的国防是国家生存与发展的安全保障。大学生必须具有很强的国防观念和忧患意识，自觉接受国防和军事方面的教育训练，关心国防、了解国防、热爱国防、投身国防，积极履行国防义务，成为既能建设祖国、又能保卫祖国的优秀人才。最后，履行维护国家安全的义务。大学生应自觉遵守国家安全法律，履行维护国家安全的法律义务：依照法律服兵役和参加民兵组织的义务，保守国家秘密的义务，为国防建设和国家安全工作提供便利条件或其他协助的义务，在国家安全机关调查了解有关危害国家安全的情况下如实提供有关证据、情况的义务，及时报告危害国家安全行为的义务，不得非法持有、使用专用间谍器材的义务，不得非法持有国家秘密文件、资料和其他物品的义务等。对每一项责任和义务，每个大学生都应当勇于担当，尽职尽责。

**4. 当代青年大学生如何做忠诚的爱国者**

1）深刻领悟国家对我们意味着什么

施特劳斯说："一个民族没有武器与土地，没有任何可见的支持手段——只有上帝，这个民族极不可能生存下来。"流浪的犹太人，惶惶不可终日，奔走呼号各方，但从未放弃过"祖国"的念想，虽有"家"与"国"之间的冲突，国家的信仰支撑着犹太人取得现世之成功，而一个特殊的群体的过度优秀，过度富有，必然导致周围人的嫉妒，嫉妒发展到极端就会产生迫害。这些历史的、现实的事实强烈地警醒着我们国家对我们意味着什么，同时也强烈地传递给我们这样的信息：没有国，哪有家？这不是空洞的说教，而是最平实的真理，我们看看与犹太人有着相似命运的吉普赛人，他们虽然能歌善舞、热情开朗，但是没有自己的祖国，几千年以来散居世界各地，命运多舛，而谈及于此，吉普赛人多有伤怀和忧虑。

2）确立理性爱国的意识

季羡林在《中国精神·中国人》一书中写道："爱国主义并不一定都是好东西。我认为，我们必须严格区分正义的爱国主义和邪恶的爱国主义。在过去的历史上我们中国基本上一直是受侵略、受压迫、受杀害的，因此我们的爱国主义是正义的。而像日本军国主义者和德国法西斯，手上涂满了别国人民的鲜血，而口中却狂呼爱国，这样的爱国主义难道还不是最邪恶的吗？这样的爱国主义连他们本国的人民也是应该挺身而出痛加鞑伐的。"

毛泽东也说："爱国主义的具体内容，看在什么样的历史条件之下来决定。有日本侵略者和希特勒的'爱国主义'，有我们的爱国主义。对于日本侵略者和希特勒的所谓‘爱国主义’，共产党员是必须坚决地反对的。”

爱国的“国”字，如果孤立起来看，是一个模糊名词。哪里的国？谁的国？都不清楚。但是，一旦同国籍联系在一起，就十分清楚了。国就是这个国籍的国。再讲爱国的话，指的就是爱你这个国籍的国。

爱国主义具有“深厚情感”等情感因素和“道德、政治、法律”等理性因素的两重性。我们要正确认识二者之间的辩证关系。情感和理性是相辅相成的，情感使人产生动力，理性使人明辨行动方向。爱国情感和理性相互作用才会是积极健康的爱国表现。我们需要在法律的框架下，在道德的范畴内，以维护国家和民族的核心利益为出发点和着眼点，理性、合法、有序、建设性地表达爱国热情。

### （五）改革创新

#### 1. 创新创造是中华民族最深沉的内生禀赋

中华民族是具有创新精神的民族。我们的先民很早就提出了“苟日新，又日新，日日新”“穷则变，变则通，通则久”等与创新创造有关的思想观念。在历史的漫漫长河中，变通求新、因革损益、革故鼎新、与时俱进、与日偕新等思想观念日益积淀为中华民族最深沉的民族禀赋。我国古代在天文历法、数学、农学、医学、地理学等众多领域取得举世瞩目的成就。这些发明创造同生产紧密结合，为农业和手工业发展提供了有力支撑。英国哲学家培根曾说，印刷术、火药、指南针，这些发明改变了整个世界事物的面貌和状态。资料显示，16 世纪以前世界上最重要的300 项发明和发现中，我国占 173 项，远远超过同时代的欧洲。古代中华文明的时间远早于西方，质量和数量也高于西方。

在诗词歌赋、绘画、书法等文学艺术领域，中国也为世界奉献了唐诗、宋词、元曲、明清小说等诸多人类文明宝库里的瑰宝。我国在历史上长期处于世界领先地位，我国思想文化、社会制度、经济发展、科学技术以及其他许多方面对周边发挥了重要辐射和引领作用，中华文明对世界文明进步作出了巨大贡献，产生了深远影响。究其深层精神根源，就在于中华民族创新创造这一宝贵的精神传统和民族禀赋。

#### 2. 改革创新是新时代发展要求

在当代中国，社会发展离不开改革创新，改革创新是社会发展的核心动力，坚持改革创新是新时代的迫切要求。

*1）创新始终是推动人类社会发展的第一动力*

从某种意义上说，创新决定着世界政治经济力量对比的变化，也决定着各国各民族的前途命运，特别是近代以来，大国崛起与国际力量格局的变迁，无不昭示这个规律。

2）创新能力是当今国际竞争新优势的集中体现

“在激烈的国际竞争中，惟创新者进，惟创新者强，惟创新者胜。”面对科技创新和产业革命新趋势，世界主要国家都在积极调整应对，努力寻找创新的突破口，抢占发展先机，纷纷出台新的创新战略，加大投入，加强人才、专利、标准等战略性创新资源的争夺，创新战略竞争在综合国力竞争中的地位日益重要。

3）改革创新是我国赢得未来的必然要求

必须把创新作为引领发展的第一动力，把人才作为支撑发展的第一资源，把创新摆在国家发展全局的核心位置，把创新驱动发展战略作为国家重大战略，不断推进理论创新、制度创新、科技创新、文化创新等各方面创新。通过全面深化改革，加快转变经济发展方式，推进经济结构战略性调整，为我国经济社会发展提供前所未有的强劲动力，真正实现2020年建设创新型国家的愿景蓝图。

**3. 当代大学生做改革创新生力军的途径**

1）树立改革创新的自觉意识

第一，增强改革创新的责任感。大学生要不断增强以改革创新推动社会进步，在改革创新中奉献服务社会、实现人生价值的崇高责任感和使命感，以时不我待、只争朝夕的紧迫感投身改革创新的实践中。第二，树立敢于突破陈规的意识。敢于大胆突破陈规甚至常规，敢于大胆探索尝试，善于观察发现、思考批判，不唯书、不唯上，只唯实，这是大学生在学习与实践中创新创造的重要前提。第三，树立大胆探索未知领域的信心。青年应是常为新、敢创造的，理当锐意创新创造，不等待、不观望、不懈怠，善于解放思想，务求实际，勇做改革创新的生力军。

2）增强改革创新的能力本领

第一，积极夯实创新基础。大学生作为改革创新的生力军，应从扎实系统的专业知识学习起步和入手，而不能好高骛远，空谈改革，坐论创新，当今世界诸多创业创新成功范例，都指向主人公扎实精湛的专业功底。第二，主动培养创新思维。大学生在专业学习与社会实践中，应自觉培养创新型思维，勤于思考，善于发现，勇于创新，勤于读书并不拘泥于书本知识，乐于实践并不局限于校园活动，不唯书、不唯上，只唯实，不自封、不守旧，敢创新。第三，勇于投身创新实践。当代大学生既置身于全球新一轮科技革命和产业变革兴起的历史机遇期，又置身于我国迈向现代化强国的历史新征程，本身也具有强烈的内生发展需求和成长需要，应当在全面深化改革的伟大实践中深刻体悟改革创新精神，增强改革创新的意识，锤炼改革创新的意志，增强改革创新的能力本领，不畏难、不踟蹰，勇做改革创新的实践者和生力军，在新时代的创新创造的广阔天地之中实现自己人生价值。

## 二、理论热点

### （一）科学没有国界，科学家应有家国境界

他是享誉世界的地球物理学家。他的科研可以上天、入地、潜海。他让中国正式进入了“深地时代”。有外国媒体报道说，他的回国，让某国当年的航母演习舰队后退了100海里。

他，就是东北地区首位引进的“千人计划”专家黄大年。

2017年1月8日，素有“拼命黄郎”之称的黄大年永远离开了这个世界，享年58岁。他离世虽然已近半年时间，但他短暂而辉煌的追梦人生，持续引发着社会各界的追忆和缅怀。

清华大学前副校长施一公说：“黄大年是最单纯的、忠心赤胆的海归科学家，单纯到为了祖国和科学事业的发展从不计较个人得失，倾注全部精力。他是中国知识分子的楷模，是460万留学生的楷模，他的精神感染激励的是一个领域、一批学子、一代人。”

（资料来源：节选自《瞭望》新闻周刊，《黄大年的追梦人生》，教育部官方网站于2017年7月3日转载此篇文章）

思考题：科学家黄大年身上有哪些宝贵的精神品质值得同学们学习与传承？

**【热点解读】**

**弘扬中国精神，做这样的出彩中国人**

“中国要由大国变成强国，需要有一批‘科研疯子’，其中能有我，余愿足矣！”黄大年被誉为“拼命黄郎”，回国7年间，他带领400多名科学家艰苦打拼，填补了多项技术空白。有国外媒体评价，“他的回国，让某国当年的航母演习整个舰队后退100海里。”黄大年在科技创新的赛场上只争朝夕，在人才培养的舞台上兢兢业业，以百折不挠、敢为人先的敬业精神，淡泊名利、甘于奉献的高尚情操，树立起一座震撼人心的精神丰碑。

在科学研究的词典里，没有捷径可言。孜孜以求、忘我钻研、刻苦攻关，是做学问、搞研究的应有境界。李四光在写学术论文时，曾因太投入而忘记回家。妻子派女儿去叫他，结果他正在凝神思考，偶尔抬头看到桌旁有个小女孩，继而又低头忙于写作：“你是谁家的小姑娘啊？天这么晚了，快回家吧，不然你妈妈该等着急啦！”当对方叫出爸爸时，李四光才猛然发现是自己的女儿。“不疯魔，不成活。”甘于寂寞、奋力沉潜、认真敬业，才能以创新之姿攀登科研事业的座座高峰。

最慷慨的奉献，往往孕育着最丰厚的收获。从邓稼先慨叹“不要让人家把我们落得太远”，到钱学森提出技术科学“要先走一步”；从吴文俊宣示“外国人做的我不做，外国人没想到做的我才要去做”，到袁隆平承诺“给我点时间，我让你地里

多长座米山”，一代代科学家埋头苦干、永不言弃、誓争第一，在科学的田地里用心深耕，收获着累累硕果。他们从事科学研究所具备的那种耐性和韧性，那种不服输、追求极致的精神品质，也感召着后来者砥砺前行，竭力为祖国科技事业的进步无私付出。

喧嚣的时代呼唤内心的宁静。今天，有的科研工作者坐不住冷板凳，有的人一切只围着项目经费转，更有甚者，不惜为了名利舞弊作假，令科学精神蒙尘。人们之所以视黄大年为“大写的人，纯粹的人”，之所以称“布鞋院士”李小文为“扫地僧”，之所以把一生献给祖国科研的清华大学“高龄学子”当作“出彩中国人”，不正是因为他们抵达了求真敬业、无私奉献的精神境界吗？对科技工作者来说，甘于寂寞、甘于奉献，为科学开拓、为真理献身、为梦想拼搏，才无愧于知识分子的担当。

哲人有言：“在科学的道路上没有平坦的大路可走，只有在崎岖小路的攀登上不畏劳苦的人，才有希望到达光辉的顶点。”像黄大年那样，以敬业精神书写生命华章，用品格力量标注生命高度，我们何愁人生不能抵达心中的远方。

（资料来源：李洪光：《做这样的出彩中国人》（节选），人民日报，2017 年 6 月 23 日第 04 版，有改动）

思考题：科技创新、事业出彩需要哪些精神品质去成就？

### （二）延安精神的新时代传承

高校掀起延安实践学习热潮，为加强对当代大学生进行中国革命文化教育，帮助其深刻领会延安精神的内涵，主动承担新时代中国特色社会主义现代化建设的历史重任，2018 年 7 月 22 日至 7 月 25 日，西安工业大学“红色筑梦”暑期实践队一行 10 人在张晓宾老师的带领下走进延安开始红色筑梦之旅。2018 年 8 月 12 日至 8 月 17 日，来自湖北武汉的武汉城市职业学院“不忘初心，牢记使命”延安精神实践研修班的 22 名教师，包括该校马克思主义学院和学工系统的教师们，在六天的学习实践中，通过严实的理论主题、情境教学、现场讲解，交流讨论等，深入学习了延安精神的历史传承、文化底蕴、精神内涵、时代价值和实践路径，在真实场景和真切体验教学中，进一步深化对延安精神和革命文化的理解，进一步增强弘扬与践行延安精神的信心和能力。

**【热点解读】**

**弘扬延安精神，传承红色基因，铸就青春梦想**

习近平总书记指出：“延安精神是中华民族优良传统的继承和发展，是我们党的性质和宗旨的集中体现。弘扬延安精神，对于推进中国特色社会主义事业、实现中华民族伟大复兴具有重要意义。”作为一名延安籍的当代大学生，深感从延安精神中汲取力量，做延安精神的传人，是历史赋予当代大学生的光荣使命。

做延安精神的传人，必须树立远大志向、坚定理想信念。延安时期，宝塔山像一座信仰的灯塔，吸引无数热血青年怀揣追求真理、救国救民的远大理想，克服重重困难奔赴延安。到延安后，他们住的是窑洞，吃的是南瓜小米，穿的是补丁衣服，条件异常艰苦，但精神世界无比丰富。他们如饥似渴地学马列、学文化；练战术、练格斗。正是这种精神，挺起了中华民族的精神脊梁。今天，实现中华民族伟大复兴中国梦为当代大学生提供了广阔舞台，我们应该自觉地弘扬延安精神，在报效祖国中找到精神坐标，放飞青春梦想。

做延安精神的传人，必须提高自身素质、练就过硬本领。延安时期，在战火纷飞和极其艰苦的环境下，以毛泽东为代表的老一辈无产阶级革命家，坚持深入研究马列主义理论，《毛泽东选集》四卷 159 篇重要著作中，有 112 篇写于延安时期。这些重要著作为中国革命指明了方向。当代大学生要始终把加强学习、增长才干作为首要任务，在“勤学、修德、明辨、笃行”上下功夫，到条件艰苦的基层一线去锻炼，到项目科研攻关的前沿去经受考验，让勤奋学习成为青春远航的持续动力，打牢为祖国、为人民贡献的坚实基础。

做延安精神的传人，必须增强宗旨意识、提升为民服务能力。全心全意为人民服务是党的根本宗旨，也是延安精神的本质要求。延安时期，群众路线成为我们党克敌制胜、战胜困难的“三大法宝”之一。当代大学生要牢记“人民群众是创造历史的真正英雄”，坚持“从群众中来、到群众中去”，放下架子，端正身板，拜群众为师，把群众当作衣食父母，深入基层、深入群众，培养服务群众意识，提高为人民服务的本领，努力为人民群众办好事、做实事、解难事。

做延安精神的传人，必须矢志于艰苦奋斗、勇于开拓创新。延安时期，党的高级领导人布衣草履、素食淡饭，毛主席穿着补丁衣服给抗大学员讲课，亲手在杨家岭山脚下耕地种菜。朱老总背着粪筐积肥，林伯渠用绳子作腰带，周总理是大家公认的纺线能手。三五九旅将士“背枪上战场，锄禾斗田庄”，把人迹罕至的“烂泥湾”变成了“陕北的好江南”。当代大学生要把这样的艰苦奋斗、开拓创新的优秀品质作为克服人生道路上一个又一个困难的制胜法宝，从点滴小事做起，从当下做起，努力交上一份让祖国、让人民、让自己满意的精彩人生答卷。

（资料来源：姚泽卿：《大学生当作延安精神的传人》，光明日报，2016 年 3 月 17 日第 11 版，有改动，http：news. gmw. cn/2016_03/17/content）

思考题：作为中国革命文化的宝贵财富，延安精神的内涵体现在哪些方面？延安精神对新时代的大学生学习成长具有怎样的启发意义？

### （三）五四精神的当代价值

2018 年 5 月 2 日上午，在五四青年节和北京大学 120 周年校庆即将来临之际，习近平总书记来到北京大学考察并与师生座谈。座谈会上，习近平总书记发表了重要讲话，他指出，广大青年要成为实现中华民族伟大复兴的生力军，肩负起国家和民族的希望。习近平总书记对青年学子寄予厚望。“广大青年生逢其时，也重任在肩。”他指出，新时代是年轻人的时代，当代青年一代是与新时代同行的一代，要把中华民族伟大复兴的历史责任担在肩上。他寄语青年人忠于祖国不负时代，勉励青年人在中华民族伟大复兴中放飞青春梦想。

【热点解读】

### 新时代新青年：用青春行动点赞中国梦

五四青年大都在20岁左右，即使他们的老师也不过30岁左右，风华正茂，群星灿烂，正像毛泽东所说，“恰同学少年，风华正茂”，“指点江山，激扬文字，粪土当年万户侯”。青年兴则中国兴，青年强则中国强。现在，“五四”已成为历史，但五四精神还在传承，我们当代大学生，作为新时代的新青年，应该怎样弘扬五四精神铸就中国梦呢？

第一，当代大学生要有理想、有志向，但要把个人梦和中国梦统一起来。我们纪念“五四”、发扬“五四”，就是追中国梦、圆中国梦，实现中华民族的伟大复兴。中国到了“五四”，出现了新气象，迸发出了新活力，这种新气象、新活力来自有理想、有目标、有志向、有抱负。青年就应该这样，要有梦想，要有理想，要想做事，要敢于做事，要朝气蓬勃。有人说，年轻的时候是做梦的年代。青年有理想、有梦想是正常的。“五四”就是一个做梦的时代，五四青年都有“天下兴亡，匹夫有责”的责任感，都有挽救民族危亡为己任的使命感。

五四青年的理想、志向是大理想、大志向，个人的理想是和民族的命运、国家的前途连在一起的。继承五四传统，发扬五四精神，就要在民族的命运中来谈个人的进步。1993年9月16日，邓小平对弟弟邓垦讲：“国家发展了，我当一个富裕国家的公民就行了。”这句话平平淡淡，却是大胸怀、大境界、大理想，把国家和个人、事业和个人的关系说得很透彻。毛泽东的“待到山花烂漫时，她在丛中笑”的诗句，也表达了这种关系和境界。习近平同志讲中国梦和个人梦的关系，讲的也是这种关系和定位。因此，我们说，个人梦和中国梦就像是风筝和风的关系。风越大，风筝才能飞得越高。如果民族复兴的天风浩荡，个人进步的风筝就能飞得高、飞得远。

第二，当代大学生的理想与志向要以主义的信仰为内核。人要有大理想、大抱负、大志向，这个大理想、大抱负、大志向的“大”，表现在三个方面。一是与中国梦连在一起。二是小我变大我，青年要相信自己，但更要依靠人民。民主不仅是个人的自由，更是人民的地位和力量。三是要有主义、要有信仰。

我们现在纪念“五四”，首先是要讲主义，要讲信仰。讲理想，要坚信当代中国马克思主义，坚定不移走中国特色社会主义道路，要把个人梦同中国梦紧密结合起来，在为实现中国梦的奋斗中创造人生的辉煌。

第三，当代大学生要实践，要立足于中国这片土地、这个实际，不断探索、求索、思索，不断开辟中华民族伟大复兴的新境界。追梦、圆梦要实践、实干。理想、梦想不仅在将来，更在脚下、在当下、在现实。马克思、恩格斯在《德意志意识形态》中说过一句名言："我们所称为共产主义的是那种消灭现存状况的现实的运动。"所以，空谈误国，实干兴邦，只有实干才能梦想成真。

要实践就有挑战、有困难，实现个人梦、中国梦，有困难、有压力。有人说，对未来的想象依赖于现实的苦难，二者是泉与涌的关系：苦难有多深，喷涌就多高。当代青年在投身伟大事业、实现美好梦想时，也要经得起挫折和失败，抗住压力，战胜挑战。

习近平同志在阐释中国梦时，深情地寄语广大青年："要志存高远，增长知识才干，锤炼意志品质，让青春在时代进步中焕发出绚丽的光彩。"广大青年一定要继承和弘扬伟大的五四精神，坚持和发展中国特色社会主义，不断开辟中华民族伟大复兴的新境界！

（资料来源：中国共产党新闻网，http://theory.people.com.cn/n2013/0504/c40531-21364776.html，有改动）

思考题：五四精神如何体现在今天的青年大学生身上？为什么说"青年是标志时代最灵敏的晴雨表"？

## 第二节　实践教学

关于爱国主义的实践教学，可资采用的形式和方法多种多样。如课内实践可采用影视观摩（结合相关主题讨论）、爱国主义主题小组展示（结合时代和专业学习，课下小组内部协作准备，课上集体展示）、爱国主义诗词诗歌朗诵比赛、家乡的非物质文化遗产展示、改革开放看家乡的变化等形式和方法，课外实践可以组织参观本地革命纪念馆、烈士陵园、红色革命纪念基地、爱国主义教育场馆，组织名家文化讲坛，组织社会实践教育（如新青年下乡等活动）等，将爱国主义主题教育搬到新鲜生动的社会大讲堂中。

改革创新主题的实践教育，可采用课堂小组讨论（既包括线上互动，如蓝墨云班平台、雨课堂等，也包括线下实时的课堂讨论和课下师生对话等）、即兴（或先行准备）主题演讲（如"新时代我的创业观""我眼中的创新达人""我们未来的专业创新在哪儿"）、经典案例分析（如华为、BAT、大疆、中车等高创新影响力企业，同时包括超级课表、电驴软件、推牙膏专利等创新案例）、经典影视赏析（如《中国合伙人》等电影的鉴赏），对本校创业学院创业先进人物进行专访和交流（特别是涉及本专业的人物和项目）、围绕创新现象产生的主要因素进行"头脑风暴"（文化环境、政策制度、教育理念、社会氛围、开放务实等)、围绕创新内容领域进行小组探讨(如学习模仿——改进超越的日本方式、基础研发——创新引领的欧美方式、引进消化——吸收集成的中国式创新路径,再如基础理论-技术发明-制度文化-工程机制等创新范畴等形式)。最贴切的实践教学形式可能还是大专辩论赛,这里可以结合本章节教学内容重难点,设计“科学创新、理辨未来”的辩论赛,可选择的主题有“新时代高职就业教育和创业教育何者为要”“对于创新,专业基础和创新思维哪个更重要”“求实与创新、创新与执行力哪个更重要”等,当然可以设计“知与行、实与新”“两难”问题的辩论赛,以便更加深刻、全面地锻炼大学生的理性逻辑思维能力。

## 实践教学一:承续爱国情,放飞青春梦

爱国主义教育是常谈常新的育人主题,也是大学生思想政治教育研究的重要内容。专业的爱国主义实践教学,只有贯彻“大思政”理念,主动融入学校育人体系,特别是团学育人系统,才能真正发挥全员、全方位、全过程育人之实效,唱响爱国主义教育的主旋律,进一步夯实爱国主义教育的时效性和实效性。这里特以“一二·九”爱国主义教育实践主题为范例。

**【实践目的】**

为深入学习贯彻党的十九大精神和全国全省高校思想政治工作会议精神,落实习近平总书记对建设教育强国、实现高等教育内涵式发展的深刻阐述,结合“一二·九”学生爱国运动,引导青年学子肩负起社会责任和历史责任,以青春奋进的姿态迎接新时代的到来。经研究,决定开展“一二·九”爱国主义主题教育系列活动。

**【实践方案】**

承续爱国情,放飞青春梦。纪念“一二·九”爱国主义主题教育系列活动,以诗词竞赛、学习活动、志愿实践、文艺展演为主要内容,打造通博精品,是展现高校学子精神风貌的系列实践教学。

**1. 通博·学习,理论铸魂**

颂红色革命,主题班会教育或革命纪念馆参访。追寻红色革命记忆,以“一二·九”爱国主义教育为主题,重温历史,学习爱国人士的先进事迹,共话峥嵘岁月,重燃爱国情怀,以喜闻乐见的形式开展主题班会活动或革命纪念馆参访活动等。

抒爱国情怀,主题征文教育,主题征文(或诗歌朗诵比赛)。组织开展“一二·九”主题征文比赛,围绕爱国、团结、奋进、责任等精神,紧密联系当代大学生思想、学习、工作和生活实际,书写爱国精神,抒发爱国情怀,唤醒责任担当,传递青年力量。

话青年之志，主题实践教育，活动体验。话青年之志，圆青春梦想。主题实践教育，围绕“一二·九”大学生爱国主义运动，结合学院特色，组织开展内容丰富、形式多样的主题教育活动，如红色影片鉴赏、荧光夜跑、国旗下主题讲话、主题读书会等，传递校园青春正能量。

**2. 通博·实践，服务学习**

以践行服务学习为主要内容，进一步总结、巩固近年来学校学生社会实践成果，培养青年学生的社会主义核心价值观，组织开展纪念“一二·九”运动暨××年学生暑期社会实践优秀团队成果汇报会，弘扬志愿服务精神，并进一步打造各院系与专业特色相结合的社会服务品牌。

**3. 通博·文化，滋养精神**

爱我中华，创文艺精品。以爱国主义为题材，以“爱我中华”为主题，举行爱我中华“一二·九”新生文艺会演活动，通过文艺作品传递中华情，致敬革命先辈，鼓励创新创意，精心打造文化校园。

爱我家园，凝爱国真情。以学生会为主导，以学院为单位，思政教师全程参与指导，组织开展征集“寄语‘一二·九’，凝聚爱国情”三行情诗线上征集活动，并进行线上投票，评选优秀作品，营造良好的爱国主义教育氛围，提升青年学生的文学素养和艺术情操。

## 实践教学二：大学生创新力教育和大学生执行力培养，哪个更重要？

**【实践目的】**

改革创新精神的实践教育重点，是培养大学生的思想认知和思维能力，故选择大专辩论赛这种实践方式，通过思想的碰撞和思维的辩论，来强化学生的创新理念和思维意识。

**【实践方案】**

**1. 立论环节**

正方一辩立论，阐述本方观点，时间为3分钟。提示时间。

反方一辩立论，阐述本方观点，时间为3分钟。提示时间。

**2. 驳论环节**

反方二辩针对正方立论观点进行反驳，时间为2分钟。提示时间。

正方二辩针对反方立论观点进行反驳，时间为2分钟。提示时间。

**3. 攻辩环节**

攻辩环节提问方只能问，回答方只能回答，不得反问。

正方三辩提问反方一、二、四辩各一个问题，反方辩手分别应答。每次提问时间不得超过15秒，三个问题累计回答时间为1分30秒。

反方三辩提问正方一、二、四辩各一个问题，正方辩手分别应答。每次提问时间不得超过15秒，三个问题累计回答时间为1分30秒。

攻辩小结：正方一辩进行小结，时间为1分30秒；反方一辩进行小结，时间为1分30秒。

**4. 自由辩论环节**

每方4分钟，首先由正方先开始，双方交叉应答。

**5. 结辩环节**

反方陈词，时间为3分钟。提示时间。

正方陈词，时间为3分钟。提示时间。

## 延伸阅读

### 阅读一：习近平的爱国心：爱国主义是中国梦的基石

若论中华民族根植最深、影响最久的精神品质，必定是爱国情怀。远有司马迁“常思奋不顾身，而殉国家之急”的担当，近有陈毅“祖国如有难，汝应作前锋”的气概。而今，面对实现中华民族伟大复兴的时代重任，习近平总书记对青年发出了明确的指示与号召：“我们的责任，就是要团结带领全党全国各族人民，接过历史的接力棒，继续为实现中华民族伟大复兴而努力奋斗，使中华民族更加坚强有力地自立于世界民族之林，为人类作出新的更大的贡献。”

**在苦难中自强　爱国主义应有民族情怀**

2015年9月，习近平总书记在纪念中国人民抗日战争胜利70周年阅兵仪式上的讲话吸引了全世界的目光，也让世界领略了中华民族保家卫国、奋勇抗争的精神气概。近年来，总书记在不同场合多次提到爱国主义精神对国家、民族的重要意义，勉励青年人不忘历史，共建家园。

2013年3月17日，习近平在第十二届全国人民代表大会第一次会议上指出，“实现中国梦必须弘扬中国精神。这就是以爱国主义为核心的民族精神，以改革创新为核心的时代精神。这种精神是凝心聚力的兴国之魂、强国之魄”，明确指出了高举爱国主义旗帜，对于建设社会主义事业新征程的重要意义。

2013年12月，总书记在纪念毛泽东诞辰120周年讲话中指出，我们党领导的革命、建设、改革等伟大实践，是一个接续奋斗的历史过程，是一项救国、兴国、强国，进而实现中华民族伟大复兴的完整事业。再一次向全社会发出了爱国、强国、促改革、谋发展的时代强音。

2015年，时值中国人民抗日战争暨世界人民反法西斯战争胜利70周年，一系列庆祝和纪念活动在全国各地展开，不忘历史、珍爱和平成为全社会的热点话题，也成为习近平总书记向全社会倡导的爱国理念。

2015年7月7日，习近平在参观主题展览“伟大胜利　历史贡献”时指出：“全党全国各族人民要牢记由鲜血和生命铸就的中国人民抗日战争的伟大历史，牢记中国人民为维护民族独立和自由、捍卫祖国主权和尊严建立的伟大功勋，牢记中国人民为世界反法西斯战争胜利作出的伟大贡献，珍视和平、警示未来。”2015年9月3日，总书记在阅兵仪式上的讲话中再次强调：“经历了战争的人们，更加懂得和平的宝贵。我们纪念中国人民抗日战争暨世界反法西斯战争胜利70周年，就是要铭记历史、缅怀先烈、珍爱和平、开创未来”，并将对民族的热爱投入到对国家的建设中去。“沿着中国特色社会主义道路，按照‘四个全面’战略布局，弘扬伟大的爱国主义精神，弘扬伟大的抗战精神，万众一心，风雨无阻，向着我们既定的目标继续奋勇前进。”

**在继承中发展　爱国主义应有时代情怀**

习近平在第十二届全国人民代表大会第一次会议上指出，“爱国主义始终是把中华民族坚强团结在一起的精神力量，改革创新始终是鞭策我们在改革开放中与时俱进的精神力量”，鼓励全国各族人民将二者结合起来，将其作为自强不息、团结一致的精神动力，统一于中华民族伟大复兴的伟大实践。2013年3月19日，习近平在出席金砖国家领导人第五次会晤前夕接受媒体采访时表示，中国人是讲爱国主义的，同时我们也是具有国际视野和国际胸怀的。随着国力不断增强，中国将在力所能及范围内承担更多国际责任和义务，为人类和平与发展作出更大贡献。

此外，近五年来，总书记更是在各个场合向不同群体表示，我们的爱国精神，不仅要具有国际胸怀，更要具备时代感与使命感，呼吁各界青年立足时代发展，为国家发展、民族进步献策献力。

2013年10月，习近平在欧美同学会成立一百周年庆祝大会上对留学青年说道：“希望广大留学人员继承和发扬留学报国的光荣传统，做爱国主义的坚守者和传播者，秉持‘先天下之忧而忧，后天下之乐而乐’的人生理想，始终把国家富强、民族振兴、人民幸福作为努力志向，自觉使个人成功的果实结在爱国主义这棵常青树上。”

2014年5月4日，习近平在北京大学纪念五四运动座谈会上告诫青年学子，爱国、进步、民主、科学都是五四运动的核心价值。广大青年对五四运动的最好纪念，就是在党的领导下，勇做走在时代前列的奋进者、开拓者、奉献者，以执着的信念、优良的品德、丰富的知识、过硬的本领，担负起历史重任。

2014年10月，习近平在主持召开文艺工作座谈会时对文艺创作者强调，“要把爱国主义作为文艺创作的主旋律，引导人民树立和坚持正确的历史观、民族观、国家观、文化观，增强做中国人的骨气和底气。”

铮铮话语，指明了培育和践行爱国主义精神的道路与方向；声声箴言，道出了党和国家对当代青年勤学苦练、矢志报国的殷切希望。

**青年声音:以隽永之心 树报国之志**

青年是毛泽东口中“整个社会中最积极最有生气的力量”,是李大钊笔下“惟知跃进,惟知雄飞,惟知本其自由之精神,奇僻之思想、锐敏之直觉,活泼之生命”的群体。国家社会的发展、精神力量的传承也必然将落在青年的肩上。自习近平总书记向全社会发出了共同追求和实现中华民族伟大复兴的响亮号召以来,各界青年也立足自身岗位,以实际行动和振奋的言语向伟大祖国展示着自己的决心与风采。

对于人民日报国际部副主编焦翔来说,爱国主义精神是媒体人的担当和自觉,是一次次站在国际舆论舞台上为祖国发声、为人民发声。“随着中国的崛起,我们面临着来自世界怀疑、审视的目光越来越多。作为媒体人,我们肩负着正确引导舆论、汇聚民心的责任;作为党报记者,我们更担负着宣介中国理念、传播中国声音的使命。”多年驻外工作的经历让焦翔对中国综合国力的发展、综合国力的上升深有体会,焦翔说:“回国之后,我比以前更忙了,同行们也经常夜以继日地工作。一位外交官的话说,‘这就是大国崛起的代价’。是啊,当我们有了更多的资源、更强的实力、更远的雄心,我们每一个人也都要为此付出更多,这是我们的责任,更是我们的光荣。”

对东北大学大四学生经典来说,爱国主义精神是青年学生的必修课,是马克思主义经典诵读会上的表达,也是“四进四信”学习活动中的投入。丰富的学生工作经验让爱国主义教育工作在高校中的开展充满信心,经典说:“很多人对包含爱国主义在内的信仰教育不以为然,这往往是因为不了解。我相信,一旦有机会走近它、践行它,一定会被其深深吸引。”

网络时代,网络青年的呼声同样不容小视,他们也在一个个社交平台上、一次次话题讨论中用涤荡着青年热血的话语,响应着习近平勤学明辨、继往开来的号召,彰显着自己不忘历史、立志强国的决心。

网友@福大至诚在#国家公祭日,共抒爱国情#互动话题下留言:“凄厉的警报声将再一次作为整个国家的背景音长鸣于耳畔,举国上下同悼南京大屠杀死难者,用胜利告慰逝者的同时,灾难历史再一次警醒国人,民族伤痛绝不能重演。”

网友@似火年华在#抗战胜利70周年#专题页面下留言:“铭记历史,勿忘国耻。向上向善,青春闪光。青年的我们,一定要将复兴祖国的责任背在身上,为中国的富强不断努力!”

网友@青协志在#一二·九#互动话题下留言:“‘一二·九’运动中,青年们救国于水火之中,如今我们风华正茂,当以爱国为己任!国家的未来在我们的身上,任重而道远,我们要奋发图强,开拓进取,学习科学知识,掌握建设祖国的本领,谱写青春华章!”

正是一颗颗朴实隽永的爱国心,树起了中华民族伟大复兴的中国梦。我们注意到，习近平总书记在不同场合、不同群体多次要求青年人立高洁志向、树远大目标。也同时看到，广大有志青年在社会中、校园里、网络上所发出的呼声与响应。

忧劳可兴国，逸豫可亡身。只有时刻谨记国家所赋之使命、时代所予之期望，投身爱国、强国、兴国、报国的伟大实践，青年人方可鸿鹄展翅、扬帆远航、拥抱未来！

（资料来源：刘妍彤，褚楚，王迎力，周旭红：中国青年网，http://news.youth.cn/wztt/201512/t20151230-7476831.htm，有改动）

### 阅读二：2018 中国最具创新力企业榜单

*只有真正具备创新与变革意识，懂得根据自身特点不断开拓创新的企业家才能在危局中，突出重围。*

创新是企业发展的核心力量，也是企业升级的第一动力。瓦特发明了蒸汽机，爱迪生发明了电灯泡，贝尔发明了电话，莱特兄弟发明了飞机，人类历史上每一次前进的步伐，都离不开创新的驱动。

福布斯中国相信，只有真正具备创新与变革意识，懂得根据自身特点不断开拓创新的企业家才能在危局中，突出重围。因此，在中国经济转型升级的大背景下，福布斯中国希望通过“2018 中国最具创新力企业榜”榜单，发掘出引领行业发展或对行业进步产生重大影响力的企业。

榜单同易观进行合作。易观拥有 18 年的行业经验及大数据积累，覆盖 45 个行业，309 个细分领域。榜单通过对不同领域的发展现状、竞争情况，以及发展趋势进行分析，针对该领域量身定制其特有的评估体系及标准，选取了每个领域中富有创新力并持续成长的企业。

互联网对于全球经济模式的重塑影响深远，“互联网＋”的概念也深入渗透到上榜企业中。在新经济形态下，互联网思维和互联网技术被广泛应用到各实体经济领域，从而改进传统产业的发展模式。在如今的生活中，互联网作为通用技术，早已融入人们生活的方方面面，从承载着物联网发展落地重任的智能家居，到集腋成裘集中爆发的 AI 与云计算，或是线上线下叠加的零售新模式，无一例外，都是通过信息化与实体经济的相互融合与延伸，极大地提高了企业效率，借助物与物、物与人、物与计算机的交互联系，带来更大的红利释放。

基于多年的行业观察和市场分析经验，易观认为，无论是原生型互联网公司，还是传统企业经过“互联网＋”升级成为再生型互联网公司，企业无非是基于两种方式的发展进化，一种是以科技发明为基础的技术性创新，一种是基于商业模式的创新。但无论基于哪种发展基因，在大数据和人工智能日渐成为基础建设的现代数字社会，围绕用户数字资产的运营和管理能力，将成为企业创新力在新时期重要表现。易观提出“数据新能源”,即数据将同电力、石油等基础能源一样,作为新世界的驱动力,未来的企业都将是数字企业,数字用户资产将成为企业的核心资产。基于此,我们在榜单评选中,也十分关注企业的数字化进程和用户资产管理,这是人口红利消失后企业发展角逐的主要赛场,具有创新力的企业也不应该在此缺席。

创新可以是新兴行业的布局与发展,也可以是传统行业的突破与优化。金融科技的应用,提高了金融产品服务模式、服务效率、服务成本。在移动互联网时代,传统金融行业也面临着进一步变革与突破的需求,金融科技正在以迅猛的势头重塑金融产业生态。

京东金融 CEO 陈生强认为,风险定价是金融行业最核心、最底层的能力,京东金融结合京东所拥有的数据以及外部合作伙伴的数据,投入大量成本大力搭建风控引擎,目前已经是第九代模型,涵盖了几十万个变量。而在新兴产业方面,越来越多的中国公司为全球的新兴产业注入了新的活力。以宁德时代为例,在快充方面,公司早在 2016 年就实现了电池充电速度上的关键突破。宁德时代通过充分控制不可逆反应的速度,设定“健康充电区间”范围内进行快充,实现充电倍率与电池循环寿命的平衡,目前已实现 15 分钟充满 80%电量。宁德时代始终致力于发展领先的动力电池技术和产品,并率先布局电池回收与再利用,驱动新能源变革。

制榜说明:排名不分先后。榜单同易观进行合作,以易观千帆为数据源,根据不同领域的发展现状、竞争情况,以及发展趋势进行分析,针对该领域量身定制其特有的评估体系及标准。其中区块链部分,由中国区块链(沙盒)应用研究中心提供建议。

(资料来源:福布斯中文网,http://admin.forbeschina.com/news/news.php?id=66784)

美国科尔尼咨询公司发布 2017 年中国最具影响力的创新公司排行榜,从创新企业的社会影响力、竞争影响力、行业影响力与生态圈影响力这 4 个大维度 11 个指标给候选公司打分,最终分别评出一个跨行业的全明星榜和十几个行业明星榜。

跨行业全明星榜排名第一位至第十位分别为华为投资控股有限公司(电信、通信和通信设备)、阿里巴巴集团(互联网/互联网服务)、珠海格力集团有限公司(电子、电器、电气设备)、腾讯(互联网/互联网服务)、三一重工业集团有限公司(机械及制造业)、海尔集团(电子、电器、电气设备)、中国中车股份有限公司(制造业)、小米科技有限责任公司(电子、电器、电气设备)、贵州茅台酒厂有限责任公司(食品、饮料)、中国平安保险(集团)股份有限公司(保险)。

在人们的潜意识认知中，新型互联网企业更加擅长创新。而在制造业企业中，除了华为近十几年来对技术不断投入和创新外，其他企业的创新则鲜有人提及。但在榜单前8位中，制造业企业占据了5席，分别为华为、格力、三一重工、海尔、中车，其中三家主营业务更是传统的B2B领域。从中可以看出中国制造业企业创新正当时，符合产业调整的大方向。另一方面也看出，制造业企业的创新能为股东与社会带来立竿见影与可量化的回报。

值得一提的是在排行榜中高居第五位的三一重工，它与其所在工程机械行业这几年给大众的"颓式"印象有一定出入。众所周知，随着国内基础设施扩建的退潮，加之同质化竞争，工程机械类企业的日子并不好过。然而三一重工则主动布局尚处于"蓝海"的"工业互联网"，与腾讯云合作成立"树根互联"，致力于挖掘工业设备的数据价值、改善客户业务系统效率、最大限度挖掘设备价值。

由此可见，看上去非常传统的行业，在大数据/人工智能时代仍然有巨大的空间实现核心战略的创新。创新不仅仅快速发生在互联网和消费型的企业中，制造业等传统企业也能通过产品、技术等创新提高其竞争力，更有机会延展其商业模式，完成其从产品提供商到服务提供商的转变。

（资料来源：搜狐财经网站，https://www.sohu.com/a/201571076_466893）

## 课后习题

一、单选题

1. 建设创新型国家，就是要把增强（　　）作为发展科学技术的战略基点。

A. 吸引外资能力　　B. 购买国外先进技术

C. 自主创新能力　　D. 爱国主义

2. 创新的基础在于（　　）。

A. 科技　　B. 人才　　C. 劳动　　D. 知识

3. 随着改革开放和中国特色社会主义事业不断发展，（　　）成为时代精神的核心。

A. 改革创新　　B. 解放思想　　C. 求真务实　　D. 以人为本

4. 党的十八届五中全会提出新的发展理念，其中（　　）是发展的第一动力。

A. 共享发展　　B. 绿色发展　　C. 开放发展　　D. 创新发展

5. 在5000多年历史长河中形成的中华民族精神，其主旋律核心是（　　）

A. 爱国主义　　B. 爱好和平　　C. 勤劳勇敢　　D. 自强不息

6. 鲁迅曾说："惟有民魂是值得宝贵的，惟有他发扬起来，中国才真有进步。"其中"民魂"在今天就是指（　　）。

A. 中国力量　　B. 中国文化　　C. 中国制度　　D. 中国精神

7. 范仲淹的“先天下之忧而忧，后天下之乐而乐”体现了爱国主义传统的(　　)。

A. 热爱祖国，矢志不渝　　B. 天下兴亡，匹夫有责

C. 维护统一，反对分裂　　D. 同仇敌忾，抗御外侮

8. 中华民族在5000多年的历史进程中，不仅创造出光辉灿烂、享誉世界的中华文明，也形成了一个贯穿于中华民族筚路蓝缕的奋斗历程的优秀传统，即(　　)。

A. 实用主义　　B. 崇尚精神　　C. 理想主义　　D. 义利结合

9. 19世纪波兰音乐家肖邦离开祖国时曾带了一瓶祖国的泥土，在巴黎临终时，他知道当时的波兰政府不会允许他的遗体运回祖国，于是就嘱托亲人和朋友：“我希望至少把我的心脏带回祖国去。”肖邦的做法体现了爱国主义中的(　　)。

A. 爱祖国的大好河山　　B. 爱自己的骨肉同胞

C. 爱祖国的灿烂文化　　D. 爱自己的国家

10. 解决台湾问题，实现祖国完全统一，是中华儿女的共同心愿，是中华民族的(　　)所在。

A. 根本目标　　B. 根本利益　　C. 基本目标　　D. 基本利益

二、多选题

1. 弘扬以改革开放为核心的时代精神，要(　　)。

A. 大力推进理论创新、制度创新、科技创新、文化创新以及其他各方面的创新

B. 自觉投身于改革创新的伟大实践

C. 积极进行自我创新性学习

D. 培养自主创新能力

E. 树立创新的价值观念

2. 改革创新精神既是对中华民族革故鼎新优良传统的继承弘扬，也是中国人民在改革开放伟大实践中体现出来的精神品格和精神特征。今天，以改革创新为核心的时代精神主要体现为(　　)。

A. 突破陈规、大胆探索、敢于创造的思想观念

B. 坚韧不拔、自强不息、锐意进取的精神状态

C.“落后就会挨打”的危机感和忧患意识自我警醒

D. 不甘落后、奋勇争先、追求进步的责任感和使命感

E. 爱好和平、团结勇敢、自强不息的价值观和世界观

3. 新时代的大学生置身于实现中华民族伟大事业的时代洪流之中，理应肩负时代使命。大学生在实践中弘扬改革创新精神的要求包括(　　)。

A. 培养和增强将改革创新的思想理念转化为实际行动的能力和本领

B. 以全部的情感、意志和信念去实现自我价值

C. 树立以创新创造为目标的志向
D. 充满推动社会进步、造福苍生的强烈责任感和使命感
E. 从身边的小事做起，在平凡的岗位上实现人生价值
4. 当代大学生争做改革创新生力军，需要做到（　　）。
A. 增强改革创新的责任感和使命感　B. 树立敢于突破陈规的勇气和决心
C. 坚定探索未知领域的信心和毅力　D. 夯实创新的专业知识基础和技术
E. 培养创新性思维和投身社会实践
5. 改革创新的时代价值在于（　　）。
A. 是推动人类社会发展的第一动力　B. 是当今国际竞争新优势的集中体现
C. 是我国赢得未来发展的必然要求　D. 是中华民族最为深沉的内生禀赋
E. 是中华民族辉煌灿烂历史的根本动力
6. 爱国主义是每个人都应当自觉履行的责任和义务，其主要要求是（　　）。
A. 爱祖国的大好河山　B. 爱祖国的灿烂文化
C. 爱祖国的悠久历史　D. 爱祖国的骨肉同胞
E. 爱社会主义新中国
7. 爱国主义的时代价值体现为（　　）。
A. 是维护祖国统一和民族团结的纽带
B. 是实现中华民族伟大复兴的动力
C. 是构建和谐世界的重要力量
D. 是实现人生价值的力量源泉
E. 推进人类命运共同体建设
8. 爱国主义体现了人民群众对自己祖国的深厚感情，反映了个人对祖国的依存关系，是人们对自己故土家园、民族和文化的归属感、认同感、尊严感与荣誉感的统一。在我国，爱国主义（　　）。
A. 只是道德要求，不是法律规范
B. 既继承了优良传统，又具有时代特征
C. 体现了爱国主义与爱社会主义的一致性
D. 体现了爱国主义与拥护祖国统一的一致性
E. 主要是一种个人对祖国的依存而产生的情感，无关理性
9. 爱国主义是调节个人与祖国之间关系的道德要求、政治原则和法律规范。其科学内涵包括（　　）。
A. 爱祖国的大好河山　B. 爱祖国的灿烂文化
C. 爱自己的骨肉同胞　D. 爱祖国的繁荣富强
E. 爱护人类文化遗产
10. 中国精神作为兴国之魂、强国之魂，主要表现为（　　）。

A. 是实现民族复兴的精神引领　　B. 体现中国特色的硬指标
C. 是凝聚中国力量的精神纽带　　D. 提升综合国力的重要保证
E. 体现中国特色的“四个自信”

三、问答题

1. 中国精神的主要内容是什么？如何弘扬中国精神？

2. 爱国主义的基本内涵与时代要求是什么？如何做新时代的忠诚爱国者？

3. 结合自身实际，谈谈大学生该如何走在改革创新的时代前列。

四、论述题

请结合材料，谈谈当代青年大学生如何做一名忠诚的爱国者。

材料一　五四运动源于北大，爱国、进步、民主、科学的五四精神始终激励着北大师生同人民一起开拓、同祖国一起奋进。青春理想，青春活力，青春奋斗，是中国精神和中国力量的生命力所在。今天，在实现中华民族伟大复兴新征程上，北大师生应该继续发扬五四精神，为民族、为国家、为人民作出新的更大的贡献。从五四运动到中国特色社会主义进入新时代，中华民族迎来了从站起来、富起来到强起来的伟大飞跃。这在中华民族发展史上、在人类社会发展史上都是划时代的。

材料二　要爱国，忠于祖国，忠于人民。爱国，是人世间最深层、最持久的情感，是一个人立德之源、立功之本。孙中山先生说，做人最大的事情，“就是要知道怎么样爱国”。我们常讲，做人要有气节、要有人格。气节也好，人格也好，爱国是第一位的。我们是中华儿女，要了解中华民族历史，秉承中华文化基因，有民族自豪感和文化自信心。要时时想到国家，处处想到人民，做到“利于国者爱之，害于国者恶之”。爱国，不能停留在口号上，而是要把自己的理想同祖国的前途、把自己的人生同民族的命运紧密联系在一起，扎根人民，奉献国家。

（节选自习近平在北京大学师生座谈会上的讲话（2018 年 5 月 2 日））

参考答案

# 第四章

# 践行社会主义核心价值观

## 教学目标

（1）知识目标：掌握社会主义核心价值观的基本内容，了解社会主义价值观与社会主义核心价值体系的关系，认识培育和践行社会主义核心价值观的重大意义，领会坚定价值观自信的原因，学会做社会主义核心价值观的积极践行者。

（2）能力目标：明确正确的价值取向，加强核心价值观认同，树立核心价值观自信，自觉培育和践行社会主义核心价值观。

（3）素质目标：切实做到勤学、修德、明辨、笃实，成为社会主义核心价值观的坚定信仰者、积极传播者、模范践行者。

## 教学重点

（1）构建全民主体价值体系的重大历史意义与具体作用。

（2）培育和践行社会主义核心价值观的重大意义。

（3）社会主义核心价值观的丰富内涵及其历史底蕴、现实基础和道义力量。

## 教学难点

（1）坚定价值观自信的原因。

（2）如何做社会主义核心价值观的积极践行者？

## 教学逻辑

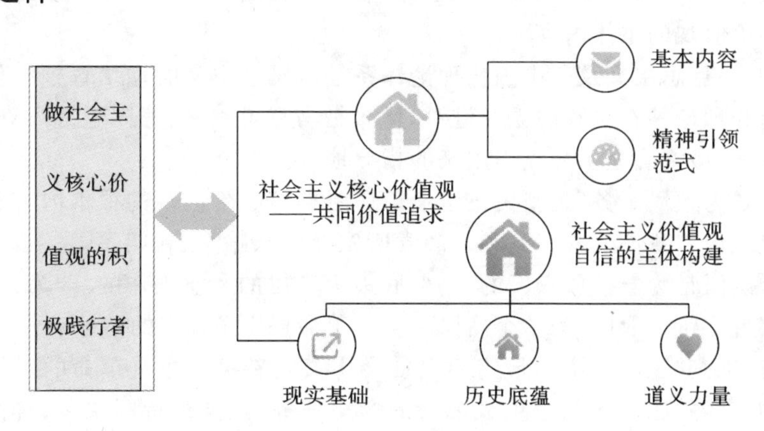

## 第一节　理论教学探讨

本章主要包括三部分内容:第一部分内容“全体人民共同的价值追求”主要阐述社会主义核心价值观的基本内容以及社会主义核心价值观的重大意义。这部分教学重点应突出 24 字社会主义核心价值观的内涵,帮助学生分三个层面掌握社会主义核心价值观的核心要义。同时,让学生明确培育和践行社会主义核心价值观是当代中国发展进步的精神指引,意义重大。第二部分内容“坚定价值观自信”主要讲述坚定核心价值观自信的重要依据,即社会主义核心价值观丰厚的历史底蕴、坚实的现实基础和强大的道义力量。第三部分内容“做社会主义核心价值观践行者”主要阐明青年大学生应该如何培育和践行社会主义核心价值观。建议教师在讲授中重点强调培育和践行社会主义核心价值观对实现中华民族伟大复兴、引导大学生顺利成才的重大意义,加深学生对社会主义核心价值观的认识和理解,并增强学生践行的自觉性和主动性。

### 一、理论要点

#### (一) 社会主义核心价值观的发展历程

社会主义核心价值观的发展历程如下。

1) 新民主主义革命时期核心价值观的发展

“社会主义”作为我国新民主主义革命的目标,其价值观念和理想追求,必然贯穿新民主主义始终。在一定意义上,必然成为我国新民主主义革命时期培育和践行核心价值观的主体内容。

第一,马克思主义及其中国化理论体系是新民主主义时期培育核心价值观的指导思想和理论基石。我们党经过对“什么是马克思主义、怎样坚持马克思主义”的艰辛探索,最终确立了马克思主义的指导地位。

第二,“为人民服务”是新民主主义革命时期核心价值观的根本内容和精神动力。毛泽东说:“我们的共产党和共产党所领导的八路军、新四军,是革命的队伍。我们这个队伍是为着解放人民的,是彻底地为人民的利益工作的。”“为人民服务”的根本宗旨和价值取向,为整个新民主主义革命提供了强大的精神动力。

第三,推翻“三座大山”,最终建立社会主义是新民主主义革命的目标和核心价值观的实践主题。新民主主义革命的历史任务,是推翻帝国主义、官僚资本主义和封建主义“三座大山”。正是基于这种清醒认识,中国共产党领导中国人民进行新民主主义革命,明确中国革命的目的是最终走向社会主义,建立人民共和国。

第四，集中体现为“建立一个独立、自由、民主、统一和富强的新中国”的新民主主义纲领。毛泽东提出了“建立一个独立、自由、民主、统一和富强的新中国”的新民主主义纲领。“独立、自由、民主、统一和富强”深刻、集中、高度地体现了近代以来中华民族面临的两大历史任务，针对性强，价值指向明确。

第五，广泛深入开展社会主义、共产主义思想道德教育。抗日战争时期，毛泽东写下了《纪念白求恩》《为人民服务》等光辉著作，号召共产党员加强共产主义道德修养。在党的七届二中全会上，我们党提出了要继续保持谦虚谨慎、不骄不躁的优良传统和艰苦奋斗的优良作风。

2）社会主义革命和建设时期社会主义核心价值观的发展

中华人民共和国的建立，标志着我们党胜利地完成了国家独立、民族解放第一大历史任务。之后，我们党开始了从新民主主义革命向社会主义建设的伟大历史转变。社会主义基本政治制度、基本经济制度的确立和以马克思主义为指导思想的社会主义意识形态的确立，为社会主义核心价值体系建设奠定了政治前提、物质基础和文化条件。

第一，马克思主义、毛泽东思想得到广泛深入传播。新民主主义革命的胜利，证明了马克思主义、毛泽东思想是指引中华民族走向国家独立和民族解放的科学理论武器。

第二，提出了实现“四个现代化”的宏伟设想。面对旧中国的贫穷落后和一穷二白，我们党把走向繁荣富强作为国家建设的最主要的现实目标，在社会主义工业化基础上，我们党于1964年12月提出了建设“四个现代化”的社会主义强国的宏伟战略目标。

第三，广泛开展以爱国主义、社会主义、集体主义和为人民服务为主要内容的社会主义思想道德建设。在社会主义革命和建设时期，我们党开展了广泛的社会主义思想道德建设，在全社会道德领域除旧布新，宣传和发展新的思想道德观念，涌现出了雷锋、王进喜、焦裕禄等一批社会主义道德的先进典型，在全国形成了爱祖国、爱人民、爱劳动、爱科学、爱社会主义和大公无私、服从大局、艰苦奋斗、廉洁奉公等优良社会风气。

第四，培育伟大的民族精神和时代精神。从中华人民共和国建立至改革开放前，我们党带领全国人民展开了全面建设社会主义的伟大实践，建立了比较完整的工业体系和国民经济体系，“两弹一星”事业取得了举世瞩目的成就。伟大的时代培育了伟大的民族精神和时代精神，培育了独立自主、自力更生、不怕困难、勇于攀登的精神品质，培育了抗美援朝精神、雷锋精神、“两弹一星”精神、红旗渠精神等民族精神和时代精神的典范。

3）改革开放新时期社会主义核心价值观的发展

改革开放以来，我国社会主义意识形态建设不断进行新的探索，提出了从建设社会主义核心价值体系到以“三个倡导”为内容，积极培育和践行社会主义核心价值观的重要论断和战略任务。

1978 年 12 月，党的十一届三中全会作出了把工作重点转移到社会主义现代化建设上来的伟大决策，这是当代中国历史性大反思和时代性大变革的历史起点。党的十一届六中全会明确提出要“为把我们的国家逐步建设成为现代化的、高度民主的、高度文明的社会主义强国而努力奋斗”。

1996 年 10 月，党的十四届六中全会分析了社会主义精神文明建设面临的形势，总结了经验和教训，明确提出要在此后十五年“在全民族牢固树立建设有中国特色社会主义的共同理想，牢固树立坚持党的基本路线不动摇的坚定信念”，显著提高公民思想道德修养、科学教育水平、民主法制观念。至此，精神文明建设被提到了更加突出的地位，为之后共同价值观的培育和引导打下了坚实的基础。

2006 年 3 月，在第十届中国人民政治协商会议第四次会议上提出“八荣八耻”社会主义荣辱观，继承和发展了我们党关于社会主义思想道德建设褒荣贬耻、我国古代的“知耻”文化传统，同时又赋予了新的时代内涵，深化了我们党对社会主义道德建设规律的认识。

2006 年 10 月，党的十六届六中全会第一次明确提出了“建设社会主义核心价值体系”的重大命题和战略任务，明确提出了社会主义核心价值体系的内容，并指出社会主义核心价值观是社会主义核心价值体系的内核。学界对社会主义核心价值观的概括开始进行深入探讨。

2007 年 10 月，党的十七大进一步指出了“社会主义核心价值体系是社会主义意识形态的本质体现”。

2011 年 10 月，党的十七届六中全会强调，社会主义核心价值体系是“兴国之魂”，建设社会主义核心价值体系是推动文化大发展大繁荣的根本任务。必须坚持用社会主义核心价值体系引领社会思潮，在全党全社会形成统一指导思想、共同理想信念、强大精神力量、基本道德规范。社会主义核心价值观的具体内容呼之欲出。

2012 年 11 月，党的十八大报告明确提出“三个倡导”，即“倡导富强、民主、文明、和谐，倡导自由、平等、公正、法治，倡导爱国、敬业、诚信、友善，积极培育社会主义核心价值观”，这是对社会主义核心价值观的新概括。

2013 年 12 月，中共中央办公厅印发《关于培育和践行社会主义核心价值观的意见》，明确提出以“三个倡导”为基本内容的社会主义核心价值观，与中国特色社会主义发展要求相契合，与中华优秀传统文化和人类文明优秀成果相承接，是我们党凝聚全党全社会价值共识作出的重要论断。

### （二）社会主义核心价值观的基本内容

**1. 国家层面：富强、民主、文明、和谐**

价值观是人们心中的深层信念系统，核心价值观能否与时俱进，直接影响一个国家的凝聚力和影响力。十八大报告指出，到2020年，实现国内生产总值和城乡居民人均收入比2010年翻一番……当全面建成小康社会的目标为世界所瞩目，中国人的家国情怀汇聚、升腾，富强、民主、文明、和谐，成为全国人民共同的价值追求。

**2. 社会层面：自由、平等、公正、法治**

改革开放给"板结化"的社会以松动的空间，激发出社会的巨大活力，也正是以此为始，一个又一个传奇在中国大地不断生长。近10多年来，社会建设从提出到完善，成为"五位一体"格局的重要一环。与此同时，社会转型期的各类矛盾与问题也纷至沓来。在思想、文化、利益多元多样多变的时代，社会对"共识"的需要显得尤为迫切。

**3. 公民层面：爱国、敬业、诚信、友善**

价值观最基本的主体还是个人。社会主义核心价值体系践行的主体，既包括政党和国家，也包括广大人民群众，但最主要的主体是个人，是最广大的人民群众。"三个倡导"涉及国家、社会、个人三个层次，个人是基础，社会要共同努力，才能实现国家的富强、民主、文明、和谐。

### （三）培育和践行社会主义核心价值观的重大意义

**1. 坚持和发展中国特色社会主义的价值遵循**

习近平总书记指出，核心价值观是一个民族赖以维系的精神纽带，是一个国家共同的道德基础。在全社会大力弘扬社会主义核心价值观，坚守我们的价值观立场，坚定中国特色社会主义的道路自信、理论自信、制度自信、文化自信，为社会的有序运行、良性发展提供明确的价值准则，保证中国特色社会主义事业始终沿着正确方向前进，是中国特色社会主义的铸魂工程。

**2. 提高文化软实力的迫切要求**

中国独特的文化传统、独特的历史命运、独特的基本国情，注定我们必然坚守根植于中华文化沃土又具有当代中国特色的价值观。培育和践行社会主义核心价值观，用最简洁的语言介绍和说明中国，有利于扩大中华文化的影响力，展示社会主义中国的良好形象；有利于增强社会主义意识形态的竞争力，掌握话语权，赢得主动权；有利于维护国家文化利益和意识形态安全，不断提高我国的文化软实力。

### 3. 增进社会团结和谐的最大公约数

培育和践行社会主义核心价值观，能够在具体利益矛盾、各种思想差异上最广泛地形成价值共识，有效引领整合纷繁复杂的社会思想意识，有效避免利益格局调整可能带来的思想对立和混乱，形成团结奋斗的强大精神力量。

## （四）坚定价值观自信

### 1. 价值观自信的内涵

自信至少包含以下几个层次。一是指信心，强调个体在从事某种活动时的信心，是对从事某种活动的一种确定性或肯定的价值预期。“吾心信其成，则无坚不摧；吾心信其不成，则反掌折枝之易亦不能。”（《论语·仁语》）。二是指对自己能力的一种肯定或确信，是以能力为标志的个体关于自身的积极肯定的基本观念。三是指一种信念或信仰，主要是人们在实践过程中形成对未来美好价值预期实现的一种信念。

价值观自信是指价值主体对自身价值追求的坚定信心和信仰。具体来说，价值观自信包含两个维度，一是指民族国家对自身价值追求的准确把握和执着坚守，二是指人们对社会主导价值的高度认同和自觉实践，两者本质相通，具有内在的一致性。

价值观自信至少包含以下几个方面：一是我们对自身价值观有基本的确信，即相信自己；二是在中国道路实践过程中形成的价值观自信，是基于实践基础形成的价值信心；三是在实现中华民族伟大复兴进程中的价值信仰，即对未来活动的价值预期的实践自信，形成某种信仰；四是脚踏实地，在实践中坚持我们自己做的事情，形成攻坚克难、持之以恒的实践信念，即对从事某种实践活动的信心等。

（资料来源：邱仁富：《价值观自信的基本问题辨析》，思想理论教育，2016 年第 11 期，有改动）

### 2. 坚定核心价值观自信的原因

历史底蕴：中华民族在几千年的历史发展中积淀了博大精深的文化传统，形成了富有特色的思想体系，体现了中国人的知识智慧和理性思辨。这是我们国家和民族的精神血脉和独特优势，是社会主义先进文化的本源，也是培植中国特色社会主义的沃土，它同社会主义核心价值观一脉相承，是社会主义核心价值观的固有之本，具有涵养社会主义核心价值观的特殊功能和重要作用。

现实基础：从根本上说，一种价值观能否被价值主体坚信，取决于价值观自身的品格和特性。社会主义核心价值观自信，源于社会主义核心价值观正确反映了中国特色社会主义建设成功实践的优秀品格。坚持社会主义核心价值观必须反映中国特色社会主义伟大实践创造，必须依据改革开放以来广大人民群众的切身实践体验这一基本原则，吸纳社会各方的意见和建议，融汇哲学社会科学诸多学科的理论智慧。

道义力量:社会主义核心价值观反映着我国社会主义基本制度的本质要求,渗透于经济、政治、文化、社会、生态建设的各个方面,是我国社会主义制度的内在精神之魂。社会主义核心价值观代表最广大人民的根本利益,反映了最广大人民的价值诉求,引导着最广大人民为实现美好社会理想而奋斗。人民当家作主的社会主义制度,为社会主义核心价值观的真正实现奠定了根本的制度前提和制度保障,使得自由、民主、公正等价值观"不是装饰品,不是用来做摆设的,而是用来解决人民要解决的问题的",成为真切、具体、广泛的现实。

### (五)做社会主义核心价值观的积极践行者

青年的价值取向决定了未来整个社会的价值取向,而青年又处在价值观形成和确立的时期,抓好这一时期的价值观养成十分重要。人生的扣子从一开始就要扣好。作为大学生,要勤于学习、敏于求知,注重把所学知识内化于心,形成自己的见解,既要专攻博览,又要关心国家、关心人民、关心世界,学会担当社会责任;要立志高远,要立足平实,要立志报效祖国、服务人民,同时,还得从做好小事、管好小节开始起步;要学会思考、善于分析、正确抉择,做到稳重自持、从容自信、坚定自励;要把环境艰苦作为磨炼自己的机遇,把小事当作大事干,一步一个脚印往前走。

## 二、理论热点

### (一)深刻理解社会主义核心价值观的内涵和意义

党的十八大报告强调指出:"倡导富强、民主、文明、和谐,倡导自由、平等、公正、法治,倡导爱国、敬业、诚信、友善,积极培育和践行社会主义核心价值观。"这一论述明确了社会主义核心价值观的基本理念和具体内容,指出了社会主义核心价值体系建设的现实着力点,是对社会主义核心价值体系建设的新部署、新要求。正确理解社会主义核心价值观的内涵,深刻把握积极培育和践行社会主义核心价值观的重要性,对于推进社会主义核心价值体系建设,用社会主义核心价值体系引领社会思潮、凝聚社会共识,具有重要的理论意义和实践意义。

【热点解读】

**社会主义核心价值观的丰富内涵**

核心价值观是社会核心价值体系基本理念的统一体,直接反映核心价值体系的本质规定性,贯穿于社会核心价值体系基本内容的各个方面。社会主义核心价值观是社会主义核心价值体系最深层的精神内核,是现阶段全国人民对社会主义核心价值观具体内容的最大公约数的表述,具有强大的感召力、凝聚力和引导力。

党的十八大报告关于社会主义核心价值观的表述，对社会主义核心价值体系基本内容进行了凝练，是重要理论创新成果。

“富强、民主、文明、和谐”，是我国社会主义现代化国家的建设目标，也是从价值目标层面对社会主义核心价值观基本理念的凝练，在社会主义核心价值观中居于最高层次，对其他层次的价值理念具有统领作用。富强即国富民强，是社会主义现代化国家经济建设的应然状态，是中华民族梦寐以求的美好夙愿，也是国家繁荣昌盛、人民幸福安康的物质基础。民主是人类社会的美好诉求。我们追求的民主是人民民主，其实质和核心是人民当家作主。它是社会主义的生命，也是创造人民美好幸福生活的政治保障。文明是社会进步的重要标志，也是社会主义现代化国家的重要特征。它是社会主义现代化国家文化建设的应有状态，是对面向现代化、面向世界、面向未来的，民族的科学的大众的社会主义文化的概括，是实现中华民族伟大复兴的重要支撑。和谐是中国传统文化的基本理念，集中体现了学有所教、劳有所得、病有所医、老有所养、住有所居的生动局面。它是社会主义现代化国家在社会建设领域的价值诉求，是经济社会和谐稳定、持续健康发展的重要保证。

“自由、平等、公正、法治”，是对美好社会的生动表述，也是从社会层面对社会主义核心价值观基本理念的凝练。它反映了中国特色社会主义的基本属性，是我们党矢志不渝、长期实践的核心价值理念。自由是指人的意志自由、存在和发展的自由，是人类社会的美好向往，也是马克思主义追求的社会价值目标。平等指的是公民在法律面前的一律平等，其价值取向是不断实现实质平等。它要求尊重和保障人权，人人依法享有平等参与、平等发展的权利。公正即社会公平和正义，它以人的解放、人的自由平等权利的获得为前提，是国家、社会应然的根本价值理念。法治是治国理政的基本方式，依法治国是社会主义民主政治的基本要求。它通过法制建设来维护和保障公民的根本利益，是实现自由平等、公平正义的制度保证。

“爱国、敬业、诚信、友善”，是公民基本道德规范，是从个人行为层面对社会主义核心价值观基本理念的凝练。它覆盖社会道德生活的各个领域，是公民必须恪守的基本道德准则，也是评价公民道德行为选择的基本价值标准。爱国是基于个人对自己祖国依赖关系的深厚情感，也是调节个人与祖国关系的行为准则。它同社会主义紧密结合在一起，要求人们以振兴中华为己任，促进民族团结、维护祖国统一、自觉报效祖国。敬业是对公民职业行为准则的价值评价，要求公民忠于职守，克己奉公，服务人民，服务社会，充分体现了社会主义职业精神。诚信即诚实守信，是人类社会千百年传承下来的道德传统，也是社会主义道德建设的重点内容，它强调诚实劳动、信守承诺、诚恳待人。友善强调公民之间应互相尊重、互相关心、互相帮助，和睦友好，努力形成社会主义的新型人际关系。

（资料来源：吴潜涛：人民日报，2013 年 5 月 22 日第 07 版）

思考题：在社会主义核心价值观中，国家和社会层面的价值观基本理念与公民个人有关吗？为什么？

### （二）社会主义核心价值观具有深厚的历史内涵

习近平总书记说："牢固的核心价值观，都有其固有的根本。"这句话揭示了社会主义核心价值观深刻的历史内涵，给我们一个重要的启示：培育和践行社会主义核心价值观，不能忽略其历史向度。

从价值观的形成来看，它是人类在长期的实践教学中，在处理人与人、人与自然、人与社会的关系中所形成的并经过长时间的积淀所确认的恰当的行为规则和伦理范式，并进一步内化成族群的心理习惯、精神结构和普遍性追求，外化成特定的行为模式、礼仪程序、制度规范以及风俗习惯。没有历史积淀，就无法形成心理结构和信仰体系，无法形成独具一格的风俗习惯和制度模式。正是这种向历史深处的探及能力，决定了核心价值观充满了历史的厚度。核心价值观的形成和发展过程折射了民族精神演进的壮阔历史。或者说，核心价值观本身就是历史，它是民族精神演进的缩影。习近平总书记指出："在漫长的历史进程中，中国人民依靠自己的勤劳、勇敢、智慧，开创了各民族和睦共处的美好家园，培育了历久弥新的优秀文化。"这一重要论述，对于我们立足历史来推进社会主义核心价值观的培育践行，具有重要的指导意义。

从价值观对社会的作用来看，作为文化认同的基本坐标，核心价值观的最明显的作用就体现在促进民族的团结和凝聚上，它具有把整个民族凝聚和团结在一起的力量。核心价值观之所以能成为"最大公约数"，是因为它深深地融合了民族的文化传统。正因为融合了深厚的历史传统，核心价值观才具有一种无形的软力量，把分散的个体凝聚在一起，整合利益诉求不同的各阶层和群体。我们要自觉践行社会主义核心价值观，就必须深刻体认历史内涵对于培育和践行社会主义核心价值观的重要价值。

**【热点解读】**

**传统经典对社会主义核心价值观的间接诠释**

要充分认识社会主义核心价值观的历史向度，不能不注意传统经典与社会主义核心价值观的关系。

传统经典通过诠释主体的操作可以对当时的价值观进行另一种途径的诠释。历史上，汉代儒家的"大一统"观念借由先秦儒家经典实施了诠释，文艺复兴时期的人本思想和启蒙运动时期的人权、平等观念借由古希腊的人文思想和哲学家的著作实施了诠释。

我们说，诠释者在对社会主义核心价值观进行理解、解释与应用的操作时，需要具备一定的"前识"，具备一定的理解视域。传统经典中所包含的观察、处理问题的视角方法，可作为重要的视域。当代诠释者通过对传统经典的阅读、理解与解释，观照社会主义核心价值观，使社会主义核心价值观有了民族化的阐释和发展路径。这样，传统经典已不仅仅是一堆静止的文本，而是一种力量，类似于诠释主体所具有的重构和塑造现有话语体系的重要能力。由于这种能力的实现，需要借助于诠释者的牵引和连接，也加入了诠释者的理解视角与解释方法，故它不是一种直接的诠释，而是一种间接的诠释。

以社会主义核心价值观的“文明”范畴为例。在现代语汇中，它是一个外延很广、相对多义的一个词语。当代诠释者在阐释“文明”概念时，若在现有的语境和视域里打转，较难给出明晰的实践指示。如果诠释者进入传统语境，熟悉经典文本中关于“文明”的话语，那么，他们会了解古代话语中的“文明”多指礼仪、教养，即通过礼仪的教化活动而使人变得更美好。很显然，讲礼义、行礼仪是践行“文明”的必要步骤，可以成为理解社会主义核心价值观的视域之一，使“文明”规范的落实和应用变得更加明晰。这就是古代经典对社会主义核心价值观的一种间接诠释。

（资料来源：林国标：光明日报，2017年9月11日第11版）

思考题：你还能列举一些中华优秀传统文化与社会主义核心价值观高度契合的例子吗？

### （三）社会主义核心价值观就在你我身边

信仰不只是一种观念，更是一种行为，只有被实践才有意义。作为当代中国的主流信仰体系，富强、民主、文明、和谐，自由、平等、公正、法治，爱国、敬业、诚信、友善，由这二十四个字浓缩的社会主义核心价值观，不仅要镌刻在大理石上、铭记在每个人的心里，更要体现为全社会的共同行动。在我们的大学校园里，其实早就有一批批青春活力的身影将社会主义核心价值观内化于心、外化于行，他们就在你我身边。

**【热点解读】**

**“新青年下乡”培育和践行社会主义核心价值观**

自2017年3月“新青年下乡”活动开展以来，武汉城市职业学院11个学院26个班级与江夏区26个村结对，全年参与“新青年下乡”活动6800余人次，进村入户开展活动800余场次，服务时长达5万小时，被中国青年报、长江日报、湖北电视台等市级以上媒体报道30余次，各学院各服务队引导大学生开展理论育农、科技支农、文化乐农、爱心助农、生态兴农“五大行动”，积极培育和践行社会主义核心价值观。

**1. 新青年下乡宣传核心价值观**

各“新青年下乡”队伍深入农村，宣传社会主义核心价值观，及时、准确、深入地把党的声音传递到基层，努力促进农村群众统一思想、形成共识。学校组建“大学生宣讲队”赴农村文化礼堂、党群服务中心宣讲道德模范故事；开设“国学小课堂”，在结对村推广国学教育和中华优秀传统文化传承教育；有些实践队用社会主义核心价值观24个字彩绘“红色文化墙”进行核心价值观教育宣传。

**2. 开展节日活动，渗透核心价值观**

农村注重传统节日的仪式，传统仪式具有增强村民凝集力、加强文化认同的作用，在优秀的传统节日中蕴含的爱国爱乡、扶贫济困、诚信友善的精神内涵与社会主义核心价值观互相融合，而且农村传统节日的重复性、自觉性、集体性，更有利于核心价值观的传播。“新青年下乡”利用这一特点，开展“我们的节日”活动，用书法、手工制作等形式渗透社会主义核心价值观。

**3. 开展志愿服务，弘扬核心价值观**

志愿服务是“新青年下乡”活动中开展最普遍的活动项目，同时也是大学生自觉践行社会主义核心价值观的主要途径。各学院根据自己的专业特色，开展志愿服务，弘扬社会主义核心价值观。如学前教育学院送“儿童剧下乡”；文化创意与艺术设计学院开设“美术兴趣班”，将百亩荒山变成“民俗文化园”；财经学院开辟“垄上菜园地”，带领青年学子体验农活、共事桑麻；外语学院在全市下乡活动中首开“青年责任田”，组建“乡村腰鼓队”，推进“厕所革命”；建筑工程学院在结对村进行土地测量，开设“爱心书屋”“暑期托管班”，制作“村户二维码”，开展植绿护绿活动；机电工程学院实施“无人机植保”，航拍结对村招商引资宣传片，整合医疗资源送义诊送体检送健康下乡；职业网球学院在结对村开设“体育兴趣班”，开展网球体验活动。

**4. 开展红色体验，培养爱国情怀**

“新青年下乡”活动充分利用江夏区的红色教育资源，先后组织多批师生前往江夏区天子山、舒安街祝庙村——项英故里等爱国主义教育基地开展支部主题党日、团日活动，瞻仰先烈、参观学习，培养大学生的爱国情怀。

思考题：以社会主义核心价值观中的任意一项价值观为例，谈谈你会采取哪些实际行动来践行该项价值观。

## 第二节　实践教学

### 实践教学一：主题课堂讨论

**【实践目的】**

让学生主动思考价值体系存在的原因和必要性，在此基础上，通过进一步的讨论列举出适合全体同学共同追寻的价值观，进而引发共鸣，使学生理解社会主义核心价值观的历史性、现实性和人民性。

**【实践方案】**

(1) 课前班级各小组针对讨论主题准备 2～3 分钟发言提纲。

(2) 课上各小组逐一陈述观点，并将小组推崇的 1～2 个价值观写在黑板上。

(3) 将黑板上学生提炼的价值观与社会主义核心价值观进行比对，教师点评总结。

## 实践教学二：问卷调查

**【实践目的】**

让学生通过挑选调研题目、设计调查问卷、分析问卷数据、撰写调查报告等一系列环节，加深对社会主义核心价值观的思考与理解，坚定核心价值观自信，探索进一步提升青年学生对于核心价值观自信的有效方法和路径。此外，锻炼学生开展调查研究的能力。

**【实践方案】**

(1) 选题。班级各小组根据活动主题选定调研题目。建议各小组从 12 个核心价值观中挑选一个开展调研，尽量避免重复。教师要讲授问卷调查的基本知识和技巧。

(2) 各小组课后设计问卷，一周后上交问卷，教师提出修改意见。

(3) 问卷定稿后由各组自行做好发放和回收工作，并开始撰写调查报告。

(4) 2～3 周后，各组在课上通过 PPT 等形式逐一汇报调查情况及结论，教师分别予以评价和指导。

**【评分标准】**

(1) 问卷设计：30 分。

(2) 调研报告：40 分。

(3) 现场汇报：15 分。

(4) 各组员参与度与配合度：15 分。

## 实践教学三："社会主义核心价值观在身边"主题演讲

**【实践目的】**

学生通过挖掘和讲述身边或自身培育和践行社会主义核心价值观的典型事迹，深刻认识到社会主义核心价值观绝不仅是一句口号，它需要每一位中华人民共和国公民，尤其是青年学生切实做到勤学、修德、明辨、笃实，从而成为社会主义核心价值观的坚定信仰者、积极传播者、模范践行者。

【实践方案】

(1) 演讲内容健康向上,能够紧紧围绕主题。

(2) 具体演讲题目自拟。

(3) 每人演讲时间为3～5分钟,且使用普通话。

(4) 参赛选手按顺序上台,演讲原则上要求脱稿。

【评分标准】

比赛采用10分制,评委现场打分,去掉一个最高分和最低分,保留到小数点后两位取平均分。

(1) 演讲内容(4.5分):紧扣主题、充实生动(2分);语言流畅自然,有感召力(2分);演讲时间不少于3分钟、不超过5分钟(0.5分)。

(2) 演讲能力(4分):普通话流利,发音标准,语调准确,表达流畅(2分);脱稿演讲(1分);节奏优美,富有感情,肢体语言使用恰当(1分)。

(3) 综合印象(1.5分):上下场致意、答谢(0.5分);服装得体,自然大方,气质佳(0.5分);观众反映好(0.5分)。

## 延伸阅读

### 阅读一:欧美发达国家主流价值观的教育方式

一项由阿波斯特托莱德研究中心进行的调查显示,在欧美18个发达国家中,美国人对国家的认同感和自豪感最强,也最愿意为保卫他们的国家而战。这种结果与美国系统完善、注重效果、潜移默化、无孔不入的爱国主义教育密切相关。考察美国爱国主义教育的一些成功做法,对于我们进一步创新新时期爱国主义教育不无裨益。

**历史教育——让过去启示未来**

美国是一个历史不长的国家,从建国至今也不过两百多年。但是在这短短的两百多年的发展过程中,取得了举世瞩目的经济飞跃和科技成就,这是美国人自豪的资本。所以,美国人格外珍视自己的历史,用它来培养对自己国家的一种深厚感情。在美国,无论是小学、中学,还是大学,都必须学习历史。历史教育向美国人传授了这种思想:我是美国人,我自豪! 事实证明,美国人普遍都有一种优越感和自豪感。

美国也非常重视发挥各类博物馆在爱国主义教育当中的作用。各种大大小小的博物馆星罗棋布,遍及美国。其中有国立、州办的,也有私人捐赠的。不少博物馆里陈列着当年开拓者的用具,展示艰辛的创业史。美国还将许多发生过重大历史事件的古迹提供给游人参观;把许多名人故居如华盛顿的庄园、杰弗逊的住宅等改为博物馆,供人们参观,以传递美国文化传统,进行爱国主义教育。

**公民教育——用权利强化责任**

培养好公民是美国学校爱国主义教育的重要内容。根据美国《公民与政治课程标准》，该课程的目标是："培养认同美国宪法民主制度基本价值观和基本原理的合格公民，并使他们有见识、负责任地参与到政治生活中"；"公民有效、负责的参与，必须要具有一系列知识、智力技能和参与技能，同时个体某些个性特质的发展也能够保证有效和负责的参与，这些个性特质会增强个体参与政治，并为政治体系的健康运行和社会的发展做出贡献。"为了达到以上目标，《公民与政治课程标准》进一步规定："开设'公民与政治'课程的正式教育机构，应该为学生提供关于公民生活、政治学和政治体制的基本知识；还应该帮助学生理解自己国家和其他国家的政治体制，以及美国政治活动、政体与世界事务之间的关系。"通过公民教育传授了公民知识，培养了公民技能，形成了公民意识。

**仪式教育——以仪礼感化人心**

美国人善于利用各种仪式开展爱国主义教育，培养爱国情感。在美国的中小学校里，国旗、国歌、总统画像这些美国国家的象征物，到处可见可闻，几乎每一个班级都悬挂有美国国旗和美国总统的画像，热爱国旗是学生爱国主义教育的一个重要组成部分。美国的中小学每天都有一种宣誓仪式，宣誓的内容，或是全国通用，或是自己所在的州的誓言。这些誓言代表全美或某个地方的政治理想和追求。比如，内华达州的誓言是"一切为了国家"。而适用于全国各中小学的宣誓誓言，构思上更是匠心独具："我宣誓忠诚于美利坚合众国国旗，忠实于她所代表的合众国——苍天之下，一个不可分割的国家。在这里，人人享有自由和正义！我决心认真学习、学会关心、懂得分享、珍惜时光，过好每一天。"

美国是一个节日很多的国家，利用各种节日庆典进行爱国主义教育是美国一贯的做法。美国最主要的爱国节日有美国独立纪念日、阵亡将士纪念日、退伍军人节、国旗制定纪念日等。在国家庆典里，人人都背诵"我爱这个国家，保卫这个国家"的誓词；在国旗纪念日里，人人都背诵忠于国旗的誓言："我宣誓忠诚于美利坚合众国国旗和国旗所代表的共和国。"这就是说，在美国，每逢一年一度的爱国节日庆典，并非只是狂欢热闹一番，实为激发爱国主义热情的好时机。特别值得一提的是，每次总统就职典礼都是开展爱国主义教育的重大时机。美国历任总统的就职演说，虽然其社会背景、经济形势、对外关系、治国政策各不相同，但每篇演说辞都有唤起美国人爱国主义精神的警句。罗斯福总统在其就职演说中说："我们唯一惧怕的就是惧怕。"这一振奋人心的绝句，给予美国人无比的勇气；肯尼迪总统"不要问国家为你做了什么，而要问你为国家做了什么"的经典名言，曾经点燃了一代美国人的爱国热情；卡特总统在就职演说中指出："我们必须再次对我们的国家、对彼此充满着信心，我相信美国能够更进步，我们能够比过去更强大。"里根总统在他的演说辞中发出要重新建立"伟大及其具有信心的美国"的号召。

**忧患教育——用危机警醒美梦**

从立国那天起，美国统治精英们便如履薄冰，平民百姓生活过得也是战战兢兢。华盛顿总统8年任职下来，奠定了年轻国家成长为世界一流大国的基础，可在告别演说中仍语重心长地提醒继任者和国民，美国困难重重，要处处小心。二百多年后，奥巴马总统向退伍军人发表演说时，历数的不是第二次世界大战以来美国种种"值得荣耀的胜利"，而是面临数不清的危险和考验。美国的政治家把世界范围内的一切潜在威胁，哪怕是最小势力的威胁，都无限放大，因此它的全球干预才显得那么冠冕堂皇。美国政治家的危机意识使得美国人对外界的挑战都形成了一套又一套行之有效的预案。在美国每次重大行动前，美国的社会学家几乎是开足马力寻找危机的任何蛛丝马迹。正是这种几乎遍及美国社会每一个角落的危机意识，一方面使得美国人自己从未陷入过自我陶醉的满足之中，另一方面又使得美国人的爱国意识更加深沉，随时准备应对来自各个方面的挑战。

**生活教育——让爱国洋溢在身边**

美国的爱国主义教育与政治教育一样，实现了社会化，所以，爱国主义教育的措施和做法可谓无孔不入，渗透到社会的每一角落。就拿美国国旗来说，每逢节日、庆典或集会，家家户户、四面八方，包括汽车上都要悬挂国旗。在许多汽车的尾部，都贴着美国国旗，国旗旁边贴着标志性口号"支持我们的军队""上帝祝福美国"等。在各地各个大商场出售的运动衫和运动帽上，都印刷或编织上"USA"(美国)的字样，绘制着美国国旗的图案。在邮票上，也不乏美国国旗和美国图案的标志。美国在许多产品包括开心果、杏仁等小食品的包装上，也印有美国国旗标志。就连儿童电子游戏机里，都有组合星条旗等类似的软件。

**文化熏陶——在文化消费中升华爱国情感**

美国不仅是经济强国，也是文化强国。充分发挥文化在爱国主义教育中的作用，是美国爱国主义教育的一大优势。美国好莱坞影片的影响力巨大，其生产的各种类型的影片令世界不少观众着迷。美国电影看似远离政治，实际上很多大片都在向世界宣扬"美国精神"。据经济观察报报道，梳理70多年来奥斯卡的历史无疑就是梳理"美国精神史"。美国电影协会评出的《几近成名》《永不妥协》《毒品网络》《夜晚降临之前》《最佳表演》《角斗士》《高保真》《梦之挽歌》《天才小子》《诚信无价》曾被舆论界喻为弘扬"美国精神"的十大影片。

美国爱国主义教育的成功做法告诉我们，爱国主义教育的素材是非常广泛的，从历史到现实，从物质文明到精神文明，从自然风光到物产资源，社会生活的各个领域都蕴藏着极为丰富的进行爱国主义教育的瑰宝。

我国具有优良的爱国主义教育传统、丰富的爱国主义教育资源，以此为基础与经验，在进行社会主义核心价值观的推广与普及工作时，我们应该海纳百川，博采众长，进一步多样化社会主义核心价值观的教育方式方法，让社会主义核心价值观真正渗透到社会的方方面面，让社会主义核心价值观成为每个公民生活的行动指南与道德参考。

（资料来源：李定文：思想政治工作研究，2009年第7期，有改动）

### 阅读二：新时代如何培育和践行社会主义核心价值观

**明确立足点：中国特色社会主义进入新时代**

“中国特色社会主义进入了新时代”，这是党的十九大作出的一个重大政治判断。这一判断，明确了我国发展新的历史方位。从国家发展战略来讲，到本世纪中叶，我国要建设成为富强、民主、文明、和谐、美丽的社会主义现代化强国，这与社会主义核心价值观在国家层面倡导的富强、民主、文明、和谐相比较，多了“美丽”这一关键词，这一变化既适应新时代发展的必然要求，也丰富了社会主义核心价值观的内涵。从社会层面来讲，新时代人民对美好生活需要日益广泛，不仅对物质文化生活提出了更高要求，而且在民主、法治、公平、正义、安全、环境等方面的要求日益增长。这对于社会主义核心价值观在公正与法治的培育上提出了更高的要求。从个人层面来说，新时代下人们的需求和利益呈现出多样化的态势，使得公民基本道德规范的教育呈现出严峻性与复杂性。同时，除了爱国、敬业、诚信、友善之外，党的十九大报告中强调“弘扬劳模精神和工匠精神，营造劳动光荣的社会风尚和精益求精的敬业风气”，这应当归纳为新时代的劳动价值观。

**突出着眼点：培养担当民族复兴大任的时代新人**

党的十九大报告突出了培育和践行社会主义核心价值观的着眼点是“培养担当民族复兴大任的时代新人”。这一论述既呼应了习近平总书记在全国思想政治工作会议上强调的要明确“培养什么样的人、如何培养人以及为谁培养人这个根本问题”，又创造性地提出了“担当民族复兴大任”与“时代新人”。“担当民族复兴大任”这一要求，符合我国现阶段所处的历史方位和国际地位，即“我们比历史上任何时期都更接近、更有信心和能力实现中华民族伟大复兴的目标”，“久经磨难的中华民族迎来了从站起来、富起来到强起来的伟大飞跃，迎来了实现中华民族伟大复兴的光明前景”。同时，新时代进行伟大斗争，建设伟大工程，推进伟大事业，实现伟大梦想，需要培育“时代新人”，需要能够引领、团结、凝聚十几亿人共同奋斗的精神旗帜、科学指南、文化导向和道德基础。这也是新时代赋予广大教育工作者，尤其是从事社会主义核心价值观教育者的历史使命与重要责任。

**强化聚焦点：增强社会主义意识形态的主导权与话语权**

社会主义核心价值观作为观念的上层建筑，是社会主义思想文化、意识形态、道德规范的综合体和精华体，本质上是对社会主义基本制度、发展道路和生活方式的价值反映，尤其是对于中国特色社会主义道路、理论、制度、文化的集中体现。从根本上区别于西方的、资本主义的制度、道路与文化，其目的是建设具有强大凝聚力和引领力的社会主义意识形态，增强社会主义意识形态的主导权和话语权，这应当成为社会主义核心价值观理论与实践研究中的聚焦点。党的十九大报告中，多次论及意识形态的问题。在过去五年的辉煌成就中提到“加强党对意识形态工作的领导，党的理论创新全面推进，马克思主义在意识形态领域的指导地位更加鲜明”，同时也清醒地看到“意识形态领域斗争依然复杂”，因此要“培育和践行社会主义核心价值观，不断增强意识形态领域主导权和话语权”，要“牢牢掌握意识形态工作领导权”。

**找准关键点：协同推进社会主义核心价值体系**

2006 年 10 月，党的十六届六中全会通过的《中共中央关于构建社会主义和谐社会若干重大问题的决定》，第一次明确提出了“建设社会主义核心价值体系”这个重大命题和战略任务。到了党的十八大，首次提出了社会主义核心价值观，并将其归纳为 3 个层面、24 字方针。再到党的十九大报告中，将坚持社会主义核心价值体系作为新时代中国特色社会主义的基本方略，并将社会主义核心价值观的培育和践行作为一项重要内容。关于社会主义核心价值体系与社会主义核心价值观的关联性研究，一直是理论界的热点问题。社会主义核心价值体系是社会主义核心价值观的重要思想基础和理论基石，也是确立社会主义核心价值观基本内容的重要逻辑遵循和观点依据。社会主义核心价值观则是社会主义核心价值体系的内核，不仅深刻地体现了社会主义核心价值体系的根本性质和基本特征，而且内在地反映了社会主义核心价值体系的丰富内涵和实践要求，成为社会主义核心价值体系的高度概括、要义提炼和集中表达。因此，社会主义核心价值体系与社会主义核心价值观紧密联系、相辅相成，共同彰显出了中国精神、中国价值和中国力量。

**紧抓推进点：教育引导、实践养成、制度保障**

关于社会主义核心价值观的研究，经历了前期的内涵拓展与凝练，目前发展到了强调切实的推进与落实上。党的十九大报告中，对培育和践行社会主义核心价值观提出了许多实现的途径，提出要通过“教育引导、实践养成、制度保障”来促成社会主义核心价值观转化为人们的“情感认同和行为习惯”，进而发挥社会主义核心价值观的引领作用。首先，通过教育引导使人们形成关于社会主义核心价值观的正确意识，明确社会主义核心价值观在三个层面的具体要求，既要通过一些形式宣传文字意义上的观念，又要凝结在一些具体的、可感的行为中，发挥党员干部、先进人物的模范带头作用。其次，通过特定的实践环节使得社会主义核心价值观得到确证，进而养成行为习惯。实践是能动地改造客观世界的物质活动，是价值活动以及价值关系产生的最根本基础，实践决定着主体价值观的生成、发展与实现，决定着主体价值观的基本指向，因而要特别注重实践教学，促成社会主义核心价值观的行为转化。最后，通过制度保障使培育和践行社会主义核心价值观常态化。要发挥政策的导向作用,特别加强用法律来推动社会主义核心价值观建设,使符合社会主义核心价值观的行为得到鼓励、违背社会主义核心价值观的行为受到制约。

**发挥优势点:坚定中国特色社会主义文化自信**

“文化自信是一个国家、一个民族发展中更基本、更深沉、更持久的力量。”没有高度的文化自信,就没有文化的繁荣昌盛,也就没有中华民族伟大复兴。因此,在培育和践行社会主义核心价值观中,要充分发挥中国特色社会主义的文化优势,不断坚定中国特色社会主义的文化自信。一是要从中华优秀传统文化中汲取养分。要深入挖掘中华优秀传统文化蕴含的思想观念、人文精神、道德规范,不断结合时代精神继承创新。二是要从革命文化中继承基因。革命文化孕育于中华民族的危难之际,成长于战斗岁月,以“五四”精神、红船精神、井冈山精神、苏区精神、长征精神、西柏坡精神等为核心的革命文化,彰显着中国共产党人坚定的理想信念和中国人民的爱国情怀,具有独特的文化价值。在和平年代,以革命文化为载体培育和践行社会主义核心价值观,是更为生动、更为可感的呈现。三是要从社会主义先进文化中寻找资源。社会主义先进文化是当代中国的新文化,要坚持以马克思主义为指导,以社会主义核心价值观为灵魂,要发展面向现代化、面向世界、面向未来,民族的科学的大众的社会主义文化。

(资料来源:王学俭:人民论坛,2017 年 12 月 19 日,有改动)

### 阅读三:社会主义核心价值观融入社区居民生活 武汉经验获全国推广

8 月 8 日,由中宣部宣教局、民政部基层政权和社区建设司主办的“全国社区工作者培训班”在武汉市百步亭社区开班。首批 180 名优秀社区工作者在武汉市百步亭社区培训,学习社区治理的好经验和好做法,他们学习、参观后纷纷表示,要把这些好经验、好做法带回去,共建美好家园。

武汉市江岸区百步亭社区居住和生活着 16 万居民,经过 20 多年的发展,逐渐形成文明新风扑面、人际关系亲密、管理服务完善、百姓安居乐业的良好局面,把社会主义核心价值观融入社区居民日常生活,是全国文明社区、全国和谐社区,是荣获首届“中国人居环境范例奖”的唯一社区。

**百步亭的志愿服务做出了自己的特色**

“百步亭社区志愿者队伍建设得很完善,能让社区居民充分参与进来,把各自的爱好、特长发挥出来。”通过学习参观,北京市西城区宫门口社区党委书记李京对百步亭社区志愿服务赞不绝口。

8 月 8 日下午,在百步亭社区党群服务中心一楼,百步亭社区“日记婆婆”服务队、管得宽志愿服务队、“红色物业”青年党员志愿服务队等向培训班学员们展示了各自队伍的特色。

"巡逻、清洁、结对帮扶，只要居民有需要，我们就要管。我们是社区的主人，就是要'管得宽'"。管得宽志愿服务队有趣的介绍吸引来不少学员。北京市丰台区右安门街道玉林东里一区社区主任李萍对此深有感触，她说，志愿服务在全国各地都有，但百步亭社区做出了自己的特色，"它的志愿服务非常全面，角角落落无不涉及，涵盖了居民生活的方方面面。"

宁夏回族自治区固原市原州区靖朔社区党支部书记张文强是第一次来武汉。之前他常在中国社区网等网络平台上了解百步亭社区的经验。这次亲眼所见，亲身感受百步亭居民的志愿服务，感受到了社区大家庭的温暖。"百步亭社区的志愿服务与党建联系紧密，通过发动、整合社区内部资源，发动居民广泛参与，发挥志愿服务的力量，以点带面让老百姓的需求通过志愿服务来实现，使党群、干群关系更密切了。我们要把这些好经验、好做法带回去。"

**"红色物业"年轻面孔打动社区书记**

现场观摩交流活动中，百步亭社区的"红色物业"青年党员志愿服务队引起学员们的关注。

2017年，武汉市委提出大力实施"红色引擎工程"，实施"红色物业"计划。为贯彻武汉市委要求，江岸区结合"百万大学生留汉创业就业计划"，实施物业招才引才专项工程，从武大、华中大等重点高校引进百余名大学毕业生，为社区物业服务注入新鲜血液。其中，百步亭花园物业管理有限公司引进近20名党员大学毕业生，并成立志愿服务队。公司人事主管范桂芬介绍，大学毕业生们作为公司的储备人才跟岗学习，参与社区治理，他们的蓬勃朝气给社区带来了活力。

这样一支年轻的队伍打动了很多社区书记的心。在北京市朝阳区垡头街双合社区党委书记郑树丽看来，百步亭社区整合社区、物业、业主等多方力量，发动多元主体参与，进行多方联动，实现资源、服务、资金等的共享，形成了良性循环。党支部融入社区，基层党组织与社会组织一体化的管理模式，对加强社区治理很有借鉴意义。

在仔细翻看"红色物业"党支部编写的支部主题党日活动及党课资料、党员手写笔记后，郑树丽赞不绝口。"档案和资料都是原汁原味的东西，挺真实！说明'红色物业'日常工作做得很扎实。这些年轻的面孔为社区增添了新活力。"她说。

"参加这样的培训班很受用，感觉还不解渴，真想多延长几天。"郑树丽说。

**浓厚文化氛围不亚于首都的社区**

书法比赛、社会主义核心价值观书法风扇展、湖北渔鼓、扇子太极……百步亭社区开展的各种活动让学员们目不暇接。"社区抓住了优秀传统文化的'情'字，通过传统节日开展万家宴、元宵灯会等活动，将家庭、邻里、社区、社会串联起来，社区关系更加和谐。"海南省文昌市委宣传部副部长李鑫称赞道。

在北京市西城区宫门口社区党委书记李京看来，百步亭社区以家庭为出发点，开展丰富多彩的文化活动，强化社区建设，让老百姓回归家庭、亲近家庭，发自内心地响应党的号召，增强了对党组织的归属感，这是百步亭经验的可贵之处。"'万家宴'就是一个很有意义的活动，在传统年味变淡的现在，通过这种形式让居民感受传统节日的魅力，让左邻右舍坐在一起共度佳节，通过这种方式牵起居民心中的情感，使他们对家庭、邻里、社区有了更深厚的感情。"李京说。

"百步亭社区的活动不仅丰富了居民精神文化生活，还通过活动发掘出一批优秀人才，并培育他们成为各自擅长领域的带头人，带领社区其他居民一起参与活动，传递正能量。"学员李志萍感叹，百步亭社区浓厚的文化氛围不亚于北京的社区，"党群服务中心的墙上都挂着居民写的社会主义核心价值观，社区亭子、架空层，每个能利用的地方都有文化氛围的营造，正能量满满。我把这些细节都拍下来了，回去再好好学习。"

**"要把这些好经验、好做法带回去"**

"百步亭社区是全国闻名的社区，来之前就很期待，我特意将手机照片清空，要把在这学到的好经验、好做法统统带回去，满载而归。"来自北京的社区主任李志萍边拍照边跟记者交流"学习心得"，她的手机里，已经存下了上午拍的200多张学习照片。

宁夏回族自治区银川市兴庆区富宁街自强社区书记、主任张金武说，在百步亭社区他看到了社区在培育和践行社会主义核心价值观的过程中，找准居民思想共鸣点，社区干部用真爱、真感情，把群众工作做细、做深。

北京市朝阳区左家庄街道顺源里社区书记陶卫东说："百步亭社区这个16万人的大社区让我看到了社区书记身上的担子和责任，回去后，我们将带领社区的党员和广大居民一道，用好百步亭的经验、做法，共同建设我们的美好家园。"

（资料来源：中国文明网，http://www.wenming.cn/dfcz/hb_1679/201708/t20170809_437714.shtml，有改动）

## 课后习题

一、单选题

1. 社会主义核心价值体系的基本内容是由马克思主义指导思想、中国特色社会主义共同理想、以（　　）为核心的民族精神和以（　　）为核心的时代精神、社会主义荣辱观构成的。

A. 社会主义，与时俱进　　B. 爱国主义，改革创新

C. 爱国主义，团结奋斗　　D. 艰苦奋斗，与时俱进

2. "（　　）"是马克思主义关于社会主义核心价值观论述的基本原则。

A. 人的解放　　B. 人的自由而全面发展

C. 公平正义　　D. 自由博爱

3. (　　)反映了“中国梦”的实现道路:中国特色社会主义。

A. 倡导“富强、民主、文明、和谐”　　B. 倡导“自由、平等、公正、法治”

C. 倡导“爱国、敬业、诚信、友善”　　D. 倡导“富强、和谐、自由、敬业”

4. “爱国、敬业、诚信、友善”反映了“中国梦”的实现主体是(　　)。

A. 中国特色社会主义　　B. 社会主义性质

C. 公民的德行和品格　　D. 人民群众

5. 近年来,我国加大在海外举办(　　)学院、文化交流中心和文艺演出、艺术活动等有效地在对外文化交往中传播社会主义核心价值观的重要作用。

A. 马列　　B. 孔子　　C. 英语　　D. 汉语

二、多选题

1. 胡锦涛明确提出,“人民民主是社会主义的生命”。因为社会主义民主(　　)。

A. 能充分表达民意,实行科学决策,有利于党和政府决策的正确性和科学性

B. 有利于充分调动人民群众的积极性和创造性,推动社会主义建设

C. 有利于化解人民内部矛盾,促进社会稳定,保障安定团结的政治局面

D. 有利于促进生态文明建设

2. 先进文化的功能重要体现在(　　)。

A. 教化功能　　B. 指引功能　　C. 实践功能　　D. 保障功能

3. 人的全面发展的基本内涵包括(　　)。

A. 人的活动的全面发展　　B. 人的社会关系的全面发展

C. 人的素质全面提高　　D. 人的个性的自由发展

4. 社会主义自由平等人权的显著特点包括(　　)。

A. 广泛性　　B. 公平性　　C. 民主性　　D. 真实性

5. 社会主义核心价值观的基本特征,包括社会主义核心价值观的(　　)。

A. 包容性、民族性　　B. 引领性、崇高性

C. 时代性、传统性　　D. 和谐性、传统性

参考答案

# 第五章

# 明大德守公德严私德

### 教学目标

（1）知识目标：了解道德的基本理论及正确的道德观，掌握大学生在公共生活、职业生活和婚姻家庭生活等社会领域所要遵循的道德规范。

（2）能力目标：能够对道德有更深刻的了解，能够吸收借鉴优秀道德成果，遵守公民道德准则，对社会主义道德、社会公德、职业道德、家庭美德、个人品德等领域中的理论和知识有一个基本的了解，对社会生活领域中的道德规范以及个人品德提升的路径有精准的把握。

（3）素质目标：自觉遵守相应的道德要求，就必须用道德规范指导自己的实践，追求崇高的道德境界；能够提升对道德的理论认知，弘扬中华民族优秀的道德传统和中国革命道德，自觉树立社会主义道德观。

### 教学重点

（1）马克思主义关于道德问题的基本理论。

（2）中国革命道德的形成发展、主要内容与当代价值。

（3）社会主义道德建设必须坚持以为人民服务为核心、以集体主义为原则。

### 教学难点

（1）中华传统美德的基本精神、中华传统美德的创造性转化和创新性发展。

（2）高尚道德品格的形成重在实践，贵在坚持。

### 教学逻辑

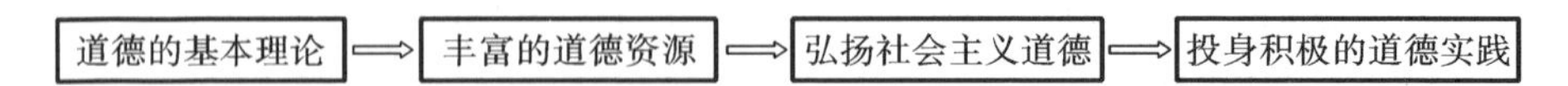


## 第一节　理论教学探讨

本章主要讲授的是道德和社会主义道德教育的基本理论，旨在帮助大学生加强道德修养、锤炼道德品质打下理论知识的基础，增强大学生的道德意识；强调公共生活、职业生活、婚姻家庭生活是人们社会生活的重要领域，也是个人品德形成的重要领域。本章从规范性约束的层面帮助大学生了解并践行道德修养的理论和原则，本章的内容围绕道德观教育遵循从抽象到具体、从理论到实践的逻辑思维结构。第一部分“道德及其变化发展”，纵向系统阐述道德的基本理论。第二部分“吸收借鉴优秀道德成果”需要学生明确中华传统美德、中国革命道德。第三部分“遵守公民道德准则”需要学生明确弘扬社会主义道德，必须坚持以为人民服务为核心、以集体主义为原则，推进社会公德、职业道德、家庭美德、个人品德建设。第四部分“向上向善、知行合一”需要学生明确高尚道德品格的形成重在实践，贵在坚持。

## 一、理论要点

大学时期是个体道德意识形成和发展的一个重要阶段，在这个时期形成的道德观念对大学生的一生影响很大。大学生提高自身的道德素质，需要认真学习道德的基本理论，树立正确的道德观，自觉传承中华传统美德和中国革命道德，积极吸收借鉴人类优秀道德成果，遵守公民道德准则，在投身崇德向善的实践中不断提高道德品质。

### （一）道德的力量

#### 1. 道德力量的表现

习近平总书记在党的十九大报告中指出，要深入挖掘中华优秀传统文化蕴含的思想观念、人文精神、道德规范，结合时代要求继承创新，让中华文化展现出永久魅力和时代风采。

(1) 道德是一种先进的思想觉悟，能使人对世界的认识发生深刻的变化。

一种文明的价值观的形成，能促进世界从某种本质属性的意识形态上发生量变。道德是人的价值观的一条在真善美意识形态上的底线，是一个人的思想是否变化的参照坐标。一个人，没有道德会变得野蛮甚至丧心病狂；一个社会，没有道德会陷入伦理混乱、社会秩序混乱的状态中。社会发展的文明程度越高，道德的自我要求系数越高，所产生的社会价值越大，所传递的价值半径越宽广，在社会上产生的共鸣越广泛。从某种程度上讲，道德具有宽泛的联结社会各种领域、用思想与行为传递和辐射世界观和方法论，并最终形成具有普遍意义价值观的功能和作用。

(2) 道德是一个社会的风向标，是人们的理想选择和价值表达。

在选择道德上，我们既要尊重社会上流行的主流价值，也要尊重个性的表达，让每一种道德都产生价值并成为构成社会发展的基本因素。哲学表现两种价值，一种是存在性，一种是思维性。存在性是社会价值趋于认同的符号，思维性是人类各具特色的社会活动在某一方法上的表现性，二者的辩证统一形成一种社会的基本力量，即道德的力量。

(3) 道德源于自律,道德启于觉悟。

自律是先决条件,觉悟是社会影响力所为。一个社会的发展,如果没有一种共鸣传递精神,社会就会变得狭隘。从事物的实质上分析,道德是形成人们价值观的基本因素,人由此完整而全面地形成人生观。人生观决定认识,认识是人判断社会的基本规则。道德源于信念,信念是理想的具体化。有什么样的社会背景,就有什么样的理想,并由此产生什么样的历史背景。这是社会存在的一种基本状况。这种规律基本上不以人的意志为转移。一个社会的发展,最基本的条件就是由道德这个综合因素产生信念。信念是人生观构成的重要环节。对此,我们应与时俱进,从探索社会主义文化强国的战略上确立道德体系的方针,使道德不仅引领时代的潮流,而且成为一个时代的坐标,还成为一个时代的共同理想。

**2. 树立正确的道德认知**

1) 当代大学生道德认知存在的问题

道德认知本身。大学生在之前的人生经历中受到家庭教育、社会影响,道德认知可能存在偏差,在一定程度上造成大学生进入高校之前道德认知本身出现问题。

道德认知与道德情感不相符。当今大学生在道德情感方面,基本上是积极的,但也存在不和谐的方面,表现在:一是对知行合一缺乏认识;二是道德情感处于低谷;三是情绪变化大。因为环境的影响,大学生对理性认识和感性认识的把握不准确,既受到理想事物的影响,又受到不良事物的影响,内心感触复杂。

道德认知与道德行为相悖。在当代大学生中知行相悖的现象普遍存在,例如,目前普遍被重视的是诚信,大学生对诚信也十分认同,但考试作弊在高校也很平常。

2) 提高大学生道德认知能力的措施

大学生要提升自身的道德修养。一个人的道德品质的形成受很多因素的影响,除了外在因素影响以外,更重要的是内部因素,大学生必须将道德思想和道德规范内化到自己的道德思想体系中,并在实践中体现出来,这才算真正做到提升自身的道德修养。

大学生要增强自身的社会责任感。大学生只提升自身的道德修养还是不够的,还需要具有社会责任感,只有对社会有责任感,才能在社会中作出符合道德规范的行为。因此,要促使大学生增强自身的社会责任感,帮助大学生树立正确的价值观,提高在社会中的道德意识。

加强传统道德文化宣传。我国传统文化中有很多关于道德的要求,这对大学生道德教育富有启示,高校可以开设传统文化的课程,举办传统道德文化论坛,开展传统文化知识问答比赛等,引导大学生感受传统道德文化的魅力,使其在传统文化的熏陶下,进一步提升道德认知能力。

完善法律法规，净化社会道德环境。法律法规的完善可以有效防止公民做违背道德和法律的行为，净化社会道德环境，带动大学生的道德水平也相应提升，实现社会整体面貌的改变。

优化大众传媒，进行道德建设。在网络普及的今天，大学生日常接触最多的就是手机、计算机，因此，要从大众传媒入手，强化道德行为。例如，推行道德文化的主题壁纸，将道德故事画成漫画或做成动漫，通过小故事揭示大道理，在潜移默化中提升大学生的道德认知能力。

### （二）中华传统美德的基本精神及当代价值

#### 1. 基本精神

基本精神主要包括重视整体利益，强调责任意识；推崇“仁爱”原则，注重以和为贵；提倡人伦价值，重视道德义务；追求精神境界，向往理想人格；强调道德修养，注重道德践履。

掌握中华传统美德基本精神不能停留在表面上对文字的理解上，要结合古代圣贤的思想理论，深入理解基本精神的内涵和实质，从而坚定文化自信。如在理解重视道德修养，注重道德践履时，可以思考这样一个问题：为什么要重视道德修养和践履呢？东汉有一少年名叫陈蕃，独居一室而龌龊不堪。其父之友薛勤批评他，问他为何不打扫干净来迎接宾客。他回答说：“大丈夫处世，当扫除天下，安事一屋？”薛勤当即反驳道：“一屋不扫，何以扫天下？”

古圣先贤们不仅认为“修身”是齐家、治国、平天下的前提和基础，而且认为“修身”要落实到行动上，做到知行合一。知是行之始，行是知之成。以知为指导才能行之有效，脱离知的行是盲目的。反过来，脱离行的知则是空谈，是没有意义和价值的。因此，既要重视道德修养，又要注重道德践履，要坚持知行合一。

#### 2. 当代价值

中华传统美德具有重要的当代价值，如知行合一、自强不息、见贤思齐、富贵不能淫，贫贱不能移、威武不能屈等思想饱含丰富的中国智慧，可以发挥古为今用、推陈出新的作用，为大学生成长成才提供重要借鉴，为国家和社会的发展建设提供重要启迪。

首先，传统美德是否能很好地传承下去，在一定程度上取决于现在的青年人是否接受和喜爱。现在年轻人的兴趣变化速度快、脑洞大、花样多，要结合他们的实际需要，找准传统美德与年轻人的兴趣切合点，而这是有难度的。

其次，要正确理解中华传统美德的继承与创新的关系。创新是继承基础上的创新，继承是以创新、发展为目标的继承，二者是相辅相成的关系，不能厚此薄彼，更不能顾此失彼。中华传统美德只有在继承的基础上，实现创造性转化和创新性发展，才能焕发生机与活力，体现中华传统美德的时代价值。习总书记指出：“不忘历史才能开辟未来，善于继承才能善于创新。优秀传统文化是一个国家、一个民族传承和发展的根本，如果丢掉了，就割断了精神命脉。我们要善于把弘扬优秀传统文化和发展现实文化有机统一起来，紧密结合起来，在继承中发展，在发展中继承。”

最后，在创造性转化和创新性发展的形式上，要避免把简单的重复理解为继承，把不切实际的标新立异理解为创新。

### （三）中国革命道德的主要内容和当代价值

#### 1. 主要内容

中国革命道德既包括革命道德的原则、要求、态度、风尚等方面，还包括革命理想、革命精神等方面。主要内容有：为实现社会主义和共产主义理想而奋斗；全心全意为人民服务；始终把革命利益放在首位；树立社会新风，建立新型人际关系；修身自律，保持节操等。中国革命道德内容丰富，历久弥新。长征精神、井冈山精神、西柏坡精神等红色精神都蕴含中国革命道德，都是中国共产党领导全体人民实现民族独立、人民解放的精神支撑和思想武器。

#### 2. 当代价值

一说到革命道德传统，现在的年轻人就会认为那是战争时期的产物，早就过时了，不需要了，很容易产生抵触情绪。中国革命道德虽然是在中国革命时期，在极其艰苦的环境中形成发展起来的，但在当前的和平环境中并没有过时，依然具有重要现实意义和当代价值。毛泽东同志曾经告诫我们：“夺取全国胜利，这只是万里长征走完了第一步。”习总书记在纪念长征胜利80周年大会上指出：“每一代人有每一代人的长征路，每一代人都要走好自己的长征路。今天，我们这一代人的长征，就是要实现‘两个一百年’奋斗目标、实现中华民族伟大复兴的中国梦。”

新的历史时期具有新的长征路，在我们的长征路上，依然存在许多“雪山”“草地”需要跨越，还有许多“娄山关”“腊子口”需要征服，依然要坚定革命理想信念，发扬长征精神、井冈山精神、西柏坡精神等革命精神，中国革命道德对我们走好新时代的长征路，实现中华民族伟大复兴的中国梦依然具有极其重要的现实意义。

### （四）网络生活中的道德要求

#### 1. 大学生网络道德认知失调的特征

1）大学生网络道德认知失调的事实表征

大学生网络道德认知失调在事实维度上表征为，对网络道德现象的“真”与“假”认知失调。对网络道德现象的认知基于这一道德现象是否属于事实。事实需同时满足“人为”和“为人”，即事实的造成者必须是人，结果必须对他人或自己造成实际的影响。如果这一道德现象属于事实，那么大学生的网络道德认知是协调的；反之，则可能出现网络道德认知失调。网络社会的虚拟性使网络上报道的事件或提供的信息难辨真伪，当大学生无法判断网络道德现象是否同时满足“人为”和“为人”时，在事实层面上已经认知失调。例如网络上时常报道的“扶不扶老人”事件，由于这类道德情境一般都比较复杂，到底事实为何，在尚未对道德情境的客观情况调查清楚之前，主体对这一道德事件的认知在事实维度上是失调的。

2）大学生网络道德认知失调的价值表征

大学生网络道德认知失调在价值维度上表征为，对网络道德现象折射出的“善”与“恶”认知失调。从道德哲学的视角看，对网络道德现象有了基本的事实认知后，还需要对其进行进一步的价值认知。价值认知是主体对网络道德现象的评价及其评价标准的认知，具有“有我性”和“评判性”。大学生的价值认知受其道德价值观的影响。当前，主流意识形态的包容性以及网络文化的多元性使得道德相对主义、个人主义、自由主义等道德价值观在大学生中滋生、蔓延。而我国主流的道德价值观是社会主义核心价值观，价值认知必须符合社会主义核心价值观的标准。当新出现的道德价值观与已存在的道德价值观发生冲突时，大学生会产生网络道德认知失调。例如，网络社会中时常出现的“名人”互相攻击甚至谩骂的网络现象，与社会崇尚的“与人为善”的道德价值相悖。这在一定程度上会影响大学生的道德价值观，进一步导致大学生网络道德认知失调。

3）大学生网络道德认知失调的形式表征

大学生网络道德认知失调在形式上表征为，对网络道德现象蕴含的“美”与“丑”认知失调。“美一旦脱离真、善就显得非常单薄，此时的美仅是感性本身的流动，缺少了理性自身的定位。”网络道德现象中美的意蕴，是指建立在事实为“真”以及价值为“善”的基础上的“合感受性”。大学生网络道德认知需要将感性认知与理性认知相结合。当代大学生成长于社会主义市场经济飞速发展和网络媒体迅速普及的社会大背景下，这种特殊的生存境遇造就了他们独特的个性。一方面，思维活跃，接人待物更加积极、进取，自我实现意识强烈；另一方面，个性张扬，价值取向更加务实、功利，自我中心意识强烈。因此，大学生对网络道德现象的认知可能凸显“合感受性”，认识问题的角度难免存在偏颇。

**2. 大学生网络道德认知的引导**

网络生活中的道德要求，是人们在网络生活中为了维护正常的网络公共秩序需要共同遵守的基本道德准则，是社会公德规范在网络空间的运用和扩展。大学生应当积极倡导网络文明，坚持文明上网，养成科学、文明、健康的上网习惯，在网络生活中加强社会公德自律。

第一，正确使用网络工具。网络是一个内容庞杂、覆盖面广的信息共享平台，人们可以通过网络便利地浏览新闻、查询资料、下载数据。大学生应当学会利用网络这一先进工具来获取知识和信息。针对网络上存在的虚假、低级庸俗甚至反动、淫秽和暴力等信息内容，大学生要提高鉴别善恶美丑的能力，积极运用网络传播正能量，使网络成为开拓学习视野、提高自己学习能力的重要工具。

第二，健康地进行网络交往。网络已成为人际交往的重要媒介和工具，QQ、微信、微博等为人们提供了邮件收发、实时聊天、网上交友、网络购物等途径。但网络交往要做到诚实无欺，不侮辱、诽谤他人，更不能参与网络色情直播、游戏、赌博等活动。大学生应通过网络开展健康有益的人际交往，积极参与网络文化的建设和管理，进行有利于个人身心健康和品德培养的网络交往。同时，要树立自我保护意识，不要轻易相信、约会网友，避免受骗上当，避免给自己的人身和财产安全带来危害。

第三，自觉避免沉迷网络。适度地上网对学习和生活是有益的，但长时间沉迷于网络对人的身心健康有极大损害。现实中存在着一些青少年上网成瘾，沉迷于网络游戏和聊天而不能自拔，进而导致耽误学业甚至放弃学业的现象。大学生应当从自己的身心健康发展出发，合理安排上网时间，理性对待网络。

第四，养成网络自律精神。网络的虚拟性以及行为主体的隐匿性，不利于发挥社会舆论的监督作用，使得道德规范所具有的外在约束力明显降低。在这种情况下，个体的道德自律成了维护网络道德规范的基本保障。大学生应当在网络生活中培养自律精神，做到自律而“不逾矩”，促进网络生活的健康与和谐。

### （五）追求崇高道德境界

2013 年 11 月 26 日，习近平总书记在山东考察时指出：“一个国家、一个民族的强盛，总是以文化兴盛为支撑的，中华民族伟大复兴需要以中华文化发展繁荣为条件。对历史文化特别是先人传承下来的道德规范，要坚持古为今用、推陈出新，有鉴别地加以对待，有扬弃地予以继承。国无德不兴，人无德不立。必须加强全社会的思想道德建设，激发人们形成善良的道德意愿、道德情感，培育正确的道德判断和道德责任，提高道德实践能力尤其是自觉践行能力，引导人们向往和追求讲道德、尊道德、守道德的生活，形成向上的力量、向善的力量。只要中华民族一代接着一代追求美好崇高的道德境界，我们的民族就永远充满希望。”在这里，习近平总书记首次提出“追求美好崇高的道德境界”的论题，指出了我们思想道德建设的方向，强调了道德建设的重要性。

追求美好崇高的道德境界，方向已经指明，道路已经开通，现在的关键是怎么做。对此，习近平同志指出，必须加强全社会的思想道德建设，“引导人们向往和追求讲道德、尊道德、守道德的生活，形成向上的力量、向善的力量”。作为大学生，提升崇高的道德境界，首先是要增强道德意识，提高道德觉悟。“激发人们形成善良的道德意愿、道德情感，培育正确的道德判断和道德责任”等，这些是道德科学常讲的道德认识、道德情感、道德意志的培养过程。做到这一点，一是要学习社会主义核心价值体系和核心价值观,向人类美好崇高的道德境界靠拢,分辨是非善恶,自觉远离低级趣味,抵制歪风邪气。"名节如璧不可污。"趣味是与人的品德、操守、作为联系在一起的。一个趣味高雅的人,才可能变得高尚、纯粹、有道德,才可能有益于社会和他人。情趣低俗、沉溺于玩乐奢侈很容易腐蚀人的理想、信念和进取心,使人变得精神空虚、意志消沉、思想颓废、行为猥琐、生活奢侈甚至道德败坏。我们绝不能把腐朽的东西当新潮,把落后的东西当时尚,放任低级趣味滋长。大学生要把更多的时间用在勤奋学习、补充知识上,用在加强道德修养、提升人生品位上,做到洁身自好,严于律己,这样才能使自己的人生境界不断得到提高。二是必须常看、常想,常用古今中外人们的道德事例作对比,用他们善恶荣辱的形成过程和经验教训同自我的成长联系起来。当然更要目光放远,从"自我"走向"我们",即走到人民的立场上来。在我们国家,我们整日面对的人,是"我们的"父老兄弟、同志朋友;我们所做的事,关乎"我们的"社会和集体;我们从事的事业,取得的利益、成绩和荣誉,遇到的困难,遭到的失败,往往都不只是"我"一个人的,而是"我们的"。一旦从"自我"走到了"我们",正确的道德判断和道德责任也就培养出来了。

脚踏实地,敢于担当。在全社会的思想道德建设中,实践是比认识更重要的基础环节,习近平同志讲的"提高道德实践能力尤其是自觉践行能力",不但指出了我们道德认识的目的,而且指明了道德觉悟提升的途径。提高人生境界,归根结底要通过脚踏实地的工作来实现。大学生正处于人生发展的关键时期,在人生追求上不能好高骛远、脱离实际,不能止于想而疏于做。担当是一种不辱使命的英雄气概,是一种催人奋进的精神力量。其实道德就在我们的身上和周边,就在我们如何待人处事的日常生活里,在千百万人民群众的社会实践中;提升道德的关键就在我们的脚下,就是要按照社会主义核心价值观所指的方向,爱国、敬业、诚信、友善,搞好改革开放,建设好我们的社会主义事业。例如,我们在平日所进行的劳动和工作,其实也是培养和锻炼我们勤劳俭朴、艰苦奋斗的大熔炉;我们身边开展的种种学习雷锋活动、各种义务服务和公益事业,也都是培养我们仁爱友善、爱国为民的大学校。当前我们党所领导的群众路线教育实践教学,反对形式主义、官僚主义、享乐主义和奢靡之风,更是一个群众性的道德教育活动,通过让广大干部"照镜子、正衣冠、洗洗澡、治治病"的实践,实现为民务实清廉的价值追求,广大人民群众也会从活动中受到一次深刻的勤俭节约、实事求是的道德教育。大学生应该"见贤思齐焉,见不贤而内省也",树立责任意识和担当意识,而绝不能放低对自己的要求,不能随大流,更不能甘于落后。

持之以恒,善始善终。"不矜细行,终累大德。"加强道德修养,提升精神境界不可能一蹴而就,更不能一劳永逸。我们必须时时处处严格要求自己,检讨自己,修正自己,提高自己,持之以恒,坚持不懈,防微杜渐,善始善终,以坚如磐石的意志和信念追求崇高的道德境界,拯救人生的辉煌。

## 二、理论热点

### (一)传承传统美德与坚定文化自信

2016年7月1日,习近平总书记在庆祝中国共产党成立95周年大会上发表重要讲话时指出,文化自信是更基础、更广泛、更深厚的自信。中华民族在5000多年文明发展中孕育起来的优秀传统文化,在党和人民伟大斗争中孕育的革命文化和社会主义先进文化,积淀着中华民族最深层的精神追求,代表着中华民族独特的精神标识。

**【热点解读】**

中华优秀传统文化,是中华民族独特的气节品格所在,是中华民族的精神魂魄所在,是我们在世界文化激荡中站稳脚跟的根基,是我们屹立于世界民族之林的根本。习总书记指出:"要继承和弘扬我国人民在长期实践中培育和形成的传统美德,坚持马克思主义道德观、坚持社会主义道德观,在去粗取精、去伪存真的基础上,坚持古为今用、推陈出新,努力实现中华传统美德的创造性转化、创新性发展,引导人们向往和追求讲道德、尊道德、守道德的生活,让13亿人的每一分子都成为传播中华美德、中华文化的主体。"习近平总书记高度重视传统文化的重要作用,强调培育和弘扬社会主义核心价值观必须立足中华优秀传统文化,使中华优秀传统文化成为涵养社会主义核心价值观的重要源泉。

2014年10月15日,习总书记在文艺工作座谈会上的讲话中指出,中华民族在长期实践中培育和形成了独特的思想理念和道德规范,有崇仁爱、重民本、守诚信、讲辩证、尚和合、求大同等思想,有自强不息、敬业乐群、扶正扬善、扶危济困、见义勇为、孝老爱亲等传统美德。中华优秀传统文化中很多思想理念和道德规范,不论是过去还是现在,都有其永不褪色的价值。

由于受社会转型的影响,现在有部分青年学生显得非常浮躁和焦虑,甚至完全背离了中国传统的生活方式。因此,加强社会主义道德建设,要致力于加强文化重建、精神重建、道德重建,坚定文化自信。对中华传统美德和优秀传统文化,既要精心呵护,又要加强挖掘和阐发,使中华民族最基本的文化基因同当代中国文化相适应、同现代社会相协调,让中华文化跨越时空、超越国界、焕发出新的生机和时代新价值。

思考题:新时代大学生该如何传承中华传统美德,坚定文化自信?

### (二)传统美德教育与学生的价值导向

2018年全国政协教育界别委员联组会议上,教育部部长陈宝生认为,优秀传统文化里面，包含中国人怎样看待世界、怎样看待生命，中国人的世界观、人生观、价值观，有着非常丰富的资源，阐述得很系统。如果不能把这些继承下来，学生的人生可能会发生方向的偏离。已传承数千年的中华优秀传统文化，包含着先人们丰富、深刻的行为规则，即人们在日常生活中需要认同与遵循的价值体系与规范系统。优秀传统文化不仅有文学之美、艺术之美，还具有精神之美和价值之美。弘扬中华优秀传统文化，不仅有助于提升公众的文化修养与审美情趣，也能够丰盈老百姓的精神家园，帮助人们树立正确的人生坐标和价值航向。

【热点解读】

在学校里传承好中华传统文化，有三个关键措施：一是重视师资力量的培养，教师们开口应是“白日依山尽”，而不能仅仅是“柴米酱醋茶”；二是在教材中增加优秀传统文化的内容，特别是经典名篇，要占一定的比重；三是加强校园文化建设，要形成一个学生愿意学习优秀传统文化、愿意体验优秀传统文化、愿意交流优秀传统文化的环境。

习近平总书记曾公开强调：“对传统文化中适合于调理社会关系和鼓励人们向上向善的内容，我们要结合时代条件加以继承和发扬，赋予其新的涵义。”穿越时代的中华优秀传统文化，依然具有浸润心灵、启迪人心的作用；激活优秀传统文化基因，创新传统文化的时代表达，让中华优秀传统文化浸润校园，需要让更多教师成为“燃灯者”，去照亮学生们前进的道路。当教师们张口就是“白日依山尽”时，当他们更有文化底蕴时，年轻一代才能更好地传承中华优秀传统文化。

思考题：谈谈青年大学生该如何深入领会中华传统美德中的价值导向？

### （三）文化自信与红色文化

红色文化作为马克思主义中国化的文化成果，是中国共产党领导中国人民在革命、建设和改革开放时期以马克思列宁主义为指导，吸收中外优秀文化养分所创造的先进文化，是中国共产党人和广大人民群众优良传统和品格风范的集中体现。红色文化近百年的历史，孕育了丰富的物质文化、制度文化、精神文化、行为文化和符号文化成果。可以说，红色文化是对中华优秀传统文化的传承与发展的结果，是中国共产党人根据新的历史境况做出的创新与推进。这二者之间是历史延续而非历史断裂，并且形成了一种彼此支撑、相互促进的共存关系。没有中华优秀传统文化的文化自信，是轻飘的“忘本”之举；没有红色文化的文化自信，则是茫然的“丢魂”之态。基于此，我们很有必要对红色文化保持清醒的认知和足够的自信。

【热点解读】

红色文化自信不是通过简单的喊口号和发指令得来的，而是必须建立在红色文化自身的理论魅力和发挥作用的实践基础之上。事实上，中国红色文化百年历史，不仅书写了马克思主义中国化、时代化、大众化的华彩篇章，而且迎来了中国从“站起来”“富起来”走向“强起来”的伟大征程。在理论魅力上，红色文化作为中国共产党政党文化的重要内容，在同各种主义和思潮的竞争乃至斗争中脱颖而出，成为马克思主义与中国实际相结合的重要文化表达；其坚定的人民性立场、雅俗并举的理论风格，获得了人民大众的高度认同；其丰富的精神性内涵、实践性品质支撑着中国共产党由弱而强、由简而巨，红色文化成为中国共产党人的精神家园。在实践基础上，红色文化产生于一个国家从落后挨打走向独立自主，从后发跟跑走向并跑赶超甚至引领时代的伟大实践。道路自信、理论自信、制度自信、文化自信的底气不断提升，正如习近平总书记所言：“当今世界，要说哪个政党、哪个国家、哪个民族能够自信的话，那中国共产党、中华人民共和国、中华民族是最有理由自信的。”这些伟大的实践，都为红色文化自信提供了有力的经济、政治支撑，也获得了有力的制度化保障和民心基础。

既然如此，红色文化自信如何才能在现实生活中成为鲜活的实践呢？具体而言，坚定红色文化自信可从以下三个方面着手。

第一，建构红色文化记忆。红色历史不应是停留在过去的历史，而应该成为当代人的集体记忆。当前，我们的纪念馆、博物馆、遗址地等都是红色记忆的物质存储载体，在互联网时代的当代中国，将作为红色记忆的存储载体发挥重要作用。加强红色记忆存储载体的建设，在情感纽带下对红色记忆进行选择和建构，加强红色记忆的输出渠道建设，催生形成亿万中华儿女的群体性记忆结晶。

第二，加强红色符号传播。符号是内涵阐释与意义携带的综合体，红色符号亦如此。作为中国共产党奋斗历程的符号凝练，其在文化传播与价值传承中发挥着重要作用。在革命时期，漫画宣传画等图像符号、标语口号等文字符号、旗帜徽章等象征符号发挥着引领民族精神、凝聚革命热情的重要作用。在当今中国，符号仍然是重要的价值传递与精神凝聚载体。宣传思想部门与党的舆论机构应充分发挥其价值引领与红色文化传承的作用，增强大众的红色文化自信。

第三，强调红色仪式的展示。践行红色文化自信有主动践行与教育引导两种取向，而仪式教育则是潜移默化影响大众文化心理的重要方式。仪式作为大众教育的重要渠道与文化传播的重要载体，包括纪念活动、民间庆祝、大小文艺晚会等多种方式。在仪式的展演中，以纪念日为核心的纪念活动是最具代表性的仪式表达。举办以党的纪念日、伟人诞逝纪念日、建国纪念日等为中心的纪念活动，结合文艺演出和文化讲演等方式，可以加强红色文化传播的有效性，增进大众的红色文化自信。

总之，在新时代的中国，我们尤其要坚定红色文化自信，增强红色文化自信的底气，在社会主义核心价值观的引领下，积极践行红色文化自信，不断滋养中国特色社会主义的自信文化。

（资料来源：龙柏林：求是网，http://www.qstheory.cn/wp/2018_04/02/c_1122622672.htm，有改动）

思考题：新时代大学生该如何坚定红色文化自信？

## 第二节　实践教学

### 实践教学一：课堂讨论“背母观花灯”还需要么

【实践目的】

（1）通过课堂讨论，使学生掌握衡量中国传统道德现代价值的方法。

（2）培养学生的思考能力：学生透过脑力激荡与讨论，去寻找问题的答案或解决问题的方案。

（3）培养互助合作的态度：小组讨论是一个合作学习的过程，可培养学生积极学习、责任分工、互相帮助的能力。

（4）发展学生多元的能力：如口语表达、分析能力、批判性思考、人际沟通技巧等。

（5）提升扩展认知与理解程度：小组成员共同参与讨论，可强化对知识的理解。

【实践方案】

（1）教师：布置作业并提出相关要求。

（2）学生：按分组原则成立课堂讨论小组。

（3）对问题的讨论要有明确的指引。

（4）讨论的方式。组员个别的思考、记录→组员讨论，分享个人的资料摘要及见解→分析所有组员的见解及资讯→归纳、统整小组重要的发现与结论→精确扼要地记录讨论结论。

（5）讨论流程。主题→思考→讨论→摘要→整合→结论。

（6）课堂讨论总结。

【参考资料】

元宵佳节，一张感动无数长治人的照片经朋友圈传播后，引得新华网、央视客户端、中新网等各大网站疯狂转载，一时间，刷爆网络，感动了全国网民。照片中，一名男子背着老母亲在长治市八一广场观看元宵展演。记者经过多方打听了解到，这名男子是长治市人民医院中医科55岁的医生程英锐。

（资料来源：山西晚报多媒体数字版，2018年3月5日，http://epaper.sxrb.com/shtml/sxwb/20180305/699971.shtml）

谈起背母亲的照片被转载一事，程英锐说："我也不知道是谁给抓拍了这张照片，其实这是再正常不过的事了，换作大家也都能做到。"程英锐每年都带着母亲去观花灯，以前也背过母亲，"小时候妈妈拉着咱的手，如今就该背着老母亲"。鸦有反哺之义，羊有跪乳之恩，子女孝敬父母自然是天经地义的事。"背母观花灯"确实只是尽了一个儿子应尽的责任和孝心。

孝老敬亲是中华民族的传统美德。在弘扬社会主义核心价值观的今天，我们不缺少"背母观花灯"之类的感动，但又不得不承认，在当今社会，生活节奏加快，生存压力增大，许多人在追求事业的过程中，由于太重个人设计，其孝心或被深藏或被挤压，以至于"常回家看看"成了一件奢侈的事。也许，在我们的潜意识中父母不缺什么，殊不知，他们缺少的往往是精神上的慰藉。不少人似乎忘了，小时候父母也曾背着我们看热闹，为了看得更清楚，我们甚至还骑在他们的肩头上。如今，我们长大了，有力气了，是否也有过"背母观花灯"的心思和行动？

有人曾做过这样一个测算：假如你和父母分隔两地，每年你能回去几次，一次几天？除去应酬朋友、睡觉，你有多少时间真正和父母在一起？正因如此，"背母观花灯"引发了人们强烈的共鸣，击中了人们最柔软的那一处。

孝敬父母，感动不如行动。"背母观花灯"可谓是一堂生动的孝行课。花开花落有时节，人死人生无常态。无论我们是贫是富、是卑是尊、是近是远，都应珍惜当下，将感恩之心化为感恩之行。正如程英锐所说，"背母观花灯"也为孩子树立了好榜样，传承了好家风。

（资料来源：付彪：四川文明网，http://www.wenming.cn/wmpl_pd/wmdd/201803/t20180306_4610159.shtml，有改动）

## 实践教学二：参观红色教育基地

**【实践目的】**

弘扬红色文化，坚定文化自信，实现"红色教育"与大学生思想政治理论课教学有机融合，使红色文化和革命精神深入学生的心灵，推进大学生德育。

**【实践方案】**

活动开展前对全体学生进行安全教育，清点人数，统一行动；以小组为单位，明确小组长的安全责任；如果发生安全隐患或事故，立即启动应急预案，及时采取应急措施，努力实现零事故。

## 实践教学三：辩论赛"救还是不救"

**【实践目的】**

引导并促使大学生深度理解并生成理性认知，养成积极向善的道德心态。一定的理论深度和宽度，是大学生全面发展的需要和"必然"。开展贴近大学生需求、贴近学生实际的实践教学，让实践教学内化为思想体验，促成大学生深度的思想素养生成。

**【实践方案】**

(1) 选取三个两难问题，即铁轨两难、是否偷药、善意谎言，按照问题自然设定为三轮(场)辩论。

(2) 将学生分为甲、乙两组，每组选出四名选手相互对抗，其余学生相称地作为两个对抗组的成员，坐在听辨席位，根据双方四名辩手的陈述、辩论、反驳、例证情况进行积分，在双方做完三场辩论后，一名辩手在最后一分钟用一句话概括出面对两难问题我们选择怎么做、为什么。辩论结束，评分组学生根据双方积分和发挥表现评出优胜的小组。

**【参考资料】**

一群孩子在铁轨上玩，铁轨有两条，一条还在使用，另一条已经废弃停用。其中一个孩子说："我们到停用的铁轨那边去玩吧，这里一会儿有火车通过，很危险！"其他孩子没有听从劝告，仍留在原地，于是这位小朋友便自己走到停用的铁轨上，理所当然的，火车来了，冲向使用铁轨上的那群孩子。假设这个时候，你正站在铁轨的切换器旁，你能让火车转往停用的铁轨，这样的话就可以救更多的孩子，但是那名在停用铁轨上的孩子将被牺牲。相反，更多的幼小生命就此消失。

欧洲有个妇女患了癌症，生命垂危。医生认为只有本城有个药剂师新研制的药能治好她。配制这种药的成本为200元，但销售价为2000元。病妇的丈夫汉斯到处借钱，可最终只凑得了1000元。汉斯恳求药剂师，他妻子快要死了，能否将药便宜点卖给他，或者允许他赊账。药剂师不仅没答应，还说："我研制这种药，就是为了赚钱。"汉斯别无他法，利用晚上撬开药剂师的仓库门，把药偷走了。你如何看待汉斯偷药的行为(值或不值)？为什么？假如你是法官，对汉斯偷药救妻的行为，你会如何量罪定刑？为什么？

看美国短篇小说《最后一片叶子》，眼睛总是潮湿湿的。当生病的老人望着凋零衰落的树叶而凄凉绝望时，充满爱心的画家用精心勾画的一片绿叶去装饰那棵干枯的生命之树，从而维持一段即将熄灭的生命之光。同样，当得知某同学身患绝症，生命即将走到尽头，而他尚不知自己的真实情况时，为了让他心平气和地走完人生的最后一段时光，你会怎么做？为什么？

(资料来源：http://blog.sina.com.cn/s/blog_ecce99320102vz1v.html，有改动)

## 延伸阅读

### 阅读一：坚定文化自信　传承和弘扬中华优秀传统文化

习近平总书记在"七一"重要讲话中指出：文化自信，是更基础、更广泛、更深厚的自信。党的十八届六中全会强调，要坚定对中国特色社会主义的道路自信、理论自信、制度自信、文化自信。中国人民的理想和奋斗，中国人民的价值观和精神世界，中国人民的自信心，始终植根于中华优秀传统文化沃土，随着历史前进而不断与日俱新、与时俱进。中华优秀传统文化是中华民族的精神命脉，是中华民族的突出优势，是我们的文化自信的重要来源。坚定文化自信，要求我们深入学习贯彻习近平总书记关于传承和弘扬中华优秀传统文化的系列重要论述，珍惜价值，古为今用，弘扬精华，创新发展。

## 一、充分认识传承和弘扬中华优秀传统文化的重大意义

坚定文化自信，就要充分认识传承和弘扬中华优秀传统文化的重大意义。对此，我们党的几代领导人均有过重要论述。毛泽东同志说："我们这个民族有数千年的历史，有它的特点，有它的许多珍贵品。对于这些，我们还是小学生。今天的中国是历史的中国的一个发展；我们是马克思主义的历史主义者，我们不应当割断历史。从孔夫子到孙中山，我们应当给以总结，承继这一份珍贵的遗产。"邓小平同志曾经指出："我们要用历史教育青年，教育人民。""要懂得些中国历史，这是中国发展的一个精神动力。"江泽民同志、胡锦涛同志对此也有过多次深刻的论述。

党的十八大以来，习近平总书记多次强调，中国共产党人不是历史虚无主义者，不是文化虚无主义者，而是中华优秀传统文化的传承者和弘扬者。他说，人类已经有了几千年的文明史，任何一个国家、一个民族都是在承先启后、继往开来中走到今天的。当代中国是历史中国的延续和发展，当代中国思想文化也是中华传统思想文化的传承和升华，要认识今天的中国、今天的中国人，就要深入了解中国的文化血脉，准确把握滋养中国人的文化土壤。中国思想文化体现着中华民族世世代代在生产生活中形成和传承的世界观、人生观、价值观、审美观等，其中最核心的内容已经成为中华民族最基本的文化基因。这些最基本的文化基因，代复一代融入中华儿女的血液中，表现在风度气质上，表现在言谈举止上，是中国人民在修齐治平、尊时守位、知常达变、开物成务、建功立业过程中逐渐形成的有别于其他民族的独特标志。博大精深的中华传统文化积淀着中华民族最深沉的精神追求，是中华民族生生不息、发展壮大的丰厚滋养，也是中华民族的突出优势，是我们最深厚的文化软实力。只有坚持从历史走向未来，从延续民族文化血脉中开拓前进，我们才能做好今天的事业。坚定文化自信，就是要努力从中华民族世世代代形成和积累的优秀传统文化中汲取营养和智慧，延续文化基因，萃取思想精华，展现精神魅力，以时代精神激活中华优秀传统文化的生命力。

马克思说："人们自己创造自己的历史，但是他们并不是随心所欲地创造，并不是在他们自己选定的条件下创造，而是在直接碰到的、既定的、从过去承继下来

的条件下创造。”中华优秀传统文化无疑就是中国人民既定的历史条件和现实条件。列宁说过：“只有了解人类创造的一切财富以丰富自己的头脑，才能成为共产主义者。”因此，中华优秀传统文化是我们建设社会主义先进文化不可缺少的基础和起点。这种对于中华优秀传统文化的深刻认识，是代表中国最广大人民根本利益的一个重要方面，是赢得人民群众拥护的文化战略方针，是中国特色社会主义的重要组成部分。

## 二、科学评价中华优秀传统文化的内在价值

坚定文化自信，就要科学评价中华优秀传统文化的内在价值。习近平总书记用历史唯物主义眼光、站在实现中华民族伟大复兴的高度来看待中华优秀传统文化，把它看作中华民族的“根”和“魂”。

中华优秀传统文化是中华民族的“根”和“魂”。习近平总书记指出：文明特别是思想文化是一个国家、一个民族的灵魂。无论哪一个国家、哪一个民族，如果不珍惜自己的思想文化，丢掉了思想文化这个灵魂，这个国家、这个民族是立不起来的。对于中华民族而言，我们的优秀传统文化就是我们中华民族的“根”和“魂”。中华文明之所以历经5000多年而不衰，是世界几大古代文明中唯一没有中断的文明，就是因为没有抛弃传统，没有割断精神命脉，其“根”其“魂”一直延绵至今。经过几千年的沧桑岁月，把我国56个民族、13亿多人紧紧凝聚在一起的，是我们共同经历的非凡奋斗，是我们共同创造的美好家园，是我们共同培育的民族精神，而贯穿其中的、最重要的是我们共同坚守的理想信念。中华优秀传统文化强调人在社会中的地位与责任，注重自强不息、厚德载物、刚健有为的理想信念和道德追求，这是中华民族最根本的精神基因。中华优秀传统文化所倡导的讲仁爱、重民本、守诚信、崇正义、尚和合、求大同等思想理念，牢固积淀在中国人的思维模式和行为方式中，深刻影响了一代又一代中华儿女。中华优秀传统文化是海内外华人共有的精神家园，是中华民族生命力、凝聚力、创造力的重要源泉。因此，我们务必珍视这个“根”和“魂”。

中华优秀传统文化是中华文明发展进步的精神力量。习近平总书记在纪念孔子诞辰2565周年国际学术研讨会暨国际儒学联合会第五届会员大会开幕会上的讲话中指出：“儒家思想同中华民族形成和发展过程中所产生的其他思想文化一道，记载了中华民族自古以来在建设家园的奋斗中开展的精神活动、进行的理性思维、创造的文化成果，反映了中华民族的精神追求，是中华民族生生不息、发展壮大的重要滋养。中华文明，不仅对中国发展产生了深刻影响，而且对人类文明进步作出了重大贡献。”中华传统文化，尤其是作为其核心的思想文化，在2000多年的形成和发展进程中表现出三个特点：一是儒家思想与其他学说既对立又统一，既相互竞争又相互借鉴，虽然儒家思想长期居于主导地位，但始终和其他学说

处于和而不同的局面之中；二是儒家思想与其他学说都是与时迁移、应物变化、不断更新的；三是儒家思想与其他学说都坚持经世致用原则，注重发挥以文化人的教化功能，把对个人、社会的教化同对国家的治理结合起来，达到相辅相成、相互促进的目的。中华优秀传统文化对中华文明形成并延续发展几千年而从未中断，对形成和维护中国团结统一的政治局面，对形成和巩固中国多民族和合一体的大家庭，对形成和丰富中华民族精神，对激励中华儿女维护民族独立、反抗外来侵略，对推动中国社会发展进步、促进中国社会利益和社会关系平衡，都发挥了十分重要的作用。

中华优秀传统文化是治国理政、安邦济世的思想资源。习近平总书记指出："中国传统文化博大精深，学习和掌握其中的各种思想精华，对树立正确的世界观、人生观、价值观很有益处。"他提炼出了许多有助于治国理政、安邦济世的思想。比如，关于道法自然、天人合一的思想，关于天下为公、大同世界的思想，关于自强不息、厚德载物的思想，关于以民为本、安民富民乐民的思想，关于为政以德、政者正也的思想，关于脚踏实地、实事求是的思想，关于经世致用、知行合一、躬行实践的思想，关于清廉从政、勤勉奉公的思想，关于俭约自守、力戒奢华的思想，关于和而不同、和谐相处的思想，关于安不忘危、存不忘亡、治不忘乱、居安思危的思想等，进而指出这些哲学思想、人文精神、教化思想、道德理念等，可以为人们认识和改造世界提供有益启迪，可以为治国理政提供有益启示，也可以为道德建设提供有益启发。同时，要解决当代人类面临的贫富差距持续扩大、物欲追求奢华无度、个人主义恶性膨胀、社会诚信不断消减、伦理道德每况愈下、人与自然关系日趋紧张等突出难题，不仅需要运用人类今天发现和发展的智慧，而且需要运用人类历史上储存的智慧和力量。因此，对传统文化中适合于调理社会关系和鼓励人们向上向善的内容，我们要结合时代条件加以继承和发扬，赋予其新的含义，使之造福人类。

中华优秀传统文化是涵养社会主义核心价值观的道德源泉。中华传统文化素以道德教化为特色而闻名于世。习近平总书记在北京大学师生座谈会上揭示了核心价值观的真谛："古人说：'大学之道，在明明德，在亲民，在止于至善。'核心价值观，其实就是一种德，既是个人的德，也是一种大德，就是国家的德、社会的德。"他进而指出："国无德不兴，人无德不立。如果一个民族、一个国家没有共同的核心价值观，莫衷一是，行无依归，那这个民族、这个国家就无法前进。"我国是一个有着13亿多人口、56个民族的大国，必须确立反映全国人民共同认可的价值观"最大公约数"，使全体人民同心同德、团结奋进，其功在当代，利在千秋。他深情地指出："中华文明绵延数千年，有其独特的价值体系。""今天，我们提倡和弘扬社会主义核心价值观，必须从中汲取丰富营养，否则就不会有生命力和影响力。"他如数家珍，列举了"民惟邦本""和而不同""天行健，君子以自强不息""大道之行也，天下为公”“天下兴亡，匹夫有责”“言必信，行必果”“仁者爱人”“与人为善”“己所不欲，勿施于人”“扶贫济困”等思想理念，指出：“像这样的思想和理念，不论过去还是现在，都有其鲜明的民族特色，都有其永不褪色的时代价值。”我们提倡的社会主义核心价值观，富强、民主、文明、和谐，自由、平等、公正、法治，爱国、敬业、诚信、友善，把涉及国家、社会、公民的价值要求融为一体，既体现了社会主义本质要求，又充分体现了对中华优秀传统文化的传承和升华。

中华优秀传统文化是发展和平外交战略思想的文化基石。习近平总书记明确指出：中国走和平发展道路的自信自觉的一个重要原因，来源于中华文明的深厚根基。中华民族历来是一个爱好和平的民族，始终追求和平、和睦、和谐。中国人自古就推崇“协和万邦”“亲仁善邻，国之宝也”“四海之内皆兄弟也”“亲望亲好，邻望邻好”“国虽大，好战必亡”等和平思想。爱好和平的思想深深嵌入了中华民族的精神世界，今天依然是中国处理国际关系的基本理念。习近平总书记还特别将“亲、诚、惠、容”，作为睦邻、安邻、富邻的我国周边外交方针的“四字箴言”。他更从打造人类命运共同体的战略高度，提出文明相处需要和而不同的精神。提出文明之间要对话，不要排斥；要交流，不要取代，因为人类历史就是一幅不同文明相互交流、互鉴、融合的宏伟画卷。我们要尊重各种文明，平等相待，互学互鉴，兼收并蓄，推动人类文明实现创造性发展。在国际和区域层面建设全球伙伴关系，走出一条“对话而不对抗，结伴而不结盟”的国与国交往新路。他向世界承诺，中国将始终做全球发展的贡献者，坚持走共同发展道路，继续奉行互利共赢的开放战略，将自身发展经验和机遇同世界各国分享，欢迎各国搭乘中国发展“顺风车”，一起来实现共同发展。这些重要思想表达了中国人民共同的心声。

### 三、大力弘扬中华优秀传统文化

坚定文化自信，必须大力弘扬中华优秀传统。对待传统文化有两种错误的做法。一种是把传统文化说得一团漆黑的文化虚无主义，认为中国传统文化是封建文化，是为封建统治阶级服务的，是一种历史包袱，是拖累时代前进的惰性力量，是应该彻底抛弃的糟粕。一种是死守旧有文化传统的文化保守主义。20 世纪 80 年代末，苏联解体、东欧剧变，国际共运跌入低潮，当时国内开始有复兴儒学之说，尔后逐渐发展，特别是近年来有人企图用儒学取代马克思主义，或者是将马克思主义儒学化，这就走向了极端，走向了复古主义，这种开历史倒车的做法无疑是不可取的。

习近平总书记对传统文化坚持取其精华、去其糟粕、批判改造、推陈出新、古为今用的方针，强调“要处理好继承和创造性发展的关系，重点做好创造性转化和创新性发展”。要求科学对待文化传统，提出不忘历史才能开辟未来，善于继承才能善于创新。要善于把弘扬优秀传统文化和发展现实文化有机统一起来，紧密结合起来，在继承中发展，在发展中继承。要求在学习、研究、应用传统文化时坚持古为今用、推陈出新，结合新的实践和时代要求进行正确取舍，而不能一股脑儿都拿到今天来照套照用。要坚持古为今用、以古鉴今，坚持有鉴别地对待、有扬弃地继承，而不能搞厚古薄今、以古非今，努力实现传统文化的创造性转化、创新性发展，使之与现实文化相融相通，共同服务于以文化人的时代任务。为此，需要加强对中华优秀传统文化的挖掘和阐发，把跨越时空、超越国度、富有永恒魅力、具有当代价值的文化精神弘扬起来，把继承优秀传统文化又弘扬时代精神、立足本国又面向世界的当代中国文化创新成果传播出去。

要实现传统文化的创造性转化、创新性发展，还必须吸收借鉴其他文明的精华。在如何对待外国文化问题上，习近平总书记表明了开明开放的态度。一是尊重各国各民族文明，维护文明多样性。他指出：世界万物万事总是千差万别、异彩纷呈的。每一个国家和民族的文明都扎根于本国本民族的土壤之中，都有自己的本色、长处、优点。不要看到别人的文明与自己的文明有不同，就感到不顺眼，就要千方百计去改造、去同化，甚至企图以自己的文明取而代之。我们应该维护文明的多样性，理性处理本国文明与其他文明的差异，不搞自我封闭，更不搞唯我独尊。不同文明之间不应该相互隔膜、相互排斥、相互取代，而应相互交流、相互学习、相互借鉴，这样世界文明之园才能万紫千红、生机盎然。二是正确与其他文明交流互鉴。文明因交流而多彩，文明因互鉴而丰富。进行文明相互学习借鉴，要坚持从本国本民族实际出发，坚持取长补短、择善而从，讲求兼收并蓄，但兼收并蓄不是囫囵吞枣、莫衷一是，而是要去粗取精、去伪存真。

具有悠久历史的中华优秀传统文化是一笔巨大的精神财富，是中华民族自立于世界民族之林的力量支撑。坚定中国特色社会主义的道路自信、理论自信、制度自信、文化自信，就要努力实现传统文化的创造性转化、创新性发展，充分发挥中华优秀传统文化的巨大作用。站立在960万平方公里的广袤土地上，吸吮着中华民族漫长奋斗积累的文化养分，拥有13亿中国人民聚合的磅礴之力，我们走自己的路，具有无比广阔的舞台，具有无比深厚的历史底蕴，具有无比强大的前进定力。中国人民满怀自信地走在人类文明的大道上，去创造新的辉煌！

（资料来源：王伟光：求是，2016年第24期，有改动）

**阅读二：新时代中国特色大国外交的传统文化渊源**

新时代中国特色大国外交，是在中国特色社会主义进入新时代的背景下，中国以大国身份开展的具有鲜明特色的外交，以推动构建新型国际关系、构建人类命运共同体为目标，走出了一条与历史上传统大国不同的外交道路。习近平新时代中国特色社会主义思想为中国特色大国外交的全面推进，提供了直接的理论指导，中国博大精深的传统文化是中国特色大国外交重要的思想渊源。

习近平总书记高度重视中国传统文化的思想精华，将传统文化精髓视为中华民族的突出优势，指出："中国优秀传统文化的丰富哲学思想、人文精神、教化思想、道德理念等，也蕴藏着解决当代人类面临的难题的重要启示，可以为人们认识和改造世界提供有益启迪，可以为治国理政提供有益启示，也可以为道德建设提供有益启发。"弘扬中国传统文化精髓，发掘中国传统文化与当今时代的共鸣点，能够增强中国特色大国外交的历史底蕴，为当今世界的和平与发展奉献中国立场、中国智慧、中国价值。

**倡导天下为公**

"天下为公"出自儒家经典文献《礼记·礼运篇》，用以描述古代先贤追求的理想社会模式，是指天下为天下人所共有、共享，选举品德高尚、富有才能的人来治理的大同世界。"天下"的观念在先秦时期就已形成，其内涵十分丰富，不仅仅是一个与王朝疆域范围相关的地理概念，而且是一种与"家""国"密切相关的价值观，寄托了中国古代思想家和政治家崇高的政治理想与道德信仰。在中国古代的王朝兴衰、更迭中，中国的"天下"观念始终焕发着生机。"修身齐家治国平天下"的信条，强调的是运用内在道德修养的力量，通过文明教化去实现天下太平的目标；"先天下之忧而忧，后天下之乐而乐"的抱负，抒发的是中国人的济世情怀；"达则兼济天下"的追求，承载的是负责任的共享意识；"天下兴亡，匹夫有责"的豪情，诠释的则是普通人的政治担当和责任意识。

近代中华民族遭遇危机，"天下为公"的政治理想成为中国人求强御辱的思想武器。康有为在其所著《大同书》中，设计了大同世界的基本原则和主要内容，描绘了"大同之世，天下为公，无有阶级，一切平等"的理想社会。中国民主革命的伟大先驱孙中山先生也将"天下为公"作为奋斗目标，他将中国传统的大同思想与民有、民治、民享的西方思想相融合，创立了"三民主义"，提倡建立全体人民做主的"公天下"。"孙中山先生有着深厚的为民情怀，一生坚持以'天下为公'为最高思想境界，致力于'除去人民的那些忧愁，替人民谋幸福'，对此矢志不移、无比坚定。"

中国共产党自成立之日起，就既是中国优秀传统文化的忠实继承者和弘扬者，又是中国先进文化的积极倡导者和发展者。"天下为公"从古至今的传承与社会主义意识形态对理想社会的追求一脉相承。社会主义制度的确立完成了中华民族有史以来最为广泛而深刻的社会变革，为当代中国一切发展进步奠定了根本政治前提和制度基础。在国内政治生活中，"天下为公"的情怀体现为中国共产党坚持立党为公、执政为民，以国家和民族的富强为己任，全心全意为人民服务。在对外关系中，"天下为公"的理想体现为超越民族、国家的责任感，体现为中国外交始终致力于与同世界各国建立发展友好合作关系，致力于支持世界人民的正义事业。

党的十九大指出："中国共产党是为中国人民谋幸福的政党，也是为人类进步事业而奋斗的政党。中国共产党始终把为人类作出新的更大的贡献作为自己的使命。"在实现"两个一百年"奋斗目标和中华民族伟大复兴的中国梦进程中，中国外交追求的不仅是中国人民的福祉，也是世界各国人民共同的福祉。中国特色大国外交的使命，从弘扬优秀传统文化的角度来讲，正是"天下为公"政治理想在国际关系中的发扬光大。"治天下也，必先公，公则天下平矣。"作为一个日益走近世界舞台中央的大国，中国积极探索传统文化基因的世界意义，着力将传统文化的价值观优势转变为国际话语权的优势，为推进中国特色大国外交提供理论基础和精神动力。

追求和而不同

"和"是中国传统文化的核心思想，在维系中国社会稳定、推动社会发展的历史进程中发挥了不可替代的作用。中华民族历来重视"和"，古代传统典籍有许多精辟的论述。西周末年的思想家史伯提出："和实生物，同则不继"，认为万物由不同的事物互相结合而成，无差别的单一事物不能产生新的事物。《左传》中记载有"如乐之和，无所不谐"，意思是像一曲美妙的乐曲一样和谐动听，强调多样性的统一。老子主张"万物负阴而抱阳，冲气以为和"，同样将"和"视为万物对立统一达到的和谐与平衡。《中庸》中有"致中和，天地位焉，万物育焉"，将天地各得其位、万物生长繁衍的境界称为"中和"。孔子说："礼之用，和为贵，先王之道，斯为美，大小由之"，将"和"看作是伦理、政治和社会原则。孔子还在前人有关"和"与"同"关系的基础上，提出"君子和而不同，小人同而不和"的观点。《尚书》中则记载有适用于国家间关系的"协和万邦"立场。孟子认为"天时不如地利，地利不如人和"，"人和"因素比"天时""地利"更为重要，体现出对"和"的高度重视。

中国传统思想文化中的"和"，包含和谐、和平、和合、调和等多重内容，既是中国人追求的理想境界和价值标准，又是中国人处理人与人之间、人与自然之间、人与社会之间关系的手段和方法，进而演化成为中国人处理民族与民族之间、国家与国家之间关系的准则。

"和"的核心是和而不同。"和"意味着世间万事万物都是由不同方面、不同要素构成的统一整体，意味着协调不同的人、事、物，使之达到和谐均衡。"和"是矛盾的对立统一体，追求内在的和谐统一，而非表象上的相同和一致。习近平总书记指出："和而不同是一切事物发生发展的规律。世界万物万事总是千差万别、异彩纷呈的，如果万物万事都清一色了，事物的发展、世界的进步也就停止了。""和"与"同"体现了多样性与统一性的辩证关系。"和"是保存差异和个性的对立和谐，"不同"之间求"和"，不是强求一致，而是要在承认多样性、矛盾性的前提下找出统一性，找出事物之间和谐有益的相互关系，进而求同存异，真正达到"和"的境界。

中国"和"文化贯穿中国外交理论和实践，成为中国外交的重要源泉和宝贵财富。从倡导和平共处五项原则到主张国际关系民主化，从坚定不移走和平发展道路到建设和谐世界理念，都是对传统"和"文化的继承和发展。和而不同的理念已经融入中国的外交政策，奠定了中国独立自主和平外交政策的基石。习近平总书记非常重视运用中国传统"和"文化，善于将和而不同的理念注入中国的对外政策和策略中，向世界各国推广中国传统价值观的世界意义，用"和"文化打造中国的国际形象。"只有不断发掘和利用人类创造的一切优秀思想文化和丰富知识，我们才能更好认识世界、认识社会、认识自己，才能更好开创人类社会的未来。"

**重视伦理道德**

中国传统文化是伦理道德型文化，道德观念、道德理想占据重要地位，不但体现在个人的道德修养、行为规范上，而且渗透到社会的各个方面，延伸到治国安邦和国家间关系中，成为判断是非的最高标准。

春秋时管仲将礼、义、廉、耻称为"国之四维"，"四维不张，国乃灭亡"，推崇国家的伦理道德基础。孔子和儒家重视仁、义、礼等道德价值。孔子认为"仁"是最高的道德原则，"克己复礼为仁，一日克己复礼，天下归仁也。"儒家认为，国家实行仁政，统治基础才能稳固，只有仁政才能使天下人心悦诚服。"义"是道义，正义，儒家主张以义制利。《论语》提出："君子喻于义，小人喻于利"，要求人们"见利思义""见得思义"，用道义去限制对利益的追求。孟子说："生，亦我所欲也；义，亦我所欲也；二者不可得兼，舍生而取义者也。""礼"是社会的规范、秩序和法度，对于个人、社会、国家都是不可缺少的。孔子说："不知礼，无以立。"荀子提出："人无礼则不生，事无礼则不成，国家无礼则不宁。"

诚信也是备受儒家推崇的基本道德规范。儒家认为，诚信是个人安身立命之本，也是治国安邦之道。孔子提出"人而无信，不知其可也""言必信，行必果""人无信不立"等道德信条。汉代的董仲舒将"信"与仁、义、礼、智并列为伦理规范的"五常"，使"信"成为中国传统文化中的基本道德规范之一。

中国传统文化将个人的品德修养看作是实现理想社会的基础，对伦理道德的重视，将个人与家庭、社会的利益融为一体，极大增强了民族、国家的凝聚力和文化的延续性。在个人层面，传统文化提供了一整套指导人们提高自我修养的方法，从而实现与他人、自然、世界的和谐相处。在国家层面，传统文化将道义、公平、正义、文明等价值观作为规范国家行为的标准，提倡"以德化人"的王道，反对"以力服人"的霸道。古代中国历代王朝与邻国的外交实践，大多是以仁义宽宏推行怀柔政策，兼收并蓄、慎战避战。新中国成立后，传统伦理道德思想仍然从深层次影响着中国的国际观念和行为模式，是中国外交政策的重要渊源。中国政府在国际事务中，始终坚持以中国人民和世界人民的根本利益作为判断是非曲直的标准，绝不做损人利己、以邻为壑的事情，塑造了中国在国际关系中重感情、讲正义、守诚信的伦理道德形象。

党的十八大以来，习近平主席亲力亲为开展元首外交，在一系列重要的演讲和讲话中将中国传统道德伦理与当前国际关系发展结合起来，展现出高度的文化自信和深邃的哲学内涵。习近平主席指出："人与人交往在于言而有信，国与国相处讲究诚信为本。""'国不以利为利，以义为利也。'在国际合作中，我们要注重利，更要注重义。""大国之间相处，要不冲突、不对抗、相互尊重、合作共赢。大国与小国相处，要平等相待，践行正确义利观，义利相兼，义重于利。"上述阐释极大增进了国际社会对中国传统伦理道德思想的了解，展现出中国领导人为人民谋福，为国家负责，为世界担当的博大情怀，将正确义利观确立为中国特色大国外交的价值取向。同时，中国传统伦理道德思想经过现代性的发展，焕发出新的时代意义，符合当今国际社会追求公平、正义、平等、秩序的潮流，成为全人类共同价值的渊源。

中国传统文化具有强大的生命力和延续力。中国特色大国外交的文化内核是中国传统文化的精髓。面对当今世界发展的困局和现代文明深层次的精神危机，中国外交积极推动中国优秀文化的创造性转化、创新性发展，让传统文化的影响力、凝聚力、感召力在中国对外政策和对外关系中更加充分地展示出来，从而为完善全球治理、应对各种全球性挑战提供更多有益的公共产品。

（资料来源：蒲俜：光明网，http://theory. gmw. cn/2018-06/22/content_29398964. htm，有改动）

### 阅读三："老三篇"的新时代光芒

"老三篇"是毛泽东同志在抗日战争期间写下的三篇经典之作——《为人民服务》《愚公移山》《纪念白求恩》的统称。"人固有一死，或重于泰山，或轻于鸿毛。为人民利益而死的，就比泰山还重；替法西斯卖力，替剥削人民和压迫人民的人去死，就比鸿毛还轻"，"要做一个高尚的人，一个纯粹的人，一个有道德的人，一个脱离了低级趣味的人，一个有益于人民的人"，如是经典语录仍记忆犹新；而关于"愚公移山"，少时虽还未学习毛泽东同志在七大上的闭幕致辞，却也通过初中课本熟悉了寓言大意。"老三篇"距今已过七十年有余，时下看来，依然历久弥新，三篇文章鲜明地阐述了如何解决好"我是谁""为了谁""依靠谁"的问题。

全心全意为人民服务是党的根本宗旨，是我们党最高的价值取向，也是我们党一切工作的出发点。可以说，它既是工作目的，也是工作方法，更是工作要求。数年后再次阅读经典，感受到的是老一辈共产党人"于荆棘中树红旗"的艰辛，饱含着的是"为民为公得永生"的真谛。无论我们党发展到什么时候，我们党所领导的国家发展到哪个阶段，"以人为本"这一核心要义都亘古不变，"水可载舟，亦可覆舟"的古训不会忘却。因为，来自人民、植根人民、服务人民才是我们党永远立于不败之地的根本。同时，只有始终坚持人民至上的价值观、人民是真正英雄的唯物史观、立党为公执政为民的执政观，才能使党领导下的各项工作获得最广泛最可靠最牢固的群众基础和力量源泉。《为人民服务》一文不到八百字，不仅指明了“为了谁”，还点出了“依靠谁”。中国共产党这一“庞大集体”的发展建设，需要依靠像张思德一样一代代为之忠诚奋斗的党内同志，需要依靠像李鼎铭一样一批批为之建言献策的党外人士，更需要与党站在一起、坐在一条板凳上的人民群众。

诺尔曼·白求恩，他来到中国也仅有两年时间，却为数以亿计的人民所牢记，这股跨越肤色、跨越文化、跨越国别的巨大能量被称为“白求恩精神”。这一精神之源便是共产主义理想。在条件异常艰苦的战地手术台上，他展现出了高度负责、精益求精的专业精神；在异国他乡炮火纷飞的抗战前线上，他展现出了大爱无疆的国际主义精神；在舍弃自我、直面生死的人生抉择中，他展现出了“毫不利己专门利人”伟大的共产主义精神。放弃种种，投身革命，只因为他始终牢记着自己是一位胸外科医生、一个国际主义战士，更是一名拥有着坚定信仰的共产党员。

时下，党的十九大闭幕不久，习近平同志即带领新当选的中央政治局常委瞻仰了上海中共一大会址和浙江嘉兴南湖红船，提出了不忘初心、牢记使命、永远奋斗的伟大号召。在“我们党梦想起航的地方”，新一届中央领导集体重温了入党誓词，这是“初心”的再次铭记、“使命”的再次召唤，这是叮嘱全党牢记不忘“我是谁”、牢记不忘第一身份是共产党员、第一职责是为党工作。《纪念白求恩》已经深深影响了几代中国共产党人的世界观、价值观和人生观，它也将成为我们党在新时代高扬信仰旗帜、为实现中国梦不懈奋斗的精神动力。

毛泽东同志在1945年6月11日召开的中共七大会议上作了《愚公移山》的闭幕词，所提出的“下定决心，不怕牺牲，排除万难，去争取胜利”这组愚公精神的核心内容，生动精辟地回答了“共产党员该怎么做”的问题，也为这则古老寓言注入了“自力更生、艰苦奋斗”的精神元素。反观寓言，“智叟不智”因其目短，“愚公不愚”因其志长。共产主义的远大理想虽不可即日达到，但只望眼前、故步自封，功成之日必将无可期盼。当我们党面临“四大考验”“四大危险”以及“八大斗争”之时，能够支持共产党人披荆斩棘、攻坚克难的必然是人民。在新的历史时期，愚公精神不仅没有过时，在面对许多具有新的历史特点的伟大斗争之时，其愈发彰显出强有力的时代价值。正所谓，伟大的时代需要伟大的精神，伟大的精神成就伟大的事业。“愚公”所展现出的这种“咬定青山不放松”的精神，正为共产党人带领全国人民实现“两个一百年”奋斗目标和中华民族伟大复兴中国梦过程中所必需必备。

当前，我们已经正式步入中国特色社会主义新时代，中国共产党已向全世界庄严宣告，我们不仅要建设一个社会主义现代化强国，还将建成一个富强、民主、文明、和谐、美丽的“家园”。面对党和国家全新的历史定位，面对全新的社会矛盾，中国共产党要带领人民进行伟大斗争、推进伟大复兴、实现伟大梦想，必须坚定不移地全面加强党的领导和自身建设。“老三篇”作为我党我军我国人民的一笔宝贵的精神财富，其所高扬和倡导的“张思德品格”“白求恩精神”“愚公精神”和中国特色社会主义理论体系一脉相承、相映生辉。新时期共产党人的优秀代表兰辉、罗阳、李保国等以他们的崇高品质和动人事迹模范地实践和诠释了“老三篇”精神。因此，每一名共产党员都应继承和发扬先烈先辈、英模楷模的光荣传统，将人本精神、奉献精神、创业精神充分灌注，始终保持党的先进性、纯洁性，引领承载着中国人民伟大梦想的航船乘风破浪、勇往直前，顺利抵达光辉的彼岸。

（资料来源：宋军：求是网，http://www.qstheory.cn/wp/2017-11/16/c_1121967885.htm）

## 阅读四：马克思写给燕妮的信

我的亲爱的：

我又给你写信了，因为我孤独，因为我感到难过，我经常在心里跟你交谈，但你根本不知道，既听不到也不能回答我。你的照片纵然照得不高明，但对我却极有用，现在我才懂得，为什么“阴郁的圣母”，最丑陋的圣母像，能有狂热的崇拜者，甚至比一些优美的像有更多的崇拜者。无论如何，这些阴郁的圣母像中没有一张像你这张照片那样被吻过这么多次，被这样深情地看过并受这样的崇拜；你这张照片即使不是阴郁的，至少也是郁闷的，它绝不能反映你那可爱的、迷人的、“甜蜜的”、好像专供亲吻的面庞。但是我把阳光晒坏的地方还原了，并且发现，我的眼睛虽然为灯光和烟草所损坏，但仍能不仅在梦中，甚至不在梦中也在描绘形象。你好像真的在我的面前，我衷心珍爱你，自顶至踵地吻你，跪倒在你的跟前，叹息着说：“我爱您，夫人！”事实上，我对你的爱情胜过威尼斯的摩尔人的爱情。撒谎和空虚的世界对人的看法也是虚伪而表面的。无数诽谤我、污蔑我的敌人中有谁曾骂过我适合在某个二流戏院扮演头等情人的角色呢？但事实如此。要是这些坏蛋稍微有点幽默的话，他们会在一边画上“生产关系和交换关系”，另一边画上我拜倒在你的脚前。请看看这幅画，再看看那幅画，——他们会题上这么一句。但是这些坏蛋是笨蛋，而且将永远是笨蛋。

暂时的别离是有益的，因为经常的接触会显得单调，从而使事物间的差别消失。甚至宝塔在近处也显得不那么高，而日常生活琐事接触密了就会过度地胀大。热情也是如此。日常的习惯由于亲近会完全吸引住一个人而表现为热情，只要它的直接对象在视野中消失，它也就不再存在。深挚的热情由于它的对象的亲近会表现为日常的习惯，而在别离的魔术般的影响下会壮大起来并重新具有它固有的力量。我的爱情是如此。只要我们一为空间所分隔，我就立即明白，时间之于我的爱情正如阳光雨露之于植物——使其滋长。我对你的爱情，只要你远离我身边，就会显出它的本来面目，像巨人一样的面目。在这爱情上集中了我的所有精力和全部感情。我又一次感到自己是一个真正的人，因为我感到了一种强烈的热情。现在的教养和教育带给我们的复杂性以及使我们对一切主客观印象都不相信的怀疑主义，只能使我们变得渺小、孱弱、啰唆和优柔寡断。然而爱情，不是对费尔巴哈的“人”的爱，不是对摩莱肖特的“物质的交换”的爱，不是对无产阶级的爱，而是对亲爱的即对你的爱，使一个人成为真正意义的人。

你会微笑，我的亲爱的，你会问，为什么我突然这样滔滔不绝？不过，我如能把你那温柔而纯洁的心紧贴在自己心上，我就会默默无言，不作一声。我不能以唇吻你，只得求助于文字，以文字来传达亲吻。事实上，我甚至能写下诗篇并把奥维狄乌斯的《哀歌》重新以韵文写成德文的《哀书》。奥维狄乌斯只是被迫离开了皇帝奥古斯都。我却被迫和你远离，这是奥维狄乌斯所无法理解的。

诚然，世间有许多女人，而且有些非常美丽。但是哪里还能找到一副容颜，它的每一个线条，甚至每一处皱纹，能引起我的生命中的最强烈而美好的回忆？甚至我的无限的悲痛，我的无可挽回的损失，我都能从你的可爱的容颜中看出，而当我遍吻你那亲爱的面庞的时候，我也就能克制这种悲痛。“在她的拥抱中埋葬，因她的亲吻而复活”，这正是你的拥抱和亲吻。我既不需要婆罗门和毕达哥拉斯的转生学说，也不需要基督教的复活学说。

最后，告诉你几件事。今天，我给艾萨克·埃恩赛德寄去了一组文章中的第一章，并附去(即附在该急件中)我亲笔写的便条，而且是用我自己的英语写的。在这篇东西寄走以前，费里德里希读它时不言不语地皱着眉，颇有批评之意，这自然使我不十分愉快。不过他在第一次读时，感到非常惊奇，并高呼这一重要的著作应该用另一种形式出版，首先用德文出版。我将把第一份寄给你和在德国的老历史学家施洛塞尔。

顺便告诉你，在《奥格斯堡报》(它直接引用了科伦共产党人案件中的我们的通告)上我读到，“似乎”从同一个来源，即从伦敦又发出了一个新的通告。这是一种捏造，是施梯伯先生按我们的作品摘出来的可怜的改编；这位先生由于近来在普鲁士不大吃香，想在汉诺威装作一个汉诺威的大人物。我和恩格斯将在奥格斯堡《总汇报》上加以驳斥。

再见，我亲爱的、千万次地吻你和孩子们。

你的卡尔

(资料来源：http://bbs.tianya.cn/post-wordlook-1076023-1.shtml，有改动)

## 课后习题

一、单选题

1. 道德可以通过评价等方式指导和纠正人们的行为和实际活动，协调人们之间的关系。这说明道德具有(　　)。

A. 认识功能　　B. 导向功能　　C. 辩护功能　　D. 调节功能

2. 在我国古代思想文化中，有重视荣辱的思想观念。下列古语中，表达了这种重视荣辱观念的是(　　)。

A.“宁可毁人，不可毁誉”　　B.“己所不欲，勿施于人”

C.“民生在勤，勤则不匮”　　D.“亲仁善邻，国之宝也”

3. 列宁说："没有'人的感情'，就从来没有也不可能有人对于真理的追求。"对于完善人的品质来说，这主要强调的是(　　)。

A. 省察克治的重要性　　B. 慎独自律的重要性

C. 陶冶情操的重要性　　D. 学思明理的重要性

4. 个体在道德意识、道德行为方面，自觉按照一定社会或阶级的道德要求进行自我审度、自我教育、自我锻炼、自我革新、自我完善的活动，称为(　　)。

A. 道德认识　　B. 道德修养　　C. 道德调节　　D. 道德发展

5. 马克思主义科学地揭示了道德的起源，认为道德(　　)。

A. 起源于人性中的情感、欲望

B. 起源于人先天具有的某种良知和善良意志

C. 产生于人类的历史发展和人们的社会实践中

D. 起源于“天”的意志、“神”的启示或“上帝”的意志

6. 道德能够帮助人们正确认识社会生活的规律和原则，认识人生的价值和意义，认识自己对家庭、他人、社会的义务和责任，使人们的道德实践建立在向善避恶的认识基础上，引导人们正确选择道德行为。这说明道德具有(　　)。

A. 调节功能　　B. 激励功能　　C. 认识功能　　D. 评价功能

7. 道德作为一种特殊的社会意识形态，归根到底是(　　)的反映。

A. 社会经济关系　B. 人的本性　　C. 社会上层建筑　D. 政治制度

8. (　　)是人类道德起源的第一个历史前提。

A. 自我意识的形成　　B. 国家的出现

C. 劳动　　D. 个人利益的出现

9. 在道德的功能系统中，主要的功能是认识功能和(　　)。

A. 评价功能　　B. 调节功能　　C. 导向功能　　D. 激励功能

10. 在社会规范体系中，法律与道德是两种不同的行为规范。下列关于二者关系的说法中，正确的是(　　)。

A. 凡是道德所反对和谴责的行为，必定是法律所制裁的行为

B. 法律是道德形成的基础，能够为道德规范的制订提供依据

C. 法律的调节更具有广泛性，能够渗透到道德不能调节的领域

D. 凡是法律所禁止和制裁的行为，通常也是道德所反对和谴责的行为

11. 社会主义道德区别和优越于其他社会形态道德的显著标志是，社会主义

道德(　　)。

A. 以为人民服务为核心

B. 对社会行为的调节是非强制性的

C. 起源于人先天具有的某种良知和善良意志

D. 对其他社会意识形态的存在和发展有重大影响

12. 马克思主义科学地揭示了道德的本质,认为道德是(　　)。

A. "天"的意志、"神"的启示

B. 人先天具有的某种良知和善良意志

C. 一种由社会经济基础决定的特殊的社会意识形态

D. 决定社会生产力发展水平的根本力量

13. 黑格尔说:"一个人做了这样或那样一件合乎伦理的事,还不能就说他是有德的;只有当这种行为方式成为他性格中的固定要素时,他才可以说是有德的。"其中,"性格中的固定要素"指的是(　　)。

A. 道德品质　　B. 道德行为　　C. 道德理想　　D. 道德规范

14. 精心地保持自己的善意,精心地保持自己的善行,使其不断积累而成为个人品德。这种道德修养的途径称为(　　)。

A. 学思明理　　B. 积善成德　　C. 慎独　　D. 省察克治

15. 我们要深入挖掘中华优秀文化蕴含的思想观念、(　　)和道德规范,结合时代要求继承创新,让中华文化展现出永久魅力和时代风采。

A. 人文精神　　B. 创新精神　　C. 牺牲精神　　D. 奉献精神

16. 中国革命道德萌芽于(　　)前后。

A. 辛亥革命　　B. 五四运动　　C. 抗日战争　　D. 整风运动

17. 借鉴人类文明优秀的道德成果,必须坚持(　　)。

A. 以我为主　　B. 为我所用　　C. 批判继承　　D. 以上都是

18. (　　)作为社会主义道德的核心,是社会主义道德区别和优越于其他社会形态道德的显著标志。

A. 为人民服务　　B. 集体主义　　C. 诚实守信　　D. 奉献社会

19. (　　)是社会主义道德建设的原则。

A. 个人主义　　B. 集体主义　　C. 自由主义　　D. 浪漫主义

20. (　　)是全体公民都必须遵循的基本行为准则,是维护公共生活秩序的重要条件。

A. 文明礼貌　　B. 助人为乐　　C. 保护环境　　D. 遵纪守法

二、多选题

1. 下列选项中,对于道德的理解,正确的有(　　)。

A. 道德通过社会舆论、传统习俗和人们的内心信念来维系

B. 道德属于上层建筑的范畴，是一种特殊的社会意识形态

C. 道德是阶级社会特有的社会意识形态，在原始社会就没有道德

D. 道德是对人们的行为进行善恶评价的心理意识、原则规范和行为活动的总和

2. 社会主义道德建设要以集体主义为原则。社会主义集体主义原则的基本内涵有(　　)。

A. 压制个人，束缚个性
B. 集体利益高于个人利益
C. 集体利益和个人利益相统一
D. 重视、保障和发展个人的正当利益

3. 马克思主义认为，道德作为一种社会现象，其产生有多方面的条件，包括(　　)。

A. 人性本善
B. 社会关系的形成
C. 社会舆论的形成
D. 自我意识的形成

4. 在社会主义初级阶段，我们反对"权力至上""金钱拜物教""享乐主义"等卑下的人生目的，不提倡"平生无大志，但求足温饱"等平庸的人生目的，提倡(　　)。

A. 先公后私、先人后己的人生目的
B. 禁欲主义、苦行僧主义的人生目的
C. 尽情享受口腹耳目快乐的人生目的
D. 主观为自己、客观为他人的人生目的
E. 大公无私、全心全意为人民服务的人生目的

5. 中华传统美德的基本精神主要包括(　　)。

A. 重视整体利益，强调责任奉献
B. 推崇"仁爱"原则，注重以和为贵
C. 提倡人伦价值，重视道德义务
D. 追求精神境界，向往理想人格
E. 强调道德修养，注重道德践履

6. 正确对待中华传统道德，必须反对的两种错误思潮是(　　)。

A. 拜金主义
B. 享乐主义
C. 个人主义
D. 文化复古主义
E. 历史虚无主义

7. 中国革命道德的主要内容有(　　)。

A. 全心全意为人民服务
B. 始终把革命利益放在首位
C. 树立社会新风，建立新型人际关系
D. 修身自律，保持节操
E. 为实现社会主义和共产主义理想而奋斗

8. (　　)是职业生活中的基本道德规范。

A. 爱岗敬业
B. 诚实守信
C. 办事公道
D. 服务群众

E. 奉献社会

9. 网络生活中的道德要求主要包括(　　)。

A. 正确使用网络工具　　B. 健康进行网络交往

C. 自觉避免沉迷网络　　D. 加强网络道德自律

E. 积极引导网络舆论

10. 树立正确的择业观和创业观，主要包括(　　)。

A. 树立崇高的职业理想　　B. 服从社会发展需要

C. 做好充分的择业准备　　D. 培养创业的勇气和能力

E. 工资待遇不容忽视

三、判断题(对的打√，错的打×)

1. 中华传统美德是社会主义道德建设的源头活水。(　　)

2. 中华传统美德是一个矛盾体，既有精华，又有糟粕。(　　)

3. 中国革命道德是马克思主义与中国革命的伟大实践相结合的产物。(　　)

4. 家庭是社会的基本细胞，是人生的第一所学校。(　　)

5. 婚姻是家庭产生的重要前提，家庭又是缔结婚姻的必然结果。(　　)

6. 个人品德在社会主义道德建设中具有基础性作用。(　　)

四、问答题

1. 道德的本质、功能和作用是什么?

2. 大学生如何通过参与道德实践引领社会风尚?

参考答案

# 第六章

# 尊法学法守法用法

## 教学目标

（1）知识目标：了解社会主义法律的本质特征、我国的实体法律部门、我国的程序法律部门，理解宪法是我国的根本法及宪法的基本原则、建设中国特色社会主义法治体系的重大意义、法律权威的含义、尊重和维护法律权威的重要意义及基本要求，掌握法律的含义及其历史发展、社会主义法律的运行过程、我国宪法确立的基本制度、建设中国特色社会主义法治体系的主要内容、全面依法治国的基本格局、坚持走中国特色社会主义法治道路的基本要求、行使法律权利的界限、违反法定义务应当承担的法律责任。

（2）能力目标：运用法律知识、法治思维正确分析法律事件，作出正确的法律行为选择，依法正确行使法律权利与履行法定义务。

（3）素质目标：提高法治素养，以实际行动努力做尊法、学法、守法、用法的模范，积极参与到全面依法治国、建设法治中国的进程中。

## 教学重点

（1）我国社会主义法律的运行。

（2）建设中国特色社会主义法治体系的主要内容。

（3）全民依法治国的基本格局。

（4）党的领导和社会主义法治的关系。

（5）我国宪法法律规定的公民的基本权利与义务。

## 教学难点

（1）宪法是国家的根本法。

（2）法治与德治的结合。

（3）尊重和维护法律权威。

（4）怎样培养法治思维。

（5）怎样依法行使法律权利。

（6）怎样依法履行法律义务。

## 教学逻辑

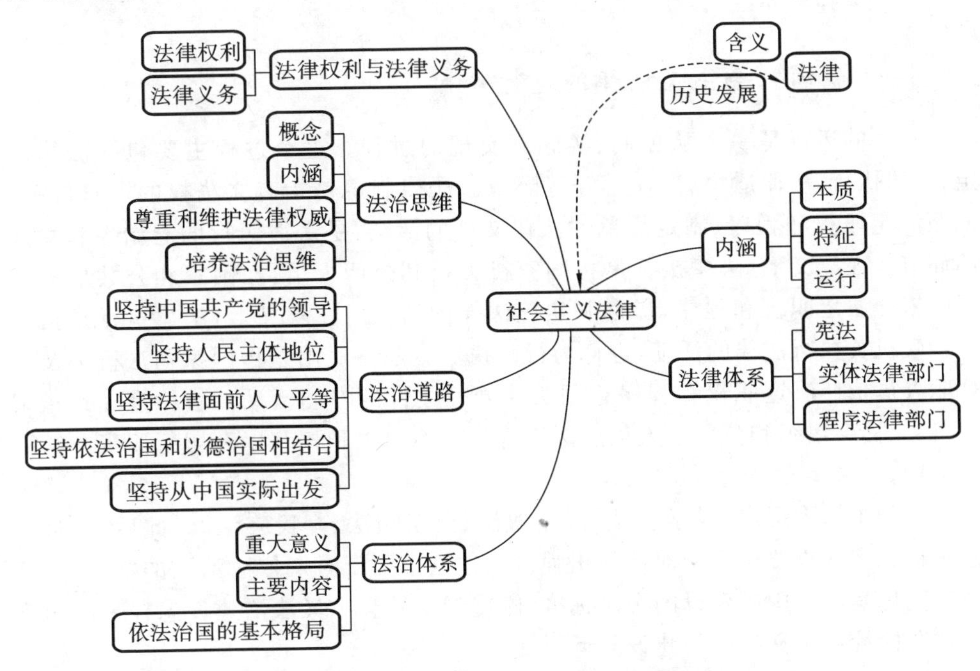


## 第一节　理论教学探讨

本章从讲马克思主义法学基本原理开始，帮助学生正确认识社会主义法律的本质特征和运行规则，整体把握中国特色社会主义法律体系、法治体系和法治道路，自觉培养法治思维，最后落实到行动上，形成了“法学原理→法律体系→法治体系→法治道路→法治思维→权利义务”法治观教育内容体系。第一部分主要讲述“社会主义法律的特征和运行”，使学生对“法律”有全面、深刻的理解。第二部分主要讲述“以宪法为核心的中国特色社会主义法律体系”，总体介绍构成我国法律部门的实体法律体系和程序法律体系。第三部分主要讲述“建设中国特色社会主义法治体系”，有助于大学生了解依法治国的相关内容以及党的十九大对发展社会主义民主政治、建设社会主义法治国家的重大部署。第四部分主要讲述“坚持走中国特色社会主义法治道路”，介绍了中国特色社会主义法治道路是建设社会主义法治国家的正确道路。第五部分主要讲述“培养法治思维”，解读法治思维的基本含义与特征、区别法治思维与人治思维的基础上，重点介绍法治思维的基本内容，围绕尊重法律权威的重要意义、基本要求展开。第六部分主要讲述“依法行使权利与履行义务”，介绍我国宪法法律规定的公民的基本权利和义务，最后落脚到如何行使法律权利、履行法律义务。

## 一、理论要点

### （一）我国社会主义法律的运行

法律的运行是一个从创制、实施到实现的过程。这个过程主要包括法律制定、法律执行、法律适用、法律遵守等环节。法律制定是指有立法权的国家机关，依照法定职权和程序、制定规范性法律文件的活动，是法律运行的起始性和关键性环节。在广义上，法律执行是指国家机关及其公职人员，在国家和公共事务管理中依照法定职权和程序，贯彻和实施法律的活动。在狭义上，法律执行是指国家行政机关执行法律的活动，也称为行政执法。法律适用是指国家司法机关及其公职人员依照法定职权和程序运用法律处理案件的专门活动。法律遵守是指国家机关、社会组织和公民个人依照法律规定行使权力和权利以及履行职责和义务的活动。

党的十八大提出“科学立法、严格执法、公正司法、全民守法”。此后，习近平总书记在多次重要讲话中对此作出强调。这是中国新时期依法治国的“新十六字方针”，也是法治中国建设的衡量标准，侧重于从社会主义法治建设怎样做的角度阐述我国社会主义法律的建设与运行。

### （二）建设中国特色社会主义法治体系的主要内容

建设中国特色社会主义法治体系是全力推进法治中国建设的重要内容，是实现国家治理体系和治理能力现代化的重要战略部署，意义重大。建设中国特色社会主义法治体系是中国特色社会主义的本质要求和重要保障，是推进国家治理体系和治理能力现代化的重要举措，是全面依法治国的总抓手。

建设中国特色社会主义法治体系，就是在中国共产党的领导下，坚持中国特色社会主义制度，贯彻中国特色社会主义法治理论、形成完备的法律规范体系、高效的法治实施体系、严密的法治监督体系、有力的法治保障体系，形成完善的党的法规体系。完备的法律规范体系是以宪法为核心，由部门齐全，结构严谨、内部协调、体例科学、调整有效的法律及配套法规所构成的法律规范系统，是中国特色社会主义法治体系的前提，是法治国家、法治政府、法治社会的制度基础。高效的法治实施体系是指执法、司法、守法等各个环节有效衔接，协调高效运转，持续共同发力，实现效果最大化的法制实施系统，是建设中国特色社会主义法治体系的重点。严密的法治监督体系是指以规范和约束公权力为重点建立的有效的法制化权力监督网络。有力的法治保障体系是指在法律制定、实施和监督过程中形成的结构完整、机制健全、资源充分、富有成效的保障系统，包括政治和组织保障、人才和物质条件保障、法治意识和法治精神保障等，是全面依法治国的重要依托。完善我党的法规体系,是中国特色社会主义法治体系的本质要求和重要内容。完善的党的法规体系是指程序严密、配套完备、运行有效的党内制度及其运行保障体系。

### (三)全民依法治国的基本格局

新十六字方针"科学立法、严格执法、公正司法、全民守法",展现了全面依法治国的基本格局。推进全面依法治国,必须从立法、执法、司法、守法四个方面统筹推进。

法律是治国之重器,立法是法治的龙头环节。科学立法以完善以宪法为核心的中国特色社会主义法律体系,加强宪法实施为目标。法律的生命力在于实施,法律的权威也在于实施。严格执法以深入推进依法行政,加快建设法治政府为目标。公正是法治的生命线,是司法活动最高的价值追求。公正司法是维护社会公平正义的最后一道防线。法律的权威源自人民的内心拥护和真诚信仰。全民守法以增强全民法治观念,推进法治社会建设为目标。

### (四)党的领导和社会主义法治的关系

党的领导是中国特色社会主义最本质的特征,是社会主义法治最根本的保证。

**1. 党的领导是依法治国最根本的保证,不能把两者割裂开来、对立起来**

中国共产党是中国特色社会主义事业的领导核心。全面推进依法治国、建设社会主义法治国家,离开了党的领导,就是一句空话。

**2. 党的领导与依法治国是统一的**

党的领导与依法治国作为一个辩证统一的有机整体,是密不可分的。党的十八届四中全会《决定》鲜明指出,党的领导与社会主义法治是一致的,社会主义法治必须坚持党的领导,党的领导必须依靠社会主义法治。

**3. 党的领导是社会主义法治与资本主义法治的根本区别**

党的领导是中国特色社会主义法治之魂,这是我国社会主义法治与西方资本主义国家法治的最大区别。离开了中国共产党的领导,中国特色社会主义法治体系、社会主义法治国家就建不起来。

### (五)我国宪法法律规定的公民的基本权利与义务

我国宪法法律规定了公民享有一系列权利,主要包括政治权利、人身权利、财产权利、社会经济权利、宗教信仰及文化权利等。

政治权利是公民参与国家政治活动的权利和自由的统称。人身权利是指公民的人身不受非法侵犯的权利,是公民参加国家政治、经济与社会生活的基础,是公民权利的重要内容。财产权利是指公民、法人或其他组织通过劳动或其他合法方式取得财产和占有、使用、收益、处分财产的权利。社会经济权利是指公民要求国家根据社会经济的发展状况，积极采取措施干预社会经济生活，加强社会建设，提供社会服务，以促进公民的自由和幸福，保障公民过上健康而有尊严的生活的权利。宗教信仰及文化权利是指公民依法享有的与宗教信仰活动和文化生活相关联的自由和权利的总称，主要包括宗教信仰自由、文化教育权等。

除了在各个部门法中规定了公民的法律义务外，我国宪法特别规定了公民的基本义务。具体包括：维护国家统一和全国各民族团结的义务；遵守宪法和法律，保守国家秘密、爱护公共财产、遵守劳动纪律、遵守公共秩序、尊重社会公德的义务；维护祖国安全、荣誉和利益的义务；保卫祖国、抵抗侵略和依法服兵役、参加民兵组织的义务；依法纳税的义务。此外，公民还有劳动的义务和受教育的义务，夫妻双方有实行计划生育的义务，父母有抚养教育未成年子女的义务，成年子女有赡养扶助父母的义务等。

### （六）宪法是国家的根本法

宪法是治国安邦的总章程，是党和人民意志的集中体现，是中国特色社会主义法律体系的核心，在全面依法治国中具有突出地位和重要作用。

我国宪法确认了党领导人民长期奋斗取得的辉煌成果，规定了人民民主专政国家政权的性质和根本制度，明确了国家未来建设发展的根本任务和总的目标，是党的指导思想、中心工作、基本原则、重大方针、重要政策在国家法制上的最高体现。宪法修正案共 21 条，包括 12 个方面。

(1) 确立科学发展观、习近平新时代中国特色社会主义思想在国家政治和社会生活中的指导地位。

(2) 调整充实中国特色社会主义事业总体布局和第二个百年奋斗目标的内容。

(3) 完善依法治国和宪法实施举措。

(4) 充实完善我国革命和建设发展历程的内容。

(5) 充实完善爱国统一战线和民族关系的内容。

(6) 充实和平外交政策方面的内容。

(7) 充实坚持和加强中国共产党全面领导的内容。

(8) 增加倡导社会主义核心价值观的内容。

(9) 修改国家主席任职方面的有关规定。

(10) 增加设区的市制定地方性法规的规定。

(11) 增加有关监察委员会的各项规定。

(12) 修改全国人大专门委员会的有关规定。

宪法修正案是一个整体，它全面体现了自上一次修宪以来党和人民在中国特色社会主义建设和改革实践中取得的重大理论创新、实践创新、制度创新的成果，体现了我们党依宪执政、依宪治国的理念。要坚持党的领导、人民当家作主、依法治国有机统一，加强宪法实施和监督，把国家各项事业和各项工作全面纳入依法治国、依宪治国的轨道，把实施宪法提高到新的水平。

### （七）法治与德治的结合

法律与道德同属为经济基础服务的上层建筑，本质是相同的，但产生方式、实施方式、表现形式、调整范围和功能作用是不同的。习近平总书记指出，法律是成文的道德，道德是内心的法律。法律和道德都具有规范社会行为、调节社会关系、维护社会秩序的作用，在国家治理中都有其不同的地位和功能。法治，就是发挥法律规范作用，以其权威性和强制性，用法律准绳规范社会行为、社会生活、国家治理。德治，就是发挥道德教化作用，以其说服力和劝导力提高社会成员思想道德觉悟，用道德引导规范社会成员行为，调节社会关系。

**1. 德法结合，相辅相成**

习近平总书记指出，中国特色社会主义法治道路的一个鲜明特点，就是坚持依法治国和以德治国相结合，强调法治和德治两手抓、两手都要硬。这既是历史经验的总结，也是对治国理政规律的深刻把握。要强化道德对法治的支撑作用，把道德要求贯彻到法治建设中，运用法治手段解决道德领域突出问题，发挥领导干部在依法治国和以德治国中的关键作用。

**2. 坚定自信，开辟新路**

中国特色社会主义法治道路要在中国共产党的领导下，以人民为主体，以法律面前人人平等为原则，以中国的实际情况为出发点，以突出依法治国和以德治国相结合为特色。这就是法治的中国模式，就是法治的中国方案。

### （八）尊重和维护法律权威

树立了法治思维，就必须对法律产生敬畏，尊重和维护法律的绝对权威，否则依法治国也就无从谈起。具体要求做到信仰法律、遵守法律、服从法律和维护法律。

一切法律中最重要的法律，既不刻在大理石上，也不刻在铜表上，而是铭刻在公民的内心里。应当相信法律、信奉法律，树立崇尚法律、信仰法律的牢固观念，增强对法律的信任感、认同感。要用实际行动捍卫法律尊严，保障法律实施。应当拥护法律的规定，接受法律的约束，履行法定的义务，服从依法进行的管理，承担相应的法律责任。争当法律权威的守望者、公平正义的守护者、具有良知的护法者。

引导学生理解和养成法律思维的下一步就是要进一步强化法律意识，树立起法律在心中的权威地位，这是法律思维的进一步升华。

### （九）怎样依法行使法律权利与履行法律义务

依法行使法律权利要求公民行使权利时严格依据法律进行，以法律的相关规定为界限，超出这个边界就可能侵犯到他人的权利或者损害到国家、社会的利益。

对行使权利的法律意识的理解注意以下四个方面。第一，权利行使的目的。公民在行使法律权利时，不仅要在形式上符合相关法律的规定，还要符合立法意图和精神，不得违反宪法法律确定的基本原则，保障权利行使的正当性。第二，权利行使的限度。任何权利的行使都不是绝对的，都有其相应的限度，必须依照法律规定的限度来行使权利。第三，权利行使的方式。权利行使的方式分为口头方式、书面方式和行为方式，有时口头方式和书面方式可以兼用。第四，权利行使的程序。由于一个人行使权利的过程可能就是另一个人履行义务的过程，所以程序正当原则同样适用于权利行使过程。

法律权利的行使必须伴随着法律义务的履行，但法律义务更需要由法律加以规定。义务法定，一方面是说义务的设定必须有法律依据，另一方面是说法定的义务应当履行，否则会承担不利的法律后果。

## 二、理论热点

### （一）聚焦“司法行政改革”

2018年2月8日上午，国务院新闻办公室举行新闻发布会，司法部副部长熊选国介绍了司法行政改革有关情况，并对目前出台的《关于加快推进司法行政改革的意见》进行了深入解读。熊选国强调，司法部将认真贯彻落实习近平总书记关于抓好改革任务落地见效的重要讲话精神，牢固树立司法行政改革“只有进行时没有完成时”的理念，强化执行力，一项一项地抓好落实，让司法行政改革持续深化取得的成果更多、更优、更实地惠及广大人民群众。

**【热点解读】**

司法行政改革是司法体制改革的重要内容。

司法部部长熊选国介绍，党的十九大对深化依法治国实践、深化司法体制改革以及司法行政改革作出一系列新部署新要求。司法行政改革是司法体制改革的重要内容。党的十八大以来，以习近平同志为核心的党中央高度重视司法行政改革，做出系列重要部署。司法部以及地方各级司法行政机关积极推动各项改革措施的落实。截至目前，共制定出台司法行政改革文件108项，已落实72项，正在持续推进落实36项。

据悉，为进一步加强司法行政改革的整体谋划，按照中央要求，2017年3月，司法部正式启动《关于加快推进司法行政改革的意见》起草工作，历时 10 个月，经中央批准，2018 年 1 月 23 日以司法部文件形式正式印发。改革意见对新时代司法行政改革作出了顶层设计和全面部署，内容涉及健全完善司法行政执行体制，建设完备的公共法律服务体系，完善司法行政保障机制，健全完善司法行政队伍正规化、专业化、职业化建设长效机制，研究探索优化司法行政职权配置 5 个方面共 85 项改革举措。

**把中央对深化司法改革部署落到实处**

司法行政改革涉及监狱、律师、公证和司法鉴定等诸多方面，这些都是与人民群众息息相关的内容。对此，发布会上有记者提问，司法部是如何把中央对深化司法改革的部署落到实处的？

熊选国介绍说，2017 年是司法行政改革加速发力、全面推进的一年，尤其是新一任司法部党组，坚持以习近平新时代中国特色社会主义思想为指导，认真贯彻落实党的十九大精神，践行以人民为中心的发展思想，坚持以建设公共法律服务体系、增强人民群众获得感幸福感安全感为总抓手，统筹推进司法行政各项工作，包括深入推进司法行政改革。

在熊选国看来，去年一年司法行政改革打了一套组合拳，司法部出台 46 项改革文件，涉及方方面面。熊选国举例说，比如监狱工作提出了治本安全观，从过去不跑人的底线安全观转变深化到向社会提供守法公民的治本安全观；律师工作坚持一手抓维权，一手抓惩戒，各级都建立了快速维权处置机制，建立了维权中心、惩戒中心，并且充分发挥了律师在建设社会主义法治国家中的作用；去年推行了 3 项改革试点，包括法律援助值班律师试点、刑事案件审判阶段律师辩护全覆盖试点、律师调解试点，此外还有律师参与城市管理执法；公证改革把 889 家行政体制的公证处在去年 11 月 14 号全部改制成事业单位，然后推行合作制公证机构试点，进一步激活活力，在绩效考核、收入分配等方面推行改革；去年全国都制定司法鉴定收费标准，而且严格执行，加强对司法鉴定收费的监督管理等。

**公共法律服务体系取得 6 项主要进展**

发布会上有记者注意到，日前出台的《关于加快推进司法行政改革的意见》用超过 50 项的改革举措来着力建设完备的公共法律服务体系，目前我国公共法律服务体系的基本情况怎样？

熊选国回答说，建设完备的公共法律服务体系是司法行政工作的一个总抓手，公共法律服务也是政府公共服务的一个重要组成部分，是司法行政机关的一个基本的职责任务。为推进公共法律服务体系建设，司法部去年下发了一系列文件，包括《关于推进公共法律服务体系建设的意见》《司法部关于推进公共法律服务平台建设的意见》。目前取得了一些进展，主要有 6 个方面：第一，“12348”中国法网目前已经建成；第二，广泛开展“一村（社区）一法律顾问”工作，并探索建立了法律顾问微信群，现在全国有13个省实现村居法律顾问全覆盖，今年要在全国基本建成；第三，建立“12348”电话热线平台，全国有20多个省已经实现了“12348”法律服务热线全覆盖；第四，大力推进四级平台建设，现在重点在县和乡镇两级建设公共法律服务中心，把法律援助、法律服务、法制宣传、人民调解等职能都放在这个中心平台里面，建立窗口化的服务平台，为老百姓提供窗口化的服务；第五，依托“12348”中国法网，建设中国司法行政（法律服务）案例库；第六，公共法律服务保障机制不断健全。下一步，司法部将按照《关于加快推进司法行政改革的意见》规划，进一步加大力度，加快建设公共法律服务体系。

**加快由底线安全观向治本安全观转变**

有记者提问，监狱工作对普通老百姓来说，一直是比较神秘的，大家关心的是，如果一个罪犯走出了监狱大门，他是不是真的改造好了？监狱工作的目标除了把罪犯看住、守住，是不是应该有更高层次的目标？

2017年司法部提出了监狱工作要把过去不跑人的底线安全观深化为向社会输出守法公民的治本安全观，在17个省份选择20个监狱率先开展试点工作，将逐步在全国推开。

熊选国进一步回答说，治本安全观的核心要义是坚持以改造罪犯为中心，看好、管好和改造好罪犯。看好、管好罪犯，是维护监狱安全稳定；改造好罪犯就是要确保罪犯刑满释放后成为守法公民，这是确保社会安全。这样就把监狱安全和社会安全的双重安全结合起来，基本的任务就是向社会提供守法公民，最大限度地预防和减少重新犯罪。

据熊选国透露，为落实治本安全观，司法部正在采取一系列措施。首先是坚持以改造为中心，加强管理改造、教育改造和劳动改造；其次是深化监狱体制改革，通过提高监狱的经费财政保障水平，确保监狱工作全部精力集中到教育改造上来；再次是坚持严格规范公正文明执法，包括全面深化狱务公开，依法推进假释适用，严格规范刑罚执行，依法保障服刑人员的合法权利；最后是加强监狱人民警察队伍建设，为全面践行治本安全观提供人才保障。

**刑辩律师全覆盖等三项试点稳步推进**

有记者特别提出，去年司法部和最高人民法院联合发布了几个改革意见，那么刑事案件审判阶段律师辩护全覆盖试点、法律援助值班律师试点、律师调解试点三项工作的进展情况如何？

去年司法部和最高法、公安部等有关部门开展了包括刑事案件审判阶段律师辩护全覆盖试点、法律援助值班律师试点、律师调解试点这三项工作，在社会上引起广泛关注。

熊选国指出，这三项工作意义都很重大。刑事案件审判阶段律师辩护全覆盖试点是加大人权司法保障、推进以审判为中心的刑事诉讼制度改革的一个重要举措。从去年10月份开始试点这项工作,很多试点地方的刑事辩护率大幅度提高。北京、浙江等地区实行了试点,有的刑事辩护率翻了一倍多。

结合冤错案件问题,熊选国介绍说,党的十八大以来,司法机关加大了对冤错案的复查和纠错力度,现在推行的改革,像律师要参与刑事案件辩护全覆盖,就是防止冤错案件发生的一个很重要的措施。熊选国表示,刑事案件审判阶段律师辩护全覆盖,针对的是过去刑事案件辩护率不是太高的问题,通过刑事辩护全覆盖,所有的刑事案件,包括简易案件、速裁程序案件、普通程序的案件、二审案件,没有辩护人的,将全部通过值班律师提供法律帮助。这一改革自去年10月已开始试点。

熊选国说,律师调解,现在法院也欢迎,群众也欢迎,效果非常好。值班律师在看守所主要是为犯罪嫌疑人、被告人提供法律帮助,在法院是为没有羁押的被告人提供法律帮助。这项工作也是司法部加强司法保障工作很重要的方面,目前进展很顺利。

**建立公正高效权威社会主义司法制度**

在实行司法行政体制改革的时候,如何确保司法体制的透明度?有外媒记者提出了这样的问题。

"司法行政改革有一个前提,司法行政制度是为整个司法制度提供服务和保障的一项重要制度。在推动司法公开透明上,可分为两个方面的改革。一是涉及司法行政自身的一些职能,比如监狱工作的狱务公开,通过把监狱的司法执行情况向社会公开,接受监督。二是涉及司法行政在服务司法制度方面的改革,比如在服务审判和检察制度方面,针对司法透明也做了大量的工作。"范履冰回答说,"改革意见中也提到,将进一步优化配置司法行政职权,按照中央的部署进一步推进,最终目的是建立一个更加公正高效权威的社会主义司法制度。"

熊选国对这个问题进行了补充。他说,审判公开是我国审判的一个基本原则,所以除了涉及国家机密、国家秘密和个人隐私等案件之外,一般都是要公开审判的。如果是危害国家安全的案件,涉及国家秘密,按照法律规定是不公开审理的;不涉及国家秘密的,是要公开审理的。

(资料来源:《新闻办就司法行政改革等方面情况举行发布会》,中国政府网,http://www.gov.cn/xinwen/2018-02-08/content_5264962.htm#1,有改动)

思考题:司法行政改革属于法治体系建设的哪一个环节?

### (二)聚焦宪法修正案

党的十九大召开以后,胜利开幕的第十三届全国人民代表大会第一次会议顺利通过的《中华人民共和国宪法修正案》,进一步突出了新时代中国特色社会主义民主政治的特点,续写了中国智慧、中国方案、中国故事和中国奇迹的新篇章。

【热点解读】

## 《中华人民共和国宪法修正案》是社会主义法治建设的成绩

贯彻了坚持党对一切工作领导的原则。在宪法第一条第二款“社会主义制度是中华人民共和国的根本制度。”后增写了一句，内容为：“中国共产党领导是中国特色社会主义最本质的特征。”与此同时，宪法第七十九条第三款“中华人民共和国主席、副主席每届任期同全国人民代表大会每届任期相同，连续任职不得超过两届。”修改为：“中华人民共和国主席、副主席每届任期同全国人民代表大会每届任期相同。”很好地体现了党的十九大报告中“党政军民学，东西南北中，党是领导一切的”精神，是形式与内容的具体统一。

充分肯定了习近平新时代中国特色社会主义思想的指导作用。宪法序言第七自然段中“在马克思列宁主义、毛泽东思想、邓小平理论和‘三个代表’重要思想指引下”修改为“在马克思列宁主义、毛泽东思想、邓小平理论、‘三个代表’重要思想、科学发展观、习近平新时代中国特色社会主义思想指引下”。在“自力更生，艰苦奋斗”前增写“贯彻新发展理念”；“推动物质文明、政治文明和精神文明协调发展，把我国建设成为富强、民主、文明的社会主义国家”修改为“推动物质文明、政治文明、精神文明、社会文明、生态文明协调发展，把我国建设成为富强民主文明和谐美丽的社会主义现代化强国，实现中华民族伟大复兴”。在“中国坚持独立自主的对外政策，坚持互相尊重主权和领土完整、互不侵犯、互不干涉内政、平等互利、和平共处的五项原则”后增加“坚持和平发展道路，坚持互利共赢开放战略”；“发展同各国的外交关系和经济、文化的交流”修改为“发展同各国的外交关系和经济、文化交流，推动构建人类命运共同体”。这都是习近平新时代中国特色社会主义思想的重要体现，是马克思主义中国化的最新成果，是党和人民实践经验和集体智慧的结晶。

突出了坚持社会主义核心价值体系。新的宪法强调：“国家倡导社会主义核心价值观，提倡爱祖国、爱人民、爱劳动、爱科学、爱社会主义的公德，在人民中进行爱国主义、集体主义和国际主义、共产主义的教育，进行辩证唯物主义和历史唯物主义的教育，反对资本主义的、封建主义的和其他的腐朽思想。”这是坚持走中国特色社会主义道路的根本保证。

进一步强调了民族和谐的重要性。“国家保障各少数民族的合法的权利和利益，维护和发展各民族的平等团结互助和谐关系。”其中和谐二字是新加的，和谐是指在事态发展中的一种相对均衡、统一、协调的状态，进一步明确了民族关系的最高目的，平等团结互助就是为了实现更好的和谐。

体现了国家监察委的独特地位和独特作用。宪法第三章“国家机构”中增加一节，作为第七节“监察委员会”；增加五条，分别作为第一百二十三条至第一百二十七条。彻底将以前各级行政部门管辖的监察工作分离出来。国家监察委员会领导地方各级监察委员会的工作，上级监察委员会领导下级监察委员会的工作。国家监察委员会对全国人民代表大会和全国人民代表大会常务委员会负责。地方各级监察委员会对产生它的国家权力机关和上一级监察委员会负责。监察委员会依照法律规定独立行使监察权，不受行政机关、社会团体和个人的干涉。监察机关办理职务违法和职务犯罪案件，应当与审判机关、检察机关、执法部门互相配合，互相制约。这是对中央《关于在北京市、山西省、浙江省开展国家监察体制改革试点方案》实践成果的充分肯定。

进一步强调改革过程的独立性和不可替代性。宪法序言第十自然段中“在长期的革命和建设过程中”修改为“在长期的革命、建设、改革过程中”；宪法序言第十二自然段中“中国革命和建设的成就是同世界人民的支持分不开的”修改为“中国革命、建设、改革的成就是同世界人民的支持分不开的”。这是中国共产党人带领中国各族人民艰苦奋斗的历史就是一部革命、建设和改革的三部曲的充分体现。

进一步凸显坚持全面依法治国。比如将“健全社会主义法制”修改为“健全社会主义法治”；“国家工作人员就职时应当依照法律规定公开进行宪法宣誓。”宪法第一百条增加一款，作为第二款：“设区的市的人民代表大会和它们的常务委员会，在不同宪法、法律、行政法规和本省、自治区的地方性法规相抵触的前提下，可以依照法律规定制定地方性法规，报本省、自治区人民代表大会常务委员会批准后施行。”这赋予了较大市的有限立法权。将全国人民代表大会设立法律委员会更名为宪法和法律委员会，突出宪法的重要性和可操作性。实践证明，全面依法治国是国家治理的一场深刻革命，必须坚持厉行法治，推进科学立法、严格执法、公正司法、全民守法。

（资料来源：杨宜勇：《2018 年宪法修正案的重要特点》，求是网，http://www.qstheory.cn/wp/2018-03/12/c_1122526920.htm，有删减）

思考题：怎样理解《中华人民共和国宪法修正案》是社会主义法治建设的成绩？

（三）聚焦全面依法治国

党的十九大报告在“不忘初心，牢记使命，高举中国特色社会主义伟大旗帜，决胜全面建成小康社会，夺取新时代中国特色社会主义伟大胜利，为实现中华民族伟大复兴的中国梦不懈奋斗”的鲜明主题下，以新时代、新思想、新矛盾、新目标、新征程等重大政治判断为战略主线，深刻阐释了推进全面依法治国的一系列新思想新理念新任务，从历史与逻辑两个大的维度，对建设法治中国作出整体设计和战略规划。

【热点解读】

**1.“全面依法治国”的提出及内涵**

党的十八大明确提出，要全面推进依法治国，加快建设社会主义法治国家，到2020年实现依法治国基本方略全面落实、法治政府基本建成、司法公信力不断提高、人权得到切实尊重和保障、国家各项工作实现法治化的宏伟目标。

党的十八届三中全会把全面深化改革与法治建设紧密结合起来，开创性地提出推进法治中国建设，推进国家治理体系和治理能力现代化。

党的十八届四中全会作出《中共中央关于全面推进依法治国若干重大问题的决定》，提出了全面推进依法治国的指导思想、基本原则、总目标、总抓手和基本任务、法治工作的基本格局，阐释了中国特色社会主义法治道路的核心要义，回答了党的领导与依法治国的关系等重大问题，制定了法治中国建设的路线图，按下了全面依法治国的“快进键”。

党的十八届五中全会明确提出“创新、协调、绿色、开放、共享”的新发展理念，提出法治是发展的可靠保障，必须把经济社会发展纳入法制轨道，加快建设法治经济和法治社会，到2020年全面建成小康社会时，实现“国家治理体系和治理能力现代化取得重大进展，各领域基础性制度体系基本形成，人民民主更加健全，法治政府基本建成，司法公信力明显提高，人权得到切实保障，产权得到有效保护”的任务，进一步明确了推进法治中国建设的阶段性目标。

党的十八届六中全会正式提出和确立“以习近平同志为核心的党中央”，凸显了思想建党和制度治党的主题，体现了依规治党与依法治国的深度结合，完成了“四个全面”的战略布局，进一步强化了全面依法治国的战略地位和重要作用。

党的十九大报告，进一步丰富和发展了中国特色社会主义法治理论，是习近平新时代中国特色社会主义法治思想的最新理论成果。党的十九大作出了中国特色社会主义进入新时代、我国社会主要矛盾已经转化等重大政治判断，确立了习近平新时代中国特色社会主义思想的历史地位，明确提出了新时代坚持和发展中国特色社会主义的基本方略，深刻回答了新时代坚持和发展中国特色社会主义的一系列重大理论和实践问题，作出了社会主义现代化建设“两个阶段”的重大战略安排，绘就了高举中国特色社会主义伟大旗帜、决胜全面建成小康社会、夺取新时代中国特色社会主义伟大胜利的新蓝图，开启了迈向社会主义现代化强国和建设法治中国的新征程。

党的十九大报告在“不忘初心，牢记使命，高举中国特色社会主义伟大旗帜，决胜全面建成小康社会，夺取新时代中国特色社会主义伟大胜利，为实现中华民族伟大复兴的中国梦不懈奋斗”的鲜明主题下，以新时代、新思想、新矛盾、新目标、新征程等重大政治判断为战略主线，深刻阐释了推进全面依法治国的一系列新思想新理念新任务，从历史与逻辑两个大的维度，对建设法治中国作出整体设计和战略规划：一是历史维度——党的十八大以来的五年，我们党领导人民推进全面依法治国，中国特色社会主义民主法治建设迈出重大步伐，在八个方面取得显著成就；全面依法治国是"四个全面"战略布局的重要组成部分，要坚定不移推进全面依法治国，深化依法治国的理论和实践，加快建设社会主义法治国家，到2035年基本建成法治国家、法治政府、法治社会；二是逻辑维度——实现"两个一百年"奋斗目标和"两个阶段"的战略安排，建设社会主义现代化强国，实现民族复兴的伟大梦想，必须坚持以习近平新时代中国特色社会主义法治思想为指导思想和行动指南，坚持全面依法治国，加快建设中国特色社会主义法治体系、建设社会主义法治国家，必须把党的领导贯彻落实到依法治国全过程和各方面，坚定不移走中国特色社会主义法治道路，发展中国特色社会主义法治理论，从八个方面深化依法治国实践 努力把我国建设成为社会主义法治强国。

**2. 全面依法治国的现实基础**

在中国长期的封建统治时期，人治在整体上居于主导地位，法治的显在地位不够突出。总体来讲，我国法治的历史基础相对薄弱。因此，全面依法治国更加成为一项长期而系统的攻坚工程。全面依法治国离不开深厚的现实基础的支撑。而从人治到法制再到法治，不单单是一种国家治理方式方法的改变，更是政治形态、经济形态和社会形态等各个方面深刻转换的重要表现。从专制政治到民主政治、从自然经济转向社会经济、从农业文明向工业文明的转变，成为全面依法治国最深层次的现实依循。

政治基础。新中国成立后，以毛泽东为首的党中央领导集体主要以党的政策的形式来推进法治，这一时期的法制思想具有明显的特色，基本上坚持了本国国情与国际经验相结合。这阶段，以《中华人民共和国土地改革法》等为代表的一系列重要法规，为新中国成立初期的社会经济发展提供了重要规制。而在九届人大二次会议上，"法治"被真正写进宪法修正案，明确规定了：中华人民共和国实行依法治国。由此社会主义法制建设有了新的方向。1997年，党的十五大将依法治国、建设社会主义法治国家的目标确立了下来。十六大提出了将党的领导、人民当家作主和依法治国有机结合的"三个统一"。到了党的十七大，依法治国已经被上升到了全面建设社会主义小康社会新要求的高度。而十八大报告则进一步将依法治国提高到"快"和"全"的更高层次。一方面，强调要加快社会主义法治国家的推进建设，另一方面要贯彻落实全面依法治国。依法治国应该落实到国家和社会的方方面面来加以推行，不管是立法还是执政，不管是司法改革还是遵法守法，都要有法治的意识。党的十九大报告指出要不断深化依法治国实践，并且成立中央全面依法治国领导小组，着力打造共享共治共建的社会治理格局。

从新中国成立初期的法规法制探索再到当前深入系统的社会主义法治化建设，党的领导集体一次次地将依法治国向纵深推进。与此同时，不同时期的法治实践也从该时期的历史任务中来，又回到了当时解决社会主要矛盾的实践中去。不断推进的理论创新和实践充分证明，依法治国已经逐渐成为我国政治基础的一种基本精神。一方面，依法治国有着深厚的政治文明基础，另一方面，依法治国更是建设社会主义政治文明的现实需要。

经济基础。从历史来看，法与私有制、阶级、国家相伴而生，虽然法同私有制、阶级、国家等都属于社会上层建筑，但是也都有着深刻的物质基础联系，都是建立在与之相适应的经济基础之上的。

市场经济是人类现代社会的一种主要的经济结构方式，体现并形成于一定的社会经济基础之上。经过近 40 年的改革开放实践，我国已经逐步确立以市场为主导，国家进行宏观调控的社会主义市场经济。不同于计划经济，市场经济更需要置身其中的市场主体具有创新、开拓甚至是冒险的独立精神，同时又要充分认识并维护好其中的各种经济关系，这就进一步要求市场主体之间具有相对稳定、可靠并且公平、可维系的常态关系，这就需要用法律制度来规制并提供保障，有效调节人们在社会经济活动中的各种经济关系。反过来，法律也能够为市场经济中的主体提供更加自由和平等的作用机制，从而推动社会经济的长期健康发展。离开法治的调节和保护，可以说，市场经济极有可能成为一种完全无序的经济运营机制。当前，社会主义市场经济的多元化利益格局已经逐步形成，各个主体之间的矛盾问题也逐渐凸显，如果不从法律层面加以约束和平衡，社会主义市场经济的改革成果将会受到影响和冲击，影响社会的长治久安。

社会基础。全面依法治国作为一种现代法治理念，是整个社会意识形态领域的各种思想文化观念的一种综合反映，是在一定的政治、思想和文化的基础上形成并不断完善的，并最终发展成为人类法治文化、法治文明。

法律的权威来源于最广大人民内心深处对法的拥护和真诚信仰。公民良好的法律意识和法律素质是现代法治国家的重要标准之一，也是建设社会主义法治国家的社会思想基础。加强对法律意识的培养，一直是我国普法工作的重要目标。“一五普法”“二五普法”主要从普及法律常识入手，“三五普法”“四五普法”则主要普及法律知识，从“五五普法”开始，逐步从培养人们对法律的感性认识到培养和提升人们对法律的理性认知水平，并更加深入地培养人们的社会主义法治理念。整体上，我国公民的法律意识得到了不断的培养与提升，社会主义民主政治的观念日益深入人心，全社会的法治观念明显增强。

**3. 全面依法治国的可行性路径**

自始至终坚持党对一切工作的领导。全面依法治国必须坚持中国共产党领导。党政军民学，东西南北中，党是领导一切的。我国是人民民主专政的社会主义国家。党的十九大报告指出，要以人民为中心。全面依法治国不是要以法代民，而是要为民请法，法治不是为了约束人民，而是从人民出发，通过法的效力来始终保持住人民的主体地位。确切地说,中国特色社会主义法律体系就是以全社会成员的共同意志为内容形成的法律规则体系。因此,全面推进依法治国最根本的就是要以法来回应最广大人民群众的基本期望,维护人民的根本利益。

当前,依法治国已经进入到新的阶段,要想让依法治国的历史进程不断朝着正确的方向发展推进就必须要坚持党的领导,确保中国法治建设始终保持社会主义性质。

坚持科学立法,公正司法执法,深入进行法治层面的供给侧改革。当前,我国经济一直保持中高速增长,国内总产值稳居世界第二。尤其是供给侧的结构性改革得以不断深入推进,涌现出数字经济、共享经济等新兴产业,从而实现了中国经济结构的不断优化升级。

全面依法治国,同样也需要深入进行法治范围内的供给侧改革。我国的法治改革进入到全新的阶段,法治已经上升到新的地位,成为党和国家、政府以及个人共同的"必需品"。然而,在一定程度上,当前我国法的量和质尚不能完全满足社会发展的需要,法治供给错配的问题不容忽视,比如在法律体系中,不协调、不一致、体系性差等问题依然存在。因此,必须扎实推进法治领域的供给侧改革,从而更大程度地满足国家社会和人民的法治需求。法治供给侧的改革,不能再将法单纯依附于既往的行政目的,而是应该将法律同政治、经济、社会和文化等领域相适应,努力为我国经济社会的发展提供更加有效的法治供给,进而成为与这些领域相辅相成、共同发展的重要支柱。一方面,在立法上要充分转变立法观念,以科学立法来引领现代法治。另一方面,要不断提高执法司法领域的供给能力,补齐法律服务供给缺失的短板。

持久有力地开展法制宣传与法治教育。改革开放以来,我国广大领导干部整体上的法治意识有了显著提高,但是从近几年的反腐态势来看,党员干部队伍中依然存在着大量不懂法、不守法的现象。就全社会来看,人们的法律意识和法律文化水平仍无法满足快速发展的市场经济的需要和建设社会主义法治国家的需要。因此,我们应该更加持久有力地开展法制宣传与法治教育活动。这其中很重要的一个方面就是要全面从严治党,不断提高领导干部的法治思维。十八大报告提出领导干部要具有运用"法治思维"的能力。在习总书记的法治思想中,领导干部要有法治思维和依法办事能力的要求已经成为一项重要内容。法本身就是各种力量进行博弈的综合结果,党的领导干部在想问题、做决策、办事情的时候理应运用法治思维来化解矛盾、维护稳定并切实推动改革的深化,切实树立起合法性思维、权利义务思维、公平正义思维、责任后果思维以及治官治权的思维。

在当今的信息化时代,依法治国更离不开法治理念的充分构建和法律文化的有效传播。在民主和法治观念高涨的过程中,法律文化在民众中也在一定程度上传播开来。在公共领域,人们可以对法治进行论证和探讨,逐步在头脑中形成适应社会政治、经济、文化现状的法治理念。党的十八大将“法治”作为社会主义核心价值观的一大要素，着力让法治成为一种全民信仰，并逐步内化为社会文明进步的强大动力。因此，全面推进依法治国需要在全社会弘扬法治精神，稳步树立法治信仰，夯实全面依法治国的思想基础。

坚持依法治国与以德治国相结合。在既有的观念里，中国传统社会“德主刑辅”，倡导的是人治，法治基础薄弱。然而，实际上，大部分封建帝王施行的是“外儒内法”的治国方略。守法不仅仅一种刚性的行为规范，更是一种深刻的生活方式，更关乎美德。德政、德治的背后有着深刻的法治逻辑。相应地，法治更离不开德治的充分发扬。当前，我们要全面依法治国离不开全民守法背后的道德自律。我们要想建设好社会主义法治国家就必须要处理好依法治国与以德治国的关系，并将两者进行辩证统一。一方面，不断提高人们的社会道德意识，夯实依法治国的基础，另一方面，充分运用法律的权威性和强制性来规范人们的行为，以法治推进德治，维护社会的长治久安。

（资料来源：李林：《习近平新时代中国特色社会主义法治思想的形成和发展》，中国社会的科学网，http://www.cssn.cn/zt/zt_xkzt/mkszyzt/xjpxsdzgtsshzysizt/xsxbwtg/201807/t20180726_4511097.shtml，有删减、改动。马俊平：《全面依法治国的现实基础与可行路径探析》，人民论坛·学术前沿，2018年第5期，有改动）

思考题：习近平新时代中国特色社会主义法治思想的科学内涵是什么？

### （四）聚焦法治建设的巨大成就

伟大的时代呼唤科学的理论，伟大的实践催生深刻的思想。党的十八大以来，习近平总书记以马克思主义政治家、理论家的深刻洞察力、敏锐判断力和战略定力，把全面依法治国纳入“四个全面”战略布局，提出了一系列开创性的新理念新思想新战略，创造性地发展了中国特色社会主义法治理论，形成了马克思主义法治思想中国化的最新成果，是习近平新时代中国特色社会主义思想的重要组成部分，为社会主义法治建设迈进新时代、开启新征程、谱写新篇章提供了强大思想武器和科学行动指南。

**【热点解读】**

党的十九大报告把坚持全面依法治国确立为习近平新时代中国特色社会主义思想和基本方略的重要内容，对过去5年法治建设历史性成就进行深入总结，对新时代深化依法治国实践作出全面部署，标志着全面依法治国进入新的发展阶段。站在新的历史起点上，我们要按照党的十九大作出的战略部署，深入学习贯彻习近平新时代中国特色社会主义思想，坚定不移走中国特色社会主义法治道路，加快建设社会主义法治国家，为建设富强民主文明和谐美丽的社会主义现代化强国、实现中华民族伟大复兴的中国梦提供有力法治保障。

党的十九大报告阐述了构成新时代坚持和发展中国特色社会主义的基本方略的十四个方面，其中，在坚持全面依法治国方面，提出必须把党的领导贯彻落实到依法治国全过程和各方面，坚定不移走中国特色社会主义法治道路，完善以宪法为核心的中国特色社会主义法律体系，建设中国特色社会主义法治体系，建设社会主义法治国家，发展中国特色社会主义法治理论，坚持依法治国、依法执政、依法行政共同推进，坚持法治国家、法治政府、法治社会一体建设，坚持依法治国和以德治国相结合，依法治国和依规治党有机统一，深化司法体制改革，提高全民族法治素养和道德素质。这一基本方略为全面推进依法治国勾画了更加清晰的奋斗愿景，为实现中华民族伟大复兴的中国梦赋予了新的历史使命，为建设富强民主文明和谐美丽的社会主义现代化强国提供坚实的法治保障指明了前进方向。

（资料来源：汪永青：《坚定不移走中国特色社会主义法治道路　建设良法善治的法治中国——学习贯彻习近平新时代全面依法治国的重要思想》，人民网，http://theory.people.com.cn/n1/2017/1116/c40531-29649558.html，节选。张廉：《坚定不移走中国特色社会主义法治道路》，人民网，http://cpc.people.com.cn/n1/2018/0224/c216373-29832797.html，节选）

思考题：怎样理解习近平总书记关于法治建设的重要论述是全面依法治国的科学指南？

### （五）聚焦依法治国实践的时代要求

全面依法治国是中国特色社会主义的本质要求和重要保障，党的十九大报告将坚持全面依法治国作为新时代坚持和发展中国特色社会主义的基本方略之一，提出了深化依法治国实践的时代要求，为中国特色社会主义法治实践向纵深发展指明了前进方向。

**【热点解读】**

**坚持党对全面依法治国的领导**

必须把党的领导贯彻落实到深化依法治国实践全过程和各方面，坚定不移走中国特色社会主义法治道路。党的十九大报告提出成立中央全面依法治国领导小组，加强对法治中国建设的统一领导等重要举措，将有力推动依法治国实践向纵深发展。

党纪和国法同为中国特色社会主义法治体系的重要组成部分。一方面，党纪严于国法，党纪保障国法顺利实施。党纪的严格要求与党员带头遵法守法，是全面依法治国向纵深发展的基本保障。另一方面，党必须依法执政，任何组织和个人都必须在宪法法律范围内活动，依照宪法法律行使权力或权利、履行职责或义务，都不得有超越宪法法律的特权。党对宪法法律的尊崇遵守必定强化党纪权威。国家监察制度改革后，通过国家法律在法定程序层面有效强化了党纪的作用，为推进全面从严治党、营造风清气正的政治生态提供了法治保障。必须坚持依规治党和依法治国有机统一，充分发挥党纪与国法的各自优势和联动效应，理顺国家监察委员会与纪检、司法机关的工作机制，将党内监督和其他监督机制贯通，在党集中统一领导下发挥最大合力。

**坚持以人民为中心深化依法治国实践**

党的十九大报告指出，“坚持以人民为中心”，“把党的群众路线贯彻到治国理政全部活动之中，把人民对美好生活的向往作为奋斗目标”。全面依法治国必须坚持以人民为中心，紧紧围绕人民主体地位深化法治实践。

法治要保证人民当家作主，就要继续坚持和完善人民代表大会制度，推动协商民主广泛、多层、制度化发展，加强人权法治保障，形成高效完备的制度体系。法治是保护人格权的必由之路。人格权是法秩序的基石，事关人民的尊严和自由，是体现人民主体地位、彰显人文精神的基本权利。党的十九大报告明确指出：“保护人民人身权、财产权、人格权。”在编纂民法典的重要关头，积极稳妥地推进人格权立法，是贯彻以人民为中心的发展思想、促进人的全面发展的重要举措。法治是改善民生的重要保障。“深化农村土地制度改革，完善承包地‘三权’分置制度”，是法治惠农、推动乡村振兴战略实施的重要举措。“民以食为天”，食品药品安全法律制度的不断完善和监督机制的长效运行，是实施健康中国战略的制度前提。“房子是用来住的，不是用来炒的”，要加快建立多主体供给、多渠道保障、租购并举的住房法律制度。法治是保障生态文明、建设美丽中国的制度基石，要实行最严格的生态环境保护制度，加快建立绿色生产和消费的法律制度。

**全面深化改革与深化依法治国实践互相促进**

只有改革开放才能发展中国、发展社会主义。中国特色社会主义进入新时代，全面深化改革离不开法治保障。可以说，全面依法治国是保障各项改革事业顺利推进、确保国家长治久安的压舱石。

全面深化改革与全面依法治国是中国特色社会主义伟大事业的车之两轮、鸟之双翼，相互促进、相辅相成。应坚持重大改革于法有据，以前瞻性的科学立法引领改革步伐。科学立法必须吸收成熟的改革经验，改革决策与立法政策前后呼应，以立法确定改革成果。

全面深化改革应贯彻法治思维和法治方法。法治建设应紧密配合改革的全局性、层次性和阶段性，依法解决发展过程中不平衡不充分问题。以法治方式引领和推动改革，坚守规则意识，列明权力清单、责任清单、负面清单，建立并优化容错纠错机制。以司法责任制为核心，全面推进司法体制改革。

**在深化依法治国实践中推进国家治理现代化**

“法令行则国兴。”党的十九大报告指出，必须坚持和完善中国特色社会主义制度,不断推进国家治理体系和治理能力现代化。全面依法治国是实现国家治理体系和治理能力现代化的必然要求。必须坚持依法治国与以德治国相结合,共同推进国家治理现代化。

基层治理法治化是深化法治实践的重要基础和工作重点。做好基层法治工作是法治国家、法治政府和法治社会一体建设的出发点和落脚点。充分发挥法治在行为引导、规则约束、权益维护等方面的优势,把握方向,解决问题,为实现基层治理主体自我约束、自我管理、自我服务、自我监督提供坚实保障。

**深刻理解新时代深化依法治国实践的新要求**

法律有位阶之分,党的十九大报告在"科学立法、民主立法"的基础上补充"依法立法",在立法阶段厉行法治,进一步强调了立法过程下位法不得背离上位法的意旨和范围,在内容和程序两方面都必须严格在宪法法律的框架内行使立法权限。

(资料来源:北京市习近平新时代中国特色社会主义研究中心:《深化依法治国实践的时代要求》,光明日报,2018 年 7 月 26 日第 06 版,有删减)

### (六)"常回家看看"入法易入心难

在父亲节的当天,朋友圈一片晒父亲热浪中,北京房山区一位伤透心的 91 岁老父亲将自己的三个儿子告上法庭,只为他们能常回家看看,照顾自己。杨老汉的诉求很简单,"一是弄点饭,二是弄点药,跟我发脾气不行"。他说,除做饭外,其实还是想多看看子女,攥着每月 7000 元的退休金,他并不差钱,缺的是子女的陪伴。对父母的赡养可以分为物质赡养、精神赡养和生活照料三方面。对于不缺钱的杨老汉,他需要的是精神赡养也就是儿女常回家看看,还有基本的生活照料。

**【热点解读】**

"常回家看看"已经入法五年,2012 年 12 月 28 日,十一届全国人大常委会第三十次会议全票表决通过修改后的《中华人民共和国老年人权益保障法》。修改后的《中华人民共和国老年人权益保障法》将"常回家看看"列入法律条文之中。可是,五年下来,实施情况并不乐观。

一是孝道入法,难在执行。为了让法律能落地,对于老年人权益保障法中"常回家看看"这一内容,各个地方纷纷出台配套的地方条例进行了强化,其中除了鼓励性的规定之外,一些地方还有一些创新举措。比如,《上海市老年人权益保障条例》就规定,如果子女等家庭成员拒不探望老人,老人可以提起诉讼,要求他们履行探望的义务。如果当事人拒不执行这一生效判决,相关信息将会归入信用平台,对当事人的买房、贷款等经济活动都将带来一定的影响。可现实中,通过司法途径解决问题的,毕竟少之又少。

二是孝心入法,清官也难断家务事。正所谓强扭的瓜不甜。在调解过程中,因为年事已高，虽不能完全听清楚3个儿子的话，但杨老汉能从他们的表情、手势中感觉到，自己有些“不受待见”。“常回家看看”是一种道德良知，更是感情的自然流露。道德缺失，靠法律弥补是没有前途的。对于不孝者，强制手段也强制不出他们孝敬父母的热忱。在问题的背后更有生活的压力。当一个常识性的人伦行为变成大众普遍关注问题，其背后必然折射的是社会的无奈以及亲情教化的缺位。

三是我们在感恩父爱如山恩情的同时，也在反思如何去做一名父亲，如何做家长。有心理学研究指出，子女对父母的态度很早就相对固定下来了。此外，早在10到11岁的时候，大多数人就已完成了他律道德到自律道德的转变。所以，他律道德强制不出孝心，自律孝道在儿时就已定型。亲情教育才是王道。杨老汉说：“我不知道能活到什么时候。”这种悲凉让我想起朱自清《背影》最后一句“唉！我不知何时再能与他相见！”正所谓树欲静而风不止，子欲养而亲不待。而如何从传统的孝道理念转化为现代孝道文化，强调两代人平等、自由、民主相处，又要义务对称，“孝”与“慈”相辅相成。只是无论作为子女，还是家长，都要好好考虑的问题。

赡养老人是中华民族的传统美德，是每个公民应尽的义务，接受赡养是老年人的法律权利，老人们在年轻的时候，生育子女，并对子女尽了抚养的权利，当老人需要照应或者需要陪伴，法律予以支持。但是，在现实生活中，常回家看看，对于那些生活在城市的蚁族、鼠族、农民工来说，是一个遥不可及的梦。对于那些表面光鲜，事业有成的白领，也是一种奢侈。不仅仅是因为回家的路途遥远，不仅仅是因为一票难求，真正的问题，是生活的压力，使人想回家而不能回。

（资料来源：《“常回家看看”入法易入心难》，搜狐网，http://mt.sohu.com/20170620/n497763586.shtml，有改动）

思考题：从法的特征来看为什么要将“常回家看看”入法？

### （七）影视明星借“阴阳合同”偷税？

这几天，一场明星个人之间的“互撕”引发社会关注，很多人从最初的看热闹转为对影视业“阴阳合同”的质疑。知名主持人崔永元曝光某演员签一大（5000万元）一小（1000万元）双合同后，社会聚焦部分明星借大小合同（即“阴阳合同”）偷税。对此国家税务总局称，针对近日网上反映有关影视从业人员签订“阴阳合同”中的涉税问题，国家税务总局高度重视，已责成江苏等地税务机关依法开展调查核实。如发现违反税收法律法规的行为，将严格依法处理。虽然崔永元并未指明上述签阴阳合同演员是范冰冰，但外界猜测这一演员是指范冰冰。范冰冰的工作室对媒体表示，范冰冰及其工作室从未通过“阴阳合同”方式签约，并表示接下来会全力配合相关部门依法核查。一般来说，“阳合同”或用于备案，或展示给外人看，显示其合法合规或常规交易；“阴合同”用于真实履约，有隐藏不可告人之目的或有偷逃税款嫌疑。围观群众很着急，不少人在留言@税务部门，希望能查个水落石出。国家税务总局将在已经部署开展对部分高收入影视从业人员依法纳税情况进行评估调查的基础上，进一步强化风险防控措施，加大征管力度，依法查处违法违规行为。这意味着，税务总局盯着的，不光是一份合同或个案，而是那“一抽屉的合同”，甚至比“一抽屉”还要多得多。不过，调查核实总要花费一定时间，不到火候是没办法“揭锅”的，需要大家耐心等待。但无论结果如何，这一事件都将是一场生动的税收普法教育，将有助于加强税收征管，提高人们依法纳税意识。

【热点解读】

影视明星的收入高是众所皆知的，逃税事关收入分配调节和社会公平，是失信的表现，因此，明星公众人物因逃税而引发众怒并不让人感到意外。在普通人拿着五六千元工资仍然依法纳税的情况下，明星拿着天价片酬却逃税漏税，显然是一种极端严重的税负不公平。

按照刑法的规定，纳税人或者扣缴义务人涉嫌逃税，经税务机关依法下达追缴通知后，补缴应纳税款，缴纳滞纳金，已受行政处罚的，不予追究刑事责任。只有在两种情况下才会被追究刑责：一是逃税款数额占应纳税额10％以上的；二是5年内因逃税受过刑事处罚或者被税务机关给予二次以上行政处罚的。也就是说，只要被查证的逃税款低于法定标准，当事人把所逃的税款补缴，并承担一定的滞纳金和行政处罚就可以了。为什么当年刘晓庆偷税却进了监狱？那是因为当年的刑法规定不同，偷逃税款只要达到一定的总额（而不是比例），就可入刑。当然，诚如法律专家所说，随着社会的进步，刑罚对经济犯罪轻罪化甚至无罪化是一种趋势。

（资料来源：搜狐网，http://www.sohu.com/a/234122788_114941，有改动）

思考题：“阴阳合同”逃税，到底是违法行为还是“合理避税”？

## 第二节　实践教学

### 实践教学一：读一本好书

【实践目的】

提高学生法律素养，促进学生全面发展，督促学生读一本法律方面的好书或文章，写一篇读书笔记。做读书笔记不仅能提高学生阅读书、文的效率，而且能提高其科学研究和写作能力，并让学生在阅读中品味和思考问题、了解法律的相关知识,在提高学生的法律素养的同时升华其精神境界。

【实践方案】

(1) 题目自拟,体裁不限,字数要求不少于1500字。

(2) 成绩评定采用等级制。

(3) 不按老师要求按时提交,文档抄袭、雷同者,均无成绩。

(4) 所有文档必须手写,打印者成绩为零。

(5) 用纸要求:纸型为A4纸,单面手写。

(6) 在文档正文首页左上角务必注明班级、学号及姓名。

【参考资料】

## 一、大学读书笔记类型

(1) 提纲式:以记住书的主要内容为目的;通过编写内容提纲,明确主要和次要的内容。

(2) 摘录式:主要是为了积累词汇、句子,可以摘录优美的词语,精彩的句子、段落,供日后熟读、背诵和运用。

(3) 仿写式:为了能做到学以致用,可模仿所摘录的精彩句子、段落进行仿写,达到学会运用的效果。

(4) 评论式:主要对读物中的人物、事件加以评论,以肯定其思想艺术价值,可分为书名、主要内容、评论意见。

(5) 心得式:为了记下自己感受最深的内容,记下读了什么书,书中哪些内容自己感触最深,联系实际写出自己的感受,即随感。

(6) 存疑式:主要记录读书中遇到的疑难问题,边读边记,以后再分别进行询问、请教,达到弄懂的目的。

(7) 简缩式:为了记住故事梗概,读了一篇较长文章后,可抓住主要内容,把它缩写成短文。

## 二、读书笔记的写作规范要求

### 1. 书目

将书名、作者、出版处所、年月、版次分项填写于题目左方。

### 2. 全书提要

可经由书前序文绪言或书后跋、后记等,写作该书之缘由、时代背景,书之结构重点,逐一介绍(勿超过全文三分之一)。

(1) 重点介绍作者及著书的时代背景。

(2) 介绍全书的题旨大意。

**3. 心得评论**

(1) 感发:说明该书之精神与特色。

(2) 论述。

(3) 批判。

**4. 结语**

(1) 提出问题。

(2) 表达期许。

(3) 归纳主要意见。

**5. 附注**

附注是指为了方便教师批改和同学阅读,对文字的附加解释和说明,包括对书籍或文章的语汇、内容、背景、引文的介绍或评议。

**6. 参考资料**

读书笔记中,对于参阅的书籍、杂志或其他资料,均应于报告后列出作者、书名或篇名。

**【参考书目】**

(一)《法的门前》

作者:[美]彼得·德恩里科,邓子滨/编著。

评价:美国法理学必读书目《法律之门》中文精编本,美国法最佳入门读物。

简介:本书典出卡夫卡的小说,在那部小说里,法学专业出身的小说家表现出他对法律的思考,尤其是法律的专业性给外行人带来困惑,发人深省。本书正是一部美国经典法学教材的浓缩,它不仅有助于刚刚进入法学门槛的学生理解法学的专业,而且可以为未来的法律人奠定职业发展的坚实思维与知识的基础。

(二)《走不出的风景:大学里的致辞,以及修辞》

作者:苏力/著。

评价:最“接地气”的学院致辞。

简介:苏力的致辞是“贴心”抒情的“政治修辞”,是那伦理人格的风格化的呈现。而那风格,无非是他对莘莘学子,对北大,对中国法律教育同法学的热爱、忠诚、不计回报的奉献的自然流露。

(三)《批评官员的尺度:〈纽约时报〉诉警察局长沙利文案》

作者:[美]安东尼·刘易斯/著,何帆/译。

评价:若批评不自由,则赞美无意义。

简介:以“沙利文诉纽约时报”案为核心,介绍美国第一修正案如何被法官、律师、媒体、公民社会激活，从而使得“言论自由”这一精神在美国生根及成长。

（四）《政法笔记（增订版）》

作者：冯象/著。

评价：汉语法学随笔巅峰之作。

简介：法理精深、角度睿智、论调风趣，以平易近人的姿态思考着最具“中国特色”的社会和司法问题。新加入《旧约圣经·利未记》也会引发我们对法治的再思考。

（五）《法学思维小学堂：法律人的6堂思维训练课》

作者：[德]英格博格·普珀/著，蔡圣伟/译。

评价：一种不一样的法学思维，法律人独立思考的引导手册。

简介：这是为法学初学者撰写的一本法学思维导引手册。特别向法学新生推荐这本注重实际操演的法学思维训练书籍。

（六）《寻找法律的印迹2：从独角神兽到“六法全书”》

作者：余定宇/著。

评价：游览中国大地，探寻法律传统。

简介：作者走出书斋，实地考察，从法律发展所留下的足迹之中，从人们口耳相传的民间故事、神话传说之中，从出土文物、历史图片之中，探寻人类法律所留下的印迹，知晓法律成长的历史。

（七）《论犯罪与刑罚》

作者：[意]切萨雷·贝卡里亚/著，黄风/译。

评价：刑法学传世经典，人类历史上第一部刑罪原则著作。

简介：“刑法学之父”贝卡里亚的经典代表作《论犯罪与刑罚》引领无数法律人推开了刑法乃至法学思想的大门。这本书是每个法科生的入学必读书目。

## 实践教学二：电影赏析

**【实践目的】**

（1）通过观看励志电影，帮助学生塑造健全的人格品质，牢固树立正确的法治观念，自觉维护社会主义法律权威。

（2）使学生养成心中有法、自觉守法、遇事找法、解决问题用法、化解矛盾靠法的良好习惯，使学生成为具有较高法律素质的社会主义事业建设者和接班人。

（3）引导大学生树立正确的权利义务观，妥善处理学习、生活中遇到的法律问题和各种矛盾，不断提高自己的法律素质。

【实践方案】

（1）观看视频后，学生自主发言，谈谈自己的观后感。

（2）任课教师对学生的发言进行评价和总结，帮助学生树立正确的法治观。

（3）课后学生撰写心得体会，自觉树立法治意识。

【参考资料】

2012年12月4日，习近平总书记在首都各界纪念现行宪法公布施行30周年大会上的讲话中指出："我们要依法保障全体公民享有广泛的权利，保障公民的人身权、财产权、基本政治权利等各项权利不受侵犯，保证公民的经济、文化、社会等各方面权利得到落实，努力维护最广大人民根本利益，保障人民群众对美好生活的向往和追求。我们要依法公正对待人民群众的诉求，努力让人民群众在每一个司法案件中都能感受到公平正义，决不能让不公正的审判伤害人民群众感情、损害人民群众权益。"公平正义是人们衡量一个国家或社会文明发展程度的重要标准，是人类社会发展进步的重要表现，是中国特色社会主义的内在要求，更是司法的生命和灵魂。

对于当代大学生来说，感受公平正义，首先得树立法律意识，也是对于认识事实态度的纠正，如何才能保持客观，坚持独立思考，不受自身背景的挟持，没有偏见，不盲从。虽然在这个信息化的时代，掩盖不住的"事实"和"真相"，掩盖住了太多事实真相。但是，我们可以选择不去轻易相信，我们可以选择放下偏见，平等地看待自己和他人，我们可以选择怀有善意和同理心，去接纳别人的不一样。每个公民都有提出疑问的权利，每个公民都有觉醒的可能。这就要求我们尊重法律，信服法律。

## 实践教学三：演讲比赛

【实践目的】

使学生树立中国特色社会主义法治理念，走向法治，构建和谐。

【实践方案】

（1）初赛由各学院组织进行，并择优推荐1～2名选手，参加全校决赛。

（2）决赛由马克思主义学院组织，4—5月择期进行。届时聘请专业人员组成评委会，从演讲内容、感召力、情感运用、仪容仪表、形象设计等方面进行现场打分，按得分确定名次。参加演讲比赛要求脱稿。

（3）计分办法：10分制打分，取平均分。

（4）演讲程序：随机抽签，按序进行。

【实践选题】

演讲比赛紧紧围绕活动主题，结合依法行政、公正司法和法治建设实际组织进行。参赛选手的演讲要重点围绕以下几方面内容选题:加强法制宣传教育,提高全民法律素质;培育法治信仰,弘扬法治精神;学法律,讲权利,讲义务,讲责任;坚持公正司法,维护法律权威;坚持依法行政,建设法治政府;深化司法体制改革,完善中国特色社会主义司法制度;培育法治思维,运用法治方式,维护和谐稳定;推进依法治理。

## 实践教学四:模拟法庭活动

【实践目的】

克服传统法律教育弊端,做到融会贯通、学以致用,把课本中的法律知识直观展现在大家面前,大胆地探索创新,弘扬法治精神、推进法律的学以致用,自然而然地将实践内容贯穿到教学过程中。

【实践方案】

**1. 人员组成**

一个模拟法庭可以分为四个组,即审判组、起诉组、辩护组和综合组。审判组由审判长、审判员(陪审员)、书记员以及不出庭的人员组成。起诉组由公诉人或原告及其代理人以及不出庭人员组成。辩护组由辩护律师、代理人以及不出庭人员组成。综合组由犯罪嫌疑人、被告人、被害人、证人、鉴定人、法警等其他诉讼参与人以及不出庭人员组成。

**2. 流程**

书记员核对当事人情况;书记员宣布起立,法官进入;法官介绍案件基本情况(合议庭组成,原被告,案由等);原告宣读起诉书,从诉讼请求开始读;被告宣读答辩意见;法官可以提问,归纳辩论焦点;法庭调查,证据交换;法庭辩论,原告先说,被告后说,主要是对有争议的事实进行说明;法官询问是否调解,若否立即判定。

【评判方法】

(1) 本次模拟法庭活动评委由系部书记、思想政治理论课教师以及辅导员共同担任。

(2) 评委评价的标准主要包括:法律运用是否准确,说理是否透彻;语言表达是否流畅、临场应变能力是否自如;法律文书写作是否规范娴熟等。评委将根据具体的评审规则及评审实施细则进行打分。

【评分细则】

(1) 角色扮演恰到好处,陈述入情入理(15 分)。

(2) 反应机敏,表达流畅,辩论合理,能引起共鸣(20 分)。

(3) 法律运用准确,说理透彻(20 分)。

(4) 法律文书写作规范,论证充分(20 分)。

（5）仪态着装合理，尊重对手、评委及观众，言语恰当（15分）。

（6）全队成员整体配合默契，临场应变能力强（10分）。

## 实践教学五：辩论赛

**【辩论主题】**

正方：良好的社会秩序主要靠道德。

反方：良好的社会秩序主要靠法律。

**【实践目的】**

为了响应党中央关于全面推进依法治国的号召，推进校园法治文化建设，举办本次辩论赛。希望通过本次活动，在丰富学生校园文化生活的同时，在每个大学生的头脑建立法治思维，同时展现青年学子的风采，希望每个青年学生以辩会友、以辩促学。

**【实践方案】**

（1）各班级组建辩论赛代表队。

（2）辩论赛队伍进行准备，每个队伍抽签，决定辩论赛的正反方。

（3）举行辩论赛。

## 延伸阅读

### 阅读一：习近平在首都各界纪念现行宪法公布施行30周年大会上的讲话

同志们，朋友们：

1982年12月4日，五届全国人大五次会议通过了《中华人民共和国宪法》。我国现行宪法公布施行至今已经30年了。今天，我们在这里隆重集会，纪念这一具有重大历史意义和现实意义的事件，就是要保证宪法全面有效实施、推动全面贯彻党的十八大精神。

历史总能给人以深刻启示。回顾我国宪法制度发展历程，我们愈加感到，我国宪法同党和人民进行的艰苦奋斗和创造的辉煌成就紧密相连，同党和人民开辟的前进道路和积累的宝贵经验紧密相连。

我国现行宪法可以追溯到1949年具有临时宪法作用的《中国人民政治协商会议共同纲领》和1954年一届全国人大一次会议通过的《中华人民共和国宪法》。这些文献都以国家根本法的形式，确认了近代100多年来中国人民为反对内外敌人、争取民族独立和人民自由幸福进行的英勇斗争，确认了中国共产党领导中国人民夺取新民主主义革命胜利、中国人民掌握国家权力的历史变革。

1978年，我们党召开具有重大历史意义的十一届三中全会，开启了改革开放历史新时期，发展社会主义民主、健全社会主义法制成为党和国家坚定不移的基本方针。就是在这次会议上，邓小平同志深刻指出："为了保障人民民主，必须加强法制。必须使民主制度化、法律化，使这种制度和法律不因领导人的改变而改变，不因领导人的看法和注意力的改变而改变。"根据党的十一届三中全会确立的路线方针政策，总结我国社会主义建设正反两方面经验，深刻吸取十年"文化大革命"的沉痛教训，借鉴世界社会主义成败得失，适应我国改革开放和社会主义现代化建设、加强社会主义民主法制建设的新要求，我们制定了我国现行宪法。同时，宪法只有不断适应新形势、吸纳新经验、确认新成果，才能具有持久生命力。1988年、1993年、1999年、2004年，全国人大分别对我国宪法个别条款和部分内容作出必要的、也是十分重要的修正，使我国宪法在保持稳定性和权威性的基础上紧跟时代前进步伐，不断与时俱进。

我国宪法以国家根本法的形式，确立了中国特色社会主义道路、中国特色社会主义理论体系、中国特色社会主义制度的发展成果，反映了我国各族人民的共同意志和根本利益，成为历史新时期党和国家的中心工作、基本原则、重大方针、重要政策在国家法制上的最高体现。

30年来，我国宪法以其至上的法制地位和强大的法制力量，有力保障了人民当家作主，有力促进了改革开放和社会主义现代化建设，有力推动了社会主义法治国家进程，有力促进了人权事业发展，有力维护了国家统一、民族团结、社会稳定，对我国政治、经济、文化、社会生活产生了极为深刻的影响。

30年来的发展历程充分证明，我国宪法是符合国情、符合实际、符合时代发展要求的好宪法，是充分体现人民共同意志、充分保障人民民主权利、充分维护人民根本利益的好宪法，是推动国家发展进步、保证人民创造幸福生活、保障中华民族实现伟大复兴的好宪法，是我们国家和人民经受住各种困难和风险考验、始终沿着中国特色社会主义道路前进的根本法制保证。

再往前追溯至新中国成立以来60多年我国宪法制度的发展历程，我们可以清楚地看到，宪法与国家前途、人民命运息息相关。维护宪法权威，就是维护党和人民共同意志的权威。捍卫宪法尊严，就是捍卫党和人民共同意志的尊严。保证宪法实施，就是保证人民根本利益的实现。只要我们切实尊重和有效实施宪法，人民当家作主就有保证，党和国家事业就能顺利发展。反之，如果宪法受到漠视、削弱甚至破坏，人民权利和自由就无法保证，党和国家事业就会遭受挫折。这些从长期实践中得出的宝贵启示，必须倍加珍惜。我们要更加自觉地恪守宪法原则、弘扬宪法精神、履行宪法使命。

在充分肯定成绩的同时，我们也要看到存在的不足，主要表现在：保证宪法实施的监督机制和具体制度还不健全，有法不依、执法不严、违法不究现象在一些地方和部门依然存在；关系人民群众切身利益的执法司法问题还比较突出；一些公职人员滥用职权、失职渎职、执法犯法甚至徇私枉法严重损害国家法制权威；公民包括一些领导干部的宪法意识还有待进一步提高。对这些问题，我们必须高度重视，切实加以解决。

同志们、朋友们！

党的十八大强调，依法治国是党领导人民治理国家的基本方略，法治是治国理政的基本方式，要更加注重发挥法治在国家治理和社会管理中的重要作用，全面推进依法治国，加快建设社会主义法治国家。实现这个目标要求，必须全面贯彻实施宪法。

全面贯彻实施宪法，是建设社会主义法治国家的首要任务和基础性工作。宪法是国家的根本法，是治国安邦的总章程，具有最高的法律地位、法律权威、法律效力，具有根本性、全局性、稳定性、长期性。全国各族人民、一切国家机关和武装力量、各政党和各社会团体、各企业事业组织，都必须以宪法为根本的活动准则，并且负有维护宪法尊严、保证宪法实施的职责。任何组织或者个人，都不得有超越宪法和法律的特权。一切违反宪法和法律的行为，都必须予以追究。

宪法的生命在于实施，宪法的权威也在于实施。我们要坚持不懈抓好宪法实施工作，把全面贯彻实施宪法提高到一个新水平。

第一，坚持正确政治方向，坚定不移走中国特色社会主义政治发展道路。改革开放以来，我们党团结带领人民在发展社会主义民主政治方面取得了重大进展，成功开辟和坚持了中国特色社会主义政治发展道路，为实现最广泛的人民民主确立了正确方向。这一政治发展道路的核心思想、主体内容、基本要求，都在宪法中得到了确认和体现，其精神实质是紧密联系、相互贯通、相互促进的。国家的根本制度和根本任务，国家的领导核心和指导思想，工人阶级领导的、以工农联盟为基础的人民民主专政的国体，人民代表大会制度的政体，中国共产党领导的多党合作和政治协商制度、民族区域自治制度以及基层群众自治制度，爱国统一战线，社会主义法制原则，民主集中制原则，尊重和保障人权原则，等等，这些宪法确立的制度和原则，我们必须长期坚持、全面贯彻、不断发展。

坚持中国特色社会主义政治发展道路，关键是要坚持党的领导、人民当家作主、依法治国有机统一，以保证人民当家作主为根本，以增强党和国家活力、调动人民积极性为目标，扩大社会主义民主，发展社会主义政治文明。我们要坚持国家一切权力属于人民的宪法理念，最广泛地动员和组织人民依照宪法和法律规定，通过各级人民代表大会行使国家权力，通过各种途径和形式管理国家和社会事务、管理经济和文化事业，共同建设，共同享有，共同发展，成为国家、社会和自己命运的主人。我们要按照宪法确立的民主集中制原则、国家政权体制和活动准则，实行人民代表大会统一行使国家权力，实行决策权、执行权、监督权既有合理分工又有相互协调，保证国家机关依照法定权限和程序行使职权、履行职责，保证国家机关统一有效组织各项事业。我们要根据宪法确立的体制和原则，正确处理中央和地方关系，正确处理民族关系，正确处理各方面利益关系，调动一切积极因素，巩固和发展民主团结、生动活泼、安定和谐的政治局面。我们要适应扩大人民民主、促进经济社会发展的新要求，积极稳妥推进政治体制改革，发展更加广泛、更加充分、更加健全的人民民主，充分发挥我国社会主义政治制度优越性，不断推进社会主义政治制度自我完善和发展。

第二，落实依法治国基本方略，加快建设社会主义法治国家。宪法确立了社会主义法制的基本原则，明确规定中华人民共和国实行依法治国，建设社会主义法治国家，国家维护社会主义法制的统一和尊严。落实依法治国基本方略，加快建设社会主义法治国家，必须全面推进科学立法、严格执法、公正司法、全民守法进程。

我们要以宪法为最高法律规范，继续完善以宪法为统帅的中国特色社会主义法律体系，把国家各项事业和各项工作纳入法制轨道，实行有法可依、有法必依、执法必严、违法必究，维护社会公平正义，实现国家和社会生活制度化、法制化。全国人大及其常委会要加强重点领域立法，拓展人民有序参与立法途径，通过完备的法律推动宪法实施，保证宪法确立的制度和原则得到落实。国务院和有立法权的地方人大及其常委会要抓紧制定和修改与法律相配套的行政法规和地方性法规，保证宪法和法律得到有效实施。各级国家行政机关、审判机关、检察机关要坚持依法行政、公正司法，加快推进法治政府建设，不断提高司法公信力。国务院和地方各级人民政府作为国家权力机关的执行机关，作为国家行政机关，负有严格贯彻实施宪法和法律的重要职责，要规范政府行为，切实做到严格规范公正文明执法。我们要深化司法体制改革，保证依法独立公正行使审判权、检察权。全国人大及其常委会和国家有关监督机关要担负起宪法和法律监督职责，加强对宪法和法律实施情况的监督检查，健全监督机制和程序，坚决纠正违宪违法行为。地方各级人大及其常委会要依法行使职权，保证宪法和法律在本行政区域内得到遵守和执行。

第三，坚持人民主体地位，切实保障公民享有权利和履行义务。公民的基本权利和义务是宪法的核心内容，宪法是每个公民享有权利、履行义务的根本保证。宪法的根基在于人民发自内心的拥护，宪法的伟力在于人民出自真诚的信仰。只有保证公民在法律面前一律平等，尊重和保障人权，保证人民依法享有广泛的权利和自由，宪法才能深入人心，走入人民群众，宪法实施才能真正成为全体人民的自觉行动。

我们要依法保障全体公民享有广泛的权利，保障公民的人身权、财产权、基本政治权利等各项权利不受侵犯，保证公民的经济、文化、社会等各方面权利得到落实，努力维护最广大人民根本利益，保障人民群众对美好生活的向往和追求。我们要依法公正对待人民群众的诉求，努力让人民群众在每一个司法案件中都能感受到公平正义，决不能让不公正的审判伤害人民群众感情、损害人民群众权益。我们要在全社会加强宪法宣传教育，提高全体人民特别是各级领导干部和国家机关工作人员的宪法意识和法制观念，弘扬社会主义法治精神，努力培育社会主义法治文化，让宪法家喻户晓，在全社会形成学法尊法守法用法的良好氛围。我们要通过不懈努力，在全社会牢固树立宪法和法律的权威，让广大人民群众充分相信法律、自觉运用法律，使广大人民群众认识到宪法不仅是全体公民必须遵循的行为规范，而且是保障公民权利的法律武器。我们要把宪法教育作为党员干部教育的重要内容，使各级领导干部和国家机关工作人员掌握宪法的基本知识，树立忠于宪法、遵守宪法、维护宪法的自觉意识。法律是成文的道德，道德是内心的法律。我们要坚持把依法治国和以德治国结合起来，高度重视道德对公民行为的规范作用，引导公民既依法维护合法权益，又自觉履行法定义务，做到享有权利和履行义务相一致。

第四，坚持党的领导，更加注重改进党的领导方式和执政方式。依法治国，首先是依宪治国；依法执政，关键是依宪执政。新形势下，我们党要履行好执政兴国的重大职责，必须依据党章从严治党、依据宪法治国理政。党领导人民制定宪法和法律，党领导人民执行宪法和法律，党自身必须在宪法和法律范围内活动，真正做到党领导立法、保证执法、带头守法。

我们要坚持党总揽全局、协调各方的领导核心作用，坚持依法治国基本方略和依法执政基本方式，善于使党的主张通过法定程序成为国家意志，善于使党组织推荐的人选成为国家政权机关的领导人员，善于通过国家政权机关实施党对国家和社会的领导，支持国家权力机关、行政机关、审判机关、检察机关依照宪法和法律独立负责、协调一致地开展工作。各级党组织和党员领导干部要带头厉行法治，不断提高依法执政能力和水平，不断推进各项治国理政活动的制度化、法律化。各级领导干部要提高运用法治思维和法治方式深化改革、推动发展、化解矛盾、维护稳定能力，努力推动形成办事依法、遇事找法、解决问题用法、化解矛盾靠法的良好法治环境，在法治轨道上推动各项工作。我们要健全权力运行制约和监督体系，有权必有责，用权受监督，失职要问责，违法要追究，保证人民赋予的权力始终用来为人民谋利益。

同志们、朋友们！

全党全国各族人民要紧密团结在党中央周围，高举中国特色社会主义伟大旗帜，坚持以邓小平理论、“三个代表”重要思想、科学发展观为指导，坚持依法治国、依法执政、依法行政共同推进，坚持法治国家、法治政府、法治社会一体建设，扎扎实实把党的十八大精神落实到各项工作中去，为全面建成小康社会、开创中国特色社会主义事业新局面而努力奋斗！

（资料来源：习近平：人民日报，2012 年 12 月 5 日第 01 版）

## 阅读二:法治中国的历史自觉

一要有历史观的自觉,运用唯物主义历史观和方法论把握法治中国的发展走向。

一个国家的法治建设离不开深厚的历史积淀。习近平总书记指出:"治理国家和社会,今天遇到的很多事情都可以在历史上找到影子,历史上发生过的很多事情也都可以作为今天的镜鉴。"历史从哪里开始,思想进程也应当从哪里开始。法治是一个历史的范畴。历史和文化是理解法治中国的关键。建设法治中国是马克思主义法治理论逻辑和中国社会发展历史逻辑的辩证统一。从历史维度阐释中国法治道路,有助于夯实法治中国建设的历史基础,把握中国特色社会主义法治道路的历史方位,从而达到逻辑与历史的统一。

中国特色社会主义法治道路是在历史中形成、在传承与创新中发展的。这条道路既遵循法治的普遍规律,又尊重中国的历史和国情,为坚持和发展中国特色社会主义提供了有力的法治保障。新中国成立后,在中国共产党的领导下,创建了社会主义法制,开辟了中国法治建设的新纪元。1957 年以后,随着"以阶级斗争为纲"在党和国家政治生活中占据主导地位,党内民主和法治思想逐渐淡薄。"文化大革命"使整个国家和社会陷入无法无天状态。改革开放之初,我们党深刻总结历史教训,以"有法可依、有法必依、执法必严、违法必究"为重要指针,加强社会主义民主法制建设。随着改革开放深入发展,法治建设越来越被摆上重要位置。1997 年,党的十五大首次提出"依法治国是党领导人民治理国家的基本方略"。1999 年,"依法治国,建设社会主义法治国家"正式载入宪法。2012 年,党的十八大强调"法治是治国理政的基本方式"。2014 年,十八届四中全会作出《中共中央关于全面推进依法治国若干重大问题的决定》。2017 年,党的十九大把坚持全面依法治国列入新时代坚持和发展中国特色社会主义十四条方略。由此可见,法治中国建设是建立在自身历史传统基础上的实践探索和自主发展,是不同于西方国家的法治道路。

二要有历史思维的自觉,善于在以史为鉴、鉴古知今中把握法治中国的经验和智慧。

历史思维能力,是运用历史眼光认识发展规律、把握前进方向、指导现实工作的能力。习近平总书记指出:"历史是现实的根源,任何一个国家的今天都来自昨天。""观察和认识中国,历史和现实都要看,物质和精神也都要看。"法律源自一个民族的历史,体现着民族内在的特质。

历史是思想的基础,也是实践的基础。习近平总书记指出,要治理好今天的中国,需要对我国历史和传统文化有深入了解,也需要对我国古代治国理政的探索和智慧进行积极总结。清末改制以来的中国法制现代化道路是偏重于学习借鉴西方法律制度和理论的追仿型法治进路。一些人无视中国的历史、文化、国情，把西方法治模式和西方法治理论作为理想模式，以此来谋划中国法治的未来图景，成为西方中心主义话语体系的附庸。纠正法学研究中的简单搬运西方理论的倾向，必须要从历史文化传统中获得精神资源和话语力量，深刻理解依法治国是历史的必然规律，做到既要有学识，又要有史识。

三要有历史学习的自觉，增强借鉴和运用历史规律推进法治建设的能力。

欲知大道，必先为史。习近平总书记多次强调学习党史国史的重要性，指出“学习党史、国史，是坚持和发展中国特色社会主义、把党和国家各项事业继续推向前进的必修课”。党史、国史蕴含着治国理政的丰富经验和智慧。历史经验是对以往法治实践的总结，也是对未来法治道路的启示。法学是一门古老的学问，与政治、历史紧密相关。沈家本说：“法学之盛衰与政之治乱，实息息相通。”“然当学之盛也，不能必政之皆盛；而当学之衰也，可决其政之必衰。”增强历史学习的自觉，就是要把学习法律知识与学习党史、国史和人类文明史紧密结合起来，以宽阔的世界眼光和深邃的历史眼光审视人类法治文明进步的经验，努力实现中华法律传统文化的创造性转化、创新性发展，使历史精神、历史智慧成为法治中国建设的重要思想资源和精神支撑。

人民是历史的创造者和社会实践的主体，是推动社会历史进步的根本力量。学习历史，也是以人民为师的重要体现。习近平总书记指出：“中华民族有着深厚文化传统，形成了富有特色的思想体系，体现了中国人几千年来积累的知识智慧和理性思辨。这是我国的独特优势。中华文明延续着我们国家和民族的精神血脉，既需要薪火相传、代代守护，也需要与时俱进、推陈出新。”中华法系糅杂了儒、法、道的哲学思想和治国理念，体现了中国传统法律文化的精华。中国特色社会主义法治理论是我们党领导人民在法治建设历史进程中艰辛探索的理论成果和经验总结。全面依法治国要求党员干部特别是法治工作者加强对党史、国史的学习，通过深入了解中国近现代史和我们党的历史，深刻总结社会主义法治建设经验参训，深刻认识和把握中国社会发展和法治建设的客观规律，增强借鉴和运用历史规律的能力。

（资料来源：丁国强：法制日报，2018 年 6 月 13 日）

### 阅读三：善于运用法治思维和法治方式反对腐败

深化国家监察体制改革是以习近平同志为核心的党中央作出的重大决策部署。十三届全国人大一次会议表决通过了《中华人民共和国监察法》。监察法凸显了新时代的一系列新理念，呈现出一系列反映新时代要求的新特征和新亮点，具有重大的现实意义与深远的历史意义。

**1. 凸显“监察法实质是反腐败国家立法”理念**

人民群众最痛恨腐败现象,腐败是我们党面临的最大威胁。中央在监察法出台前后反复强调,监察委员会实质是反腐败机构,监察法实质是反腐败国家立法。这一理念回应了人民群众对深入推进反腐败的心声和期待,既言简意赅地回答了监察法究竟是什么样的法、是干什么的法等问题,也为从制高点上精准回答为什么要出台监察法,而且将之优先安排在十九大后的第一次全国人民代表大会上通过等问题提供了重要答案。

监察法第一条规定:“为了深化国家监察体制改革,加强对所有行使公权力的公职人员的监督,实现国家监察全面覆盖,深入开展反腐败工作,推进国家治理体系和治理能力现代化,根据宪法,制定本法。”在这里,“深入开展反腐败工作”承前启后,引人注目,是监察法的重要立法目的。此外,监察法第三条在规定监察委员会的职能时写道“开展廉政建设和反腐败工作”,第六条在规定国家监察工作的方针时写道“构建不敢腐、不能腐、不想腐的长效机制”。监察法实质是反腐败国家立法的理念,贯穿监察法始终。

**2. 凸显“党领导一切”理念,强调“坚持中国共产党对国家监察工作的领导”**

深化国家监察体制改革是党中央作出的重大决策部署,重要目的就是加强党对反腐败工作的统一领导。监察法第二条在规定国家监察工作的指导思想前,旗帜鲜明地宣示“坚持中国共产党对国家监察工作的领导”,具有特殊的政治意义,有利于各级党组织更加理直气壮、名正言顺地依法领导监察委员会开展反腐败等工作,扛起全面从严治党政治责任。

监察法在显眼位置规定坚持党对国家监察工作的领导,体现了新时代的鲜明要求。中国特色社会主义最本质的特征是中国共产党领导,中国特色社会主义制度的最大优势是中国共产党领导。新时代坚持和发展中国特色社会主义的十四条基本方略,首要就是“坚持党对一切工作的领导”。十三届全国人大一次会议通过的宪法修正案明确把“中国共产党领导是中国特色社会主义最本质的特征”写入总纲第一条,彰显了党的领导的全面性、根本性和时代性。党领导国家监察工作,是党领导一切工作的应有之义。

**3. 凸显“整合反腐败资源力量”理念,强调“构建集中统一、权威高效的中国特色国家监察体制”**

国家监察体制改革之前,反腐败力量分散,反腐败职能既分别行使,又交叉重叠,表现在党的纪律检查机关依照党章党规对党员的违纪行为进行审查,行政监察机关依照行政监察法对行政机关工作人员的违法违纪行为进行监察,检察机关依照刑事诉讼法对国家工作人员职务犯罪行为进行查处,存在纪法衔接不畅、合力不足等问题。

国家监察体制改革剑指以上问题,重在通过整合行政监察、预防腐败和检察机关查处贪污贿赂、失职渎职及预防职务犯罪等反腐败资源力量，设立监察委员会，并与纪委合署办公，形成监督合力，增强监督实效，把执纪和执法贯通起来，把制度优势转化为治理效能。监察法第二条在结尾规定“构建集中统一、权威高效的中国特色国家监察体制”，体现了“四个自信”，反映了深化国家监察体制改革的要求，为深化国家监察体制改革指明了方向，有利于为夺取反腐败斗争压倒性胜利提供有力保障。

**4. 凸显“监察全覆盖”理念，规定对所有行使公权力的公职人员进行监察**

之前的行政监察法，监察对象主要是行政机关及其工作人员，范围过窄。国家监察体制改革根据我国的政治体制和文化特征，秉持以人民为中心的思想，明确要求实现对所有行使公权力的公职人员监察全覆盖，将监察对象扩大到包括人大、政协等在内的公职人员，实现了由监督“狭义政府”到监督“广义政府”的转变。监察法第一条与第三条分别规定：“加强对所有行使公权力的公职人员的监督，实现国家监察全面覆盖”“对所有行使公权力的公职人员（以下称公职人员）进行监察”。

监察法第十五条对监察全覆盖进行了具体化，规定如下：“监察机关对下列公职人员和有关人员进行监察：（一）中国共产党机关、人民代表大会及其常务委员会机关、人民政府、监察委员会、人民法院、人民检察院、中国人民政治协商会议各级委员会机关、民主党派机关和工商业联合会机关的公务员，以及参照《中华人民共和国公务员法》管理的人员；（二）法律、法规授权或者受国家机关依法委托管理公共事务的组织中从事公务的人员；（三）国有企业管理人员；（四）公办的教育、科研、文化、医疗卫生、体育等单位中从事管理的人员；（五）基层群众性自治组织中从事管理的人员；（六）其他依法履行公职的人员。”这六款，前五款属于列举式规定，最后一款属于兜底规定，相辅相成，完整体现了监察全覆盖的理念，有利于增强国家监察工作的震慑力与公信力、针对性和操作性，促进反腐败全覆盖、向基层延伸、解决群众身边的腐败问题。

**5. 凸显“监察委员会是专责机关”理念，全面规定监察委员会的监督、调查、处置职责**

监察法第三条规定：“各级监察委员会是行使国家监察职能的专责机关。”这里所说的“专责机关”，与纪委是党内监督专责机关的定位相呼应相匹配。专责机关与专门机关虽然只有一字之差，但含义迥然。权力就是责任，责任就要担当。“专责机关”不仅强调监察委员会的专业化、专门性，而且突出强调其责任，即行使监察权不只是监察委员会的职权，更是其应尽职责和使命担当。这里所说的“国家监察职能”，不是整合前行政监察、反贪反渎、预防腐败职能的简单叠加，而是在党直接领导下，代表党和国家对所有行使公权力的公职人员进行监督，既调查职务违法行为，又调查职务犯罪行为，即依托纪检、拓展监察、衔接司法，实现了“一加一大于二、等于三”。

监察委员会之专责，是监督、调查、处置这三项职责的统一。监察法第十一条分三款依次对这三项职责进行了规定。这三项职责既各有侧重，又密切联系，缺一不可，其中，监督职责是首要职责，切忌把监察机关等同于单纯的办案机关，忽略监察委员会日常的咬耳扯袖工作。

**6. 凸显“运用法治思维和法治方式反对腐败”理念，依法赋予监察机关权限和调查手段，用留置取代“两规”措施**

法治是治国理政的基本方式。习近平总书记强调，要善于运用法治思维和法治方式反对腐败。十九大报告指出，制定国家监察法，依法赋予监察委员会职责权限和调查手段，用留置取代“两规”措施。“工欲善其事，必先利其器。”监察法详细规定了监察权限和调查手段，包括由监察机关决定和实施的谈话、讯问、询问、查询、冻结、调取、查封、扣押、搜查、勘验检查、鉴定、留置等12项措施，以及由监察机关严格审批、交由有关机关执行的技术调查、通缉、限制出境等措施，明确了这些措施的使用主体、适用对象、适用条件、审批权限和程序等，有利于保证监察机关履行职责，促进监察工作规范化、法治化。

在上述措施中，取代“两规”措施的留置，解决了长期困扰的法治难题，是一项重要的制度创新，是以法治思维和法治方式反对腐败的重要体现，是法治建设的重大进步。留置是一种限制人身自由的措施，为规范其使用，防止滥用，监察法对留置的使用条件、审批程序、场所、期限等都作出了相应规定。如，明确监察机关采取留置措施，应当集体研究决定。留置时间不得超过三个月。在特殊情况下，可以延长一次，延长时间不得超过三个月。监察机关应当保障被留置人员的饮食、休息和安全，提供医疗服务，等等。

**7. 凸显“防止‘灯下黑’”理念，专章规定“对监察机关和监察人员的监督”**

习近平总书记指出，新的形势任务对纪检监察干部队伍的思想作风、能力素质、纪律约束提出了新要求。要深化转职能、转方式、转作风，更好履行党章赋予的职责，严明各项纪律，严格管理监督。他还强调，纪检监察机关要防止“灯下黑”，严肃处理以案谋私、串通包庇、跑风漏气等突出问题，清理好门户，做到打铁还需自身硬。国家监察体制改革后，监察机关的监督范围扩大、权限更加丰富，如何监督监察机关备受各界关注。

监察法专设第七章“对监察机关和监察人员的监督”，规定了全面的外部监督和严格的内部监督机制。就外部监督而言，包括人大监督、民主监督、社会监督、舆论监督等。如第五十三条规定，监察机关应当接受本级人民代表大会及其常委会的监督，监督方式包括：听取和审议专项工作报告、组织执法检查、就有关问题提出询问或者质询。就内部监督而言，规定了设立内部专门的监督机构，对打听案情、过问案件、说情干预的报告和登记备案，等等。

监察法的规定，既有宏观层面，如强调坚持党对国家监察工作的领导，也有微观层面，如用留置取代“两规”措施。监察法规定了监察委员会的监督、调查、处置职责；既强调监察体制的集中统一、权威高效，规定对所有行使公权力的公职人员进行监察，赋予监察委员会权限与调查手段，又高度提防“灯下黑”，专章规定“对监察机关和监察人员的监督”，等等。这些既各有侧重又相辅相成的新理念与新亮点，具有鲜明的时代性、创新性、辩证性，我们必须认真学习领会监察法要求，不折不扣抓好贯彻落实。

（资料来源：光明日报，2018 年 7 月 3 日第 05 版）

## 课后习题

一、单选题

1.（　　）的总目标就是建设中国特色社会主义法制体系，建设社会主义法治国家。

A. 全面依法治国　　B. 依法严格执法

C. 依法治国　　D. 全面法治社会

2. 以下关于建设中国特色社会主义法制体系的重大意义，错误的是（　　）。

A. 是中国特色社会主义的本质要求和重要保障

B. 是推进国家治理体系和治理能力现代化的重要举措

C. 不利于科学执政、民主执政和依法执政

D. 是全面依法治国的总抓手

3.（　　）是建设中国特色社会主义法治体系的重点。

A. 完备的法律规范体系　　B. 高效的法治实施体系

C. 严密的法治监督体系　　D. 有力的法治保障体系

4. 中国特色社会主义法律体系是以（　　）为统帅，以（　　）为主干，以（　　）、（　　）为重要组成部分，由多个法律部门组成的有机统一整体。

A. 宪法，法律，行政法规，地方性法规

B. 行政法规，地方性法规，宪法，法律

C. 法律，宪法，行政法规，地方性法规

D. 行政法规，地方性法规，法律，宪法

5. 在我国，（　　）是社会主义民主政治的本质和核心。

A. 人民当家作主　　B. 党的领导

C. 人民民主专政　　D. 民主协商

6. 新中国的第一部宪法是（　　）。

A. 共同纲领　　B. 1954 年宪法

C. 1975 年宪法　　D. 1982 年宪法

7. 国家机关、社会组织和公民个人依照法律规定行使权力和权利以及履行职责和义务的活动,称为(　　)。

A. 法律实施　　B. 法律适用

C. 法律执行　　D. 法律遵守

8. 我国依法治国的标准是(　　)。

A. 宪法和法律　　B. 社会道德

C. 社会习惯　　D. 风俗和礼仪

9. 我国宪法规定的公民言论自由具有特定的范围和表现形式。下列说法错误的是(　　)。

A. 公民不应因某种言论而承担不利后果

B. 言论自由的表现形式多样,包括口头形式、书面形式以及广播电视

C. 通过言论自由表达的有关政治 、经济 、文化 、社会等方面的看法和见解受法律保护,不受非法干涉

D. 公民都有以言论方式表达思想和见解的权利

10. 关于宪法对人身自由的规定,下列选项不正确的是(　　)。

A. 禁止用任何方法对公民进行侮辱 、诽谤和诬告陷害

B. 生命权是宪法明确规定的公民基本权利,属于广义的人身自由权

C. 禁止非法搜查公民身体

D. 禁止非法搜查或非法侵入公民住所

二、多选题

1. 国家创制法律规范的方式主要有两种,一是国家机关在法定的职权范围内依照法律程序,(　　)规范性法律文件的活动。

A. 制定　　B. 修改　　C. 废止　　D. 讨论　　E. 调整

2. 国家强制力并不是保证法律实施的唯一力量,(　　)等在保证法律实施中也发挥着重要作用。

A. 法律意识　　B. 道德观念　　C. 价值观念

D. 纪律观念　　E. 生活观念

3. 法律的运行是一个从创制、实施到实现的过程。这个过程主要包括(　　)等环节。

A. 法律制定　　B. 法律执行　　C. 法律适用

D. 法律遵守　　E. 法律使用

4. 我国宪法规定公民享有(　　)等权利和宗教信仰、言论出版、集会结社、游行示威等自由。

A. 人身权　　B. 财产权　　C. 社会保障权

D. 受教育权　　E. 结婚自由

5. 全面依法治国的基本格局是(　　)。

A. 科学立法　　B. 严格执法　　C. 公正司法

D. 全民守法　　E. 遵守道德

6. 完善立法体制机制，需要增强法律法规的(　　)。

A. 及时性　　B. 系统性　　C. 民主性　　D. 针对性　　E. 有效性

7. 完善的党内法规体系是指(　　)。

A. 科学　　B. 程序严密

C. 配套完备　　D. 运行有效的党内制度及其运行

E. 保障体系

8. 法律义务具有(　　)特点。

A. 法律义务是历史的　　B. 法律义务源于现实需要

C. 法律义务必须依法设定　　D. 法律义务可能发生变化

E. 法律义务不可能发生变化

9. 我国公民的政治权利与义务包括(　　)。

A. 选举权利与义务　　B. 表达权利与义务

C. 民主管理权利与义务　　D. 监督权利与义务

E. 人身权利与义务

10. 人格尊严的基本内容包括(　　)

A. 姓名权　　B. 肖像权　　C. 名誉权　　D. 荣誉权　　E. 隐私权

三、判断题(对的打√，错的打×)

1. 法律所体现的统治阶级意志具有整体性，不是统治阶级内部个别人的意志，也不是统治者个人意志的简单相加。(　　)

2. 法律作为上层建筑的重要组成部分，其基本内容和性质总是与所在社会的生产关系相适应的。(　　)

3. 社会主义法律反映了社会主义生产关系的本质要求，为实现普遍意义的平等、自由奠定了坚实基础，开辟了广阔空间，实现了对历史上各种类型法律制度的超越。(　　)

4. 从本质上说，我国社会主义法律是中国特色社会主义制度的重要组成部分，是党领导人民当家作主的制度保障。(　　)

5. 守法仅仅是指履行法律义务。(　　)

6. 我国人民民主与西方所谓的“宪政民主”本质上是相同的。(　　)

7. 在社会主义法治国家，人民是依法治国的主体和力量源泉，坚持人民主体地位是依法治国的基本原则。(　　)

8. 法律面前不可能人人平等。(　　)

9. 法律权利是人权的内容和来源。(　　)

10. 坚持走中国特色社会主义法治道路,必须从中国实际出发。(　　)

参考答案

CANKAO WENXIAN ...

# 参考文献

[1] 中共中央宣传部.习近平新时代中国特色社会主义思想三十讲[M].北京:学习出版社,2018.

[2] 郭丹,郑永安.大学生网络道德认知失调的表征、生成及引导[J].西北工业大学学报(社会科学版),2017,37(4):14-18.

[3] 李东格.论大学生道德认知能力的发展[J].现代交际,2017(19):108.

[4] 谢海军.判断新时代中国特色社会主义历史方位的四个维度[J].中州学刊,2018(1):1-6.

[5] 张馨,岳丽媛.试论新时代青年历史使命的来源、承接与担当[J].北京青年研究,2018(3 ):5-11.

[6] 习近平.决胜全面建成小康社会　夺取新时代中国特色社会主义伟大胜利——在中国共产党第十九次全国代表大会上的报告(2017年10月18日)[M].北京:人民出版社,2017.

[7] 习近平.习近平谈治国理政:第一卷 [M].北京:外文出版社,2018.

[8] 习近平.习近平谈治国理政:第二卷[M].北京:外文出版社,2017.

[9] 黄祖辉.高校思想政治理论课实践教学指导 [M].广州:华南理工大学出版社,2015.

[10] 戴钢书,等.高校思想政治理论课实践教学论 [M].北京:中国人民大学出版社,2015.

[11] 陈刚.高校思想政治理论课实践教学使用教程[M].北京:高等教育出版社,2015.

[12] 本书编写组.思想道德修养与法律基础(2018年版)[M].北京:高等教育出版社,2018.

[13] 邱仁富.价值观自信的基本问题辨析[J].思想理论教育,2016,(11):17-23.

[14] 中共中央文献研究室.十八大以来重要文献选编(上)[M].北京:中央文献出版社,2014.

[15] 中共中央文献研究室.十八大以来重要文献选编(中)[M].北京:中央文献出版社,2016.

[16] 中共中央文献研究室.习近平关于全面依法治国论述摘编[M].北京:中央

文献出版社，2015.

[17] 中共中央关于制定国民经济和社会发展第十三个五年规划的建议[M]. 北京：人民出版社，2015.

[18] 中共中央关于全面推进依法治国若干重大问题的决定[M]. 北京：人民出版社，2014.

[19] 中共中央关于全面深化改革若干重大问题的决定[M]. 北京：人民出版社，2013.

[20] 中国共产党第十八次全国代表大会文件汇编[M]. 北京：人民出版社，2012.

[21] 中共中央文献研究室. 建国以来重要文献选编[M]. 北京：中央文献出版社，2011.

[22] 中共中央文献研究室. 十六大以来重要文献选编[M]. 北京：中央文献出版社，2005.

[23] 中共中央文献研究室. 十五大以来重要文献选编[M]. 北京：人民出版社，2000.